北京市社会科学基金重点项目

基于产业链增值的北京非物质文化遗产旅游活化机理与模式创新研究

Research on Mechanism and Mode Innovation of Beijing Intangible Cultural Heritage Tourism Activation Based on Value Added Industry Chain

石美玉 等 著

北京理工大学出版社
BEIJING INSTITUTE OF TECHNOLOGY PRESS

内容简介

本书以北京市非物质文化遗产（简称"非遗"）为研究对象，综合运用产业链增值理论、微笑曲线理论、利益相关者等理论，采用 PEST 分析法、层次分析法、德尔菲法和案例研究等方法，研究北京非遗旅游活化现状和问题，探索非遗旅游活化过程中不同产业链模式的价值增值特征、形成机制与演化规律，提出北京地区非遗旅游活化的创新模式和优化策略。本书基于产业链增值理论，研究非遗旅游产业链增值的主体需求与内在机理，拓宽了非遗旅游活化学术研究视角，希望研究结果能够促进北京非遗保护与传承的可持续发展，促进北京文化和旅游产业的深度融合发展。

本书定位于从事非遗保护与活化、非遗旅游发展教育与研究的师生和专业人士，为他们提供理论研究的新视角和丰富的案例分析。同时，适合文化和旅游管理部门、文旅企业以及非遗代表性传承人在开展非遗旅游实践时阅读参考。

版权专有　侵权必究

图书在版编目（CIP）数据

基于产业链增值的北京非物质文化遗产旅游活化机理与模式创新研究 / 石美玉等著. -- 北京：北京理工大学出版社，2025.6.
ISBN 978-7-5763-5487-4
Ⅰ. F592.71
中国国家版本馆 CIP 数据核字第 2025J1X363 号

责任编辑：徐艳君　　　　**文案编辑**：徐艳君
责任校对：刘亚男　　　　**责任印制**：李志强

出版发行　／　北京理工大学出版社有限责任公司
社　　址　／　北京市丰台区四合庄路 6 号
邮　　编　／　100070
电　　话　／　（010）68914026（教材售后服务热线）
　　　　　　　（010）63726648（课件资源服务热线）
网　　址　／　http://www.bitpress.com.cn

版 印 次　／　2025 年 6 月第 1 版第 1 次印刷
印　　刷　／　三河市华骏印务包装有限公司
开　　本　／　710 mm×1000 mm　1/16
印　　张　／　13.75
字　　数　／　247 千字
定　　价　／　95.00 元

图书出现印装质量问题，请拨打售后服务热线，负责调换

前言

习近平总书记指出,"文化自信是一个国家、一个民族发展中最基本、最深沉、最持久的力量"。非物质文化遗产(以下简称"非遗")承载了我国民族文化基因,是北京历史文化的重要组成部分。北京拥有数量众多、文化内涵丰富的非遗项目,保护和传承好这些优秀的非遗,对凸显首都历史文化价值,建设"全国文化中心"具有重要意义。北京作为全国乃至世界重要的旅游目的地,每年都接待大量的游客,合宜的旅游活化能保护非遗的活态性,也有助于旅游文化内涵的提升,推进北京文化和旅游产业融合发展,助力北京"文化中心"和"国际交往中心"的建设。

目前,学者们从非遗旅游活化过程中不同利益相关者组合视角,提炼和总结了不同的非遗旅游活化模式,但是,这些研究一般停留在对现象的认知上,主要是对非遗旅游活化模式现状的梳理、总结和描述。实际上这些不同的活化模式反映了不同的产业链模式。本书以北京市非遗为研究对象,从非遗旅游活化的现状、产业链特征和模式类型入手,重点剖析多个典型案例的产业链特征与模式。运用产业链增值、利益相关者、微笑曲线等理论,对比分析非遗旅游产业链增值面临的共性和特性问题,以及链条内部的主体组织关系构建等问题,研究发现非遗旅游产业链微笑曲线,包括增值环节、增值内涵、增值主体三个维度,创新性地提出动态演化的三维非遗旅游活化微笑曲线分析框架。识别并构建非遗旅游活化水平影响因素的四维结构体系,运用层次分析法和德尔菲法构建非遗旅游活化水平评价模型,确定了关键影响因素。非遗旅游活化中创新能力、价值链增值能力、政策支持、市场、科技创新等诸多因素共同作用于产业链的形成与发展,进而演化出不同类型的产业链。非遗旅游产业链按不同动力因素作用力的大小,分为自组织形成的产业链和他组织形成的产业链,并对其形成机制进行了分析。最后,提出充分发挥北京非遗特色优势、"设计+营销"赋能、共创非遗价值增值、产业链纵横向优化延伸等策略。

在体例结构上,本书一共分为七章:第一章绪论,第二章文献综述,第三章北京非遗旅游活化现状，第四章北京非遗旅游活化典型案例分析，第五章北京非遗旅游活化系统分析，第六章北京非遗旅游活化影响因素与内在机理，第七章北京非遗旅游活化创新模式与优化策略。

第一章，对研究的背景和目的进行了阐述，在确定研究对象和研究内容的基础上，对研究的思路进行梳理，提出案例研究法、PEST分析法、德尔菲法、层次分析法等研究方法，阐明研究的意义和创新。

第二章，从产业链价值增值、产业链模式与机制、非遗产业化适宜性、非遗产业化模式、非遗产业化与旅游活化、非遗旅游活化影响因素与内在机理等角度，对国内外的研究文献进行了梳理和分析，为本书的研究提供理论借鉴。

第三章，全面梳理北京非遗在规模、结构、分布方面的特点，重点从产业链的视角对北京非遗的旅游活化现状进行调研，从非遗是否适合产业化角度，重点调研以北京工美行业为代表的宜产型非遗和以传统戏剧为代表的非宜产型非遗旅游活化的现状，以及存在的主要问题。

第四章，运用案例研究方法，聚焦景泰蓝制作技艺、中医药文化、兔儿爷、曹氏风筝工艺、北京皮影戏、北京二锅头酒传统酿造技艺和古琴艺术等典型案例进行深入研究，基于产业链理论，梳理总结北京非遗旅游活化的现状、产业链特征及存在的问题。

第五章，基于产业链增值、微笑曲线理论，运用扎根理论对非遗旅游活化价值增值内涵、价值增值环节与机会进行剖析，研究当前非遗旅游产业链价值增值困难的主要原因，并将价值增值主体纳入微笑曲线分析中，进而提出动态演化的三维非遗旅游活化价值增值分析框架。

第六章，从产业链增值的角度对非遗旅游活化影响因素进行了多相梳理，构建了评价非遗旅游活化水平的指标体系，用德尔菲法和层次分析法构建了非遗旅游活化水平评价模型，从政府推动力、市场推动力、科技推动力、创新驱动力以及价值链增值能力等五个方面分析了非遗旅游活化内外部动力，进一步研究非遗旅游产业链形成机制。

第七章，基于产业链价值增值理论和生命周期理论，分析处于不同生命周期阶段的非遗活化模式、产业链模式和特征，分析并预测了非遗旅游产业链未来发展趋势，最后，围绕非遗旅游活化价值增值目标，从价值挖掘、分工协作、价值共创、产业链优化延伸等方面，提出北京非遗旅游活化的优化策略。

本书是北京市社会科学基金重点项目"基于产业链增值的北京非物质文化遗产旅游活化机理与模式创新研究（19GLA003）"的研究成果，参与撰写的有张书凝、杨旭、王雅丽、杨玉、詹雪芳、闫玉英等。同时，本研究也得到国家自然科学基金（72073011）和北京市社会科学基金决策咨询重点项目（23JCB014）

的支持。在写作过程中，作者参阅了国内外大量的相关文献和资料，在此对这些文献和资料的作者致以诚挚的谢意。由于作者水平有限，书中难免存在错误和疏漏之处，敬请各位专家和广大读者批评指正。

北京联合大学旅游学院
石美玉
2024 年 8 月于北京

目 录

第一章 绪 论 …………………………………………………………（1）
 一、研究背景与研究意义 ………………………………………（1）
 二、研究内容与研究思路 ………………………………………（2）
 三、研究创新与难点突破 ………………………………………（6）

第二章 文献综述 ……………………………………………………（7）
 一、产业链基础理论研究 ………………………………………（7）
 二、非遗产业化研究 ……………………………………………（21）
 三、基于产业链增值的非遗旅游活化研究 ……………………（29）

第三章 北京非遗旅游活化现状 ……………………………………（37）
 一、北京市非遗基本情况 ………………………………………（37）
 二、北京市非遗旅游活化现状与问题 …………………………（46）

第四章 北京非遗旅游活化典型案例分析 …………………………（68）
 一、案例选择与数据收集 ………………………………………（68）
 二、北京市珐琅厂 ………………………………………………（69）
 三、北京同仁堂集团 ……………………………………………（79）
 四、吉兔坊 ………………………………………………………（84）
 五、风筝寻梦 ……………………………………………………（88）
 六、北京皮影剧团 ………………………………………………（92）
 七、牛栏山酒厂 …………………………………………………（95）
 八、钧天坊 ………………………………………………………（98）
 九、案例小结 ……………………………………………………（101）

第五章 北京非遗旅游活化系统分析 ………………………………（106）
 一、动态演化的三维微笑曲线分析框架 ………………………（106）

· 1 ·

二、非遗旅游多元价值增值…………………………………………（122）
　　三、非遗旅游价值增值环节与机会…………………………………（124）
　　四、非遗旅游价值增值方式…………………………………………（128）

第六章　北京非遗旅游活化影响因素与内在机理………………（141）
　　一、产业链增值视角下非遗旅游活化影响因素研究………………（141）
　　二、非遗旅游活化内在机理…………………………………………（172）

第七章　北京非遗旅游活化创新模式与优化策略………………（182）
　　一、非遗旅游活化模式总结及未来趋势预测………………………（182）
　　二、北京非遗旅游活化优化策略……………………………………（194）

参考文献………………………………………………………………（198）

第一章 绪 论

一、研究背景与研究意义

（一）研究背景

北京拥有 3000 多年建城史、800 多年建都史，拥有数量众多、文化内涵丰富的非遗项目，其中国家级非遗 120 项，市级非遗 303 项。保护和传承好这些优秀的非遗，对凸显首都历史文化价值、建设"全国文化中心"具有重要意义。

目前，学者们从非遗旅游活化过程中不同利益相关者组合视角，提炼和总结了不同的非遗旅游活化模式，如非物质文化遗产代表性传承人（以下简称"传承人"）单一活化、传承人与企业合作、旅游者参与、老字号活化模式等。但是，这些研究一般停留在对现象的认知上，主要是对非遗旅游活化模式现状的梳理、总结和描述。实际上这些不同的活化模式反映了不同的产业链模式。但是，以往研究未能从产业链的角度解释，促使不同产业链模式产生、变化的主要因素和内在动力是什么；如何根据非遗的特殊性，深入把握其旅游活化的内在机理，对产业链的模式进行创新。本研究基于以上问题，研究北京非遗旅游活化过程中不同产业链模式的价值增值特征、形成机理与演化规律等，提出北京非遗旅游活化的创新模式和优化策略，指导北京文化和旅游相关部门、企业、传承人的政策制定、经营创新、产业升级的工作实践。

（二）研究意义

本研究的意义主要体现在学术价值和应用价值两个方面。

在学术价值上，本研究创新性地提出动态演化的三维非遗旅游活化微笑曲线分析框架，识别并构建非遗旅游活化水平影响因素的四维结构体系；基于产业链增值理论，深入分析非遗旅游产业链增值的主体需求与内在机理，提出了创新模式，拓展了非遗旅游活化学术研究视角，丰富了其理论体系。

在应用价值上，本研究探索北京非遗旅游活化的有效途径与模式，提出对策建议；研究结果将服务于北京文化中心建设，促进北京非遗保护与传承的可持续发展，促进北京文化和旅游产业的深度融合发展。

二、研究内容与研究思路

（一）研究对象

本研究以北京非遗为研究对象，基于产业链增值理论，研究北京非遗旅游活化的现状和问题，探索非遗旅游活化的内在机理与创新模式，为北京非遗保护传承与活化利用提供理论依据。

（二）总体框架

本研究包括四大部分研究内容：基于产业链的北京非遗旅游活化现状研究；基于产业链增值的北京非遗旅游活化系统分析；基于产业链增值的北京非遗旅游活化内在机理研究；基于产业链增值的北京非遗旅游活化创新模式与优化策略研究。研究内容之间的逻辑关系如图1-1所示。

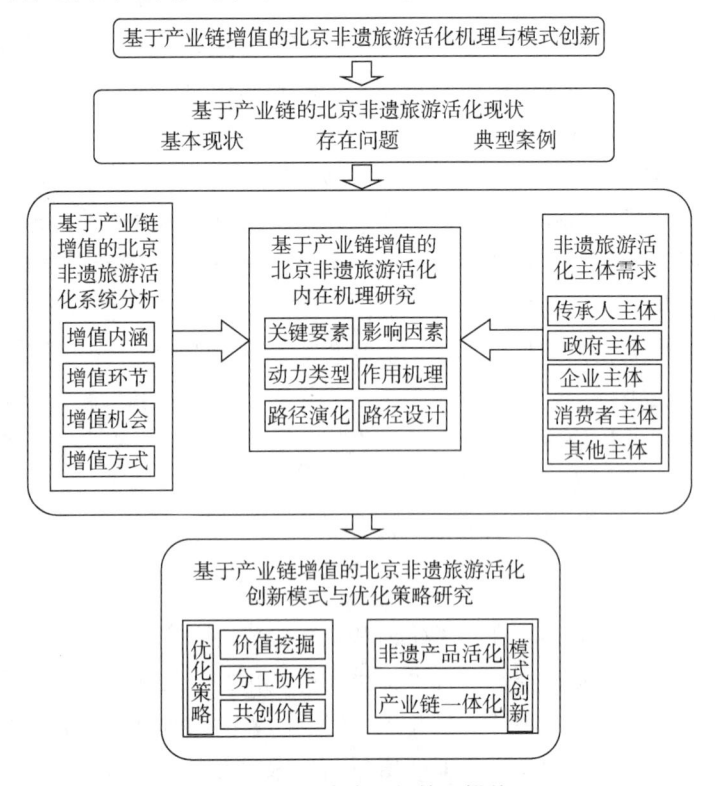

图1-1 研究内容之间的逻辑关系

第一章 绪 论

1. 基于产业链的北京非遗旅游活化现状研究

从非遗保护与传承的要求出发，对北京非遗旅游活化现状进行调研。首先，从非遗是否适合产业化角度，重点调研以北京工美行业为代表的宜产型非遗和以传统戏剧为代表的非宜产型非遗旅游活化的不同。在此基础上，聚焦北京市珐琅厂有限责任公司（以下简称"北京市珐琅厂"）的景泰蓝制作技艺、中国北京同仁堂（集团）有限公司（以下简称"北京同仁堂集团"）的中医药文化、北京吉兔坊文化发展有限公司（以下简称"吉兔坊"）的兔儿爷、北京风筝寻梦文化发展有限公司（以下简称"风筝寻梦"）的曹氏风筝工艺、北京皮影剧团的北京皮影戏、北京顺鑫农业股份有限公司牛栏山酒厂（以下简称"牛栏山酒厂"）的北京二锅头酒传统酿造技艺和北京钧天坊古琴文化艺术传播有限公司（以下简称"钧天坊"）的古琴艺术等典型案例进行深入研究，分析传承人单一活化、传承人与企业合作、旅游者参与、传承人与非政府组织合作、高校参与合作、企业与景区合作开发、老字号活化等活化模式的产业链特征，基于产业链理论梳理总结北京非遗旅游活化的现状、产业链类型及存在的问题。

2. 基于产业链增值的北京非遗旅游活化系统分析

在保持非遗原真性的前提下，依据微笑曲线理论，剖析在非遗旅游活化过程中的研发设计环节、生产创作环节、品牌营销环节等现状，从经济价值、社会价值、文化价值等三大价值角度分析非遗活化产业链价值增值，从产品增值、环节增值、服务增值、规模增值等角度对非遗旅游活化的价值机会进行分析，找出当前非遗旅游产业链增值困难的主要原因，梳理总结其背后存在的影响价值创造的深层次因果逻辑。

从产业链价值增值视角，对比分析非遗旅游产业链增值面临的共性问题和类特性问题，以及链条内部的主体组织关系构建等问题；探讨不同类型非遗旅游产业链条中传承人、政府、企业、消费者、其他主体（非政府组织、专家学者等）对非遗旅游产业链增值的政策需求、市场需求与环境需求，研究不同主体从自身利益最大化出发产生的需求冲突，探索折中的解决方案来满足各种相互矛盾的需求、消除不利于增值的行为。将价值增值主体加入微笑曲线分析中，从而提出动态演化的三维非遗活化价值增值分析框架。

3. 基于产业链增值的北京非遗旅游活化内在机理研究

为了探究非遗产业化的形成及各种因素对其活化程度的影响，本研究从产业链的角度对其资源潜质、开发主体、开发环节、开发环境等四类活化影响因素进行了多相梳理，从而构建了评价非遗旅游活化水平的指标体系，用德尔菲法

(Delphi)和层次分析法（Analytical Hierarchy Process，AHP）构建了非遗旅游活化水平评价模型。为验证评价模型的合理性与稳定性，又依托评价指标体系对非遗旅游活化代表性企业进行了测评，力求从学理上揭示出非遗旅游活化水平与非遗本身潜质、非遗传承的社会认知、非遗的经济价值和社会价值、非遗旅游活化创意水平、非遗传承人的市场开发能力乃至政策法规的复杂关系。

以非遗旅游活化的内外部影响因素为参考，从政府推动力、市场推动力、科技推动力、创新驱动力以及价值链增值能力等五个方面分析了非遗旅游活化内外部动力。这诸多动力作用于产业链，从而促进非遗旅游产业链的形成与发展。按照不同动力因素作用力的大小，进而演化成自组织形成的产业链和他组织形成的产业链两种不同类型的产业链，并结合北京市珐琅厂、风筝寻梦、北京吉兔坊和北京工美集团有限责任公司（以下简称"北京工美集团"）等案例进行了进一步的分析。

4. 基于产业链增值的北京非遗旅游活化创新模式与优化策略研究

通过实地调研、访谈等方式，对北京市珐琅厂、北京同仁堂集团、北京工美集团等典型案例进行梳理总结，基于产业链价值增值理论和生命周期理论，分析处于不同生命周期阶段的非遗活化模式，非遗旅游活化的产业链模式和特征，从不同视角总结了非遗"核心产品+衍生产品"活化和非遗旅游产业链一体化运作等两种非遗旅游活化模式。从非遗的生命周期特征，以及非遗旅游活化的产业链特征等角度，分析并预测了非遗旅游产业链的未来趋势：非遗旅游产业链呈现综合一体化趋势；非遗旅游产业链向成熟的总线式发展；"产学研售"多方联动实现全产业链价值增值趋势。最后，基于产业链增值理论，围绕非遗旅游活化价值增值目标，从价值挖掘、分工协作、价值共创、产业链优化延伸等方面，提出北京非遗旅游活化的优化策略，保障决策的科学性、及时性和有效性。

（三）基本思路

本研究首先瞄准北京非遗旅游活化的基本现状及存在问题，利用系统分析方法，提出研究问题；其次分析北京非遗旅游产业链增值的影响因素和内在机理，最后提出创新模式与优化策略，促进非遗旅游产业链增值，解决非遗旅游活化的问题。技术路线如图1-2所示。

第一章 绪 论

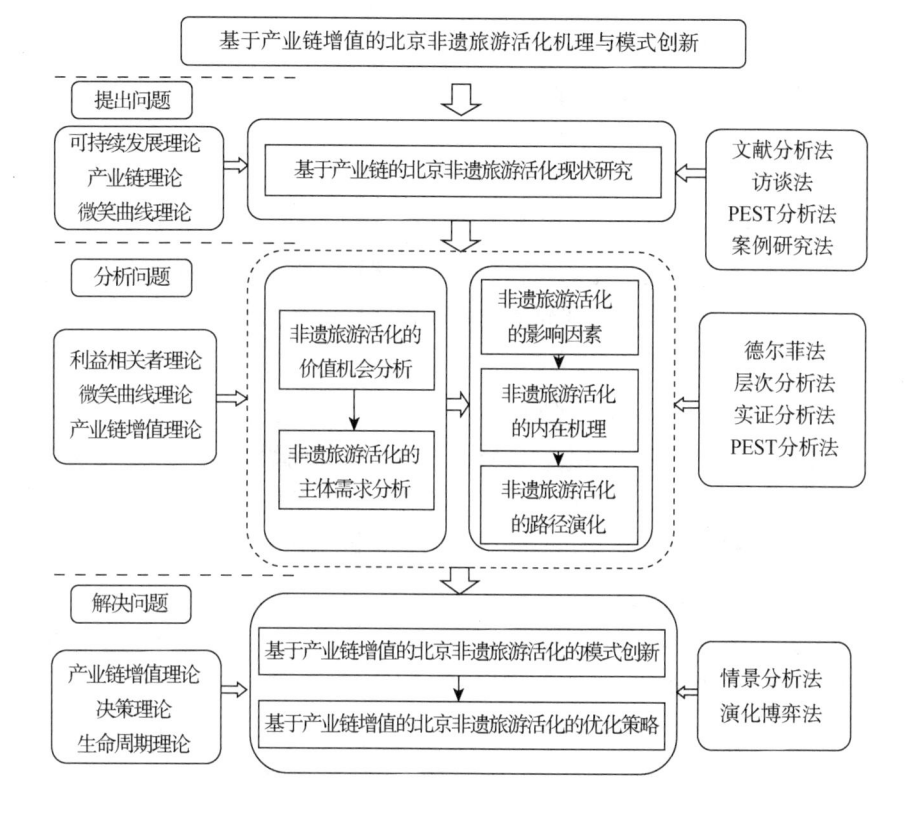

图 1-2 技术路线

（四）研究方法

①依据可持续发展理论、产业链理论、微笑曲线理论，综合运用文献分析法、访谈法、PEST分析法、案例研究法等，研究北京非遗旅游活化的现状、产业链特征和类型，以及存在的问题，重点剖析北京市珐琅厂、北京同仁堂集团、吉兔坊、风筝寻梦、北京皮影剧团、牛栏山酒厂、钧天坊等典型案例的产业链特征与模式。

②运用利益相关者理论、产业链价值理论、微笑曲线理论，采取扎根理论方法，利用动态、三维微笑曲线分析非遗活化产业链增值环节、增值价值和增值主体，进行基于产业链增值的北京非遗旅游活化的系统分析。

③基于微笑曲线理论、PEST分析法，运用层次分析法确定非遗旅游活化水平的影响因素，然后运用层次分析法和德尔菲法构建非遗旅游活化水平评价模型，确定关键影响因素；运用实证分析法分析了不同产业链模式产生、变化的内外部动力，以及非遗旅游产业链的不同类型。

④基于生命周期理论、产业链增值理论，构建创新的非遗旅游活化模式，提

出优化策略。

三、研究创新与难点突破

（一）研究创新

1. 科学的非遗旅游活化研究体系

本研究根据原真性与活化的内在统一，基于产业链增值的非遗旅游活化机理与模式，创新性地提出了动态演化的三维非遗活化微笑曲线分析框架，构建科学的非遗旅游活化研究体系。

2. 系统性的研究方法应用创新

本研究综合运用产业链理论、价值链理论、微笑曲线理论、利益相关者等理论，并采用PEST分析法、层次分析法、德尔菲法和案例研究法等方法，分析非遗旅游活化的影响因素，研究非遗旅游活化内在机理和演化路径。

3. 实践性的路径与模式研究成果创新

本研究基于产业链增值的非遗旅游活化模式总结及未来趋势预测，提出基于产业链增值的北京非遗旅游活化创新模式与优化策略。

（二）重点与难点

1. 重点

①非遗旅游产业链增值内在机理的总体揭示与描述。

②基于产业链增值的非遗旅游活化水平模型的构建、优化策略的设计。

2. 难点

①非遗旅游活化影响因素的界定、非遗旅游活化指标体系的确立，以及非遗旅游活化水平模型的构建。

②基于产业链增值的非遗旅游活化主体组织目标决策行为及其影响因素的描述与分析、确认与解释。

第二章 文献综述

一、产业链基础理论研究

截至 2024 年 7 月,在中国知网上以"产业链"为主题检索,共有文献 242708 篇。最早关于产业链的文献是张文合在 1988 年发表的《青海省工业战略性优势产业群抉择》,文章提出青海工业应建立起以电力、高耗能、盐化工、畜产品加工和石油工业为主体的战略产业群,并通过产业链关联效应带动其他部门及整个青海经济的发展(张文合,1988)。2000 年开始相关文献数量逐渐增多,2010 年达到小高峰,2019 年后有较大幅度的增长,2024 年达到新的高峰,文献数量统计如图 2-1 所示。关于产业链的研究主要围绕工业经济、农业经济、经济体制改革、企业经济、信息经济与邮政经济等方面,主题分布如图 2-2 所示。

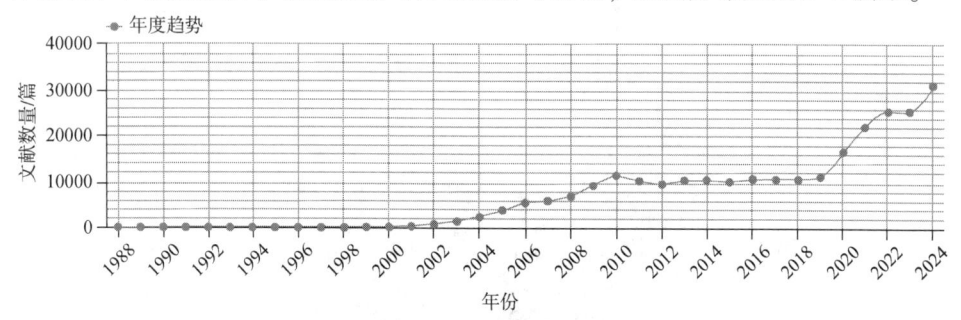

图 2-1　1988—2024 年关于"产业链"主题的文献数量统计

截至 2024 年 7 月,在中国知网上以"产业链增值"为主题检索,共有 1460 篇文献,其中学术期刊有 430 篇。最早关于产业链增值的文献发表于 2001 年,2002 年后文献数量稳步增长,2009 年达到高峰,文献数量统计如图 2-3 所示。研究主题主要围绕信息经济与邮政经济、农业经济、工业经济、企业经济等方面,具体分布如图 2-4 所示。

·7·

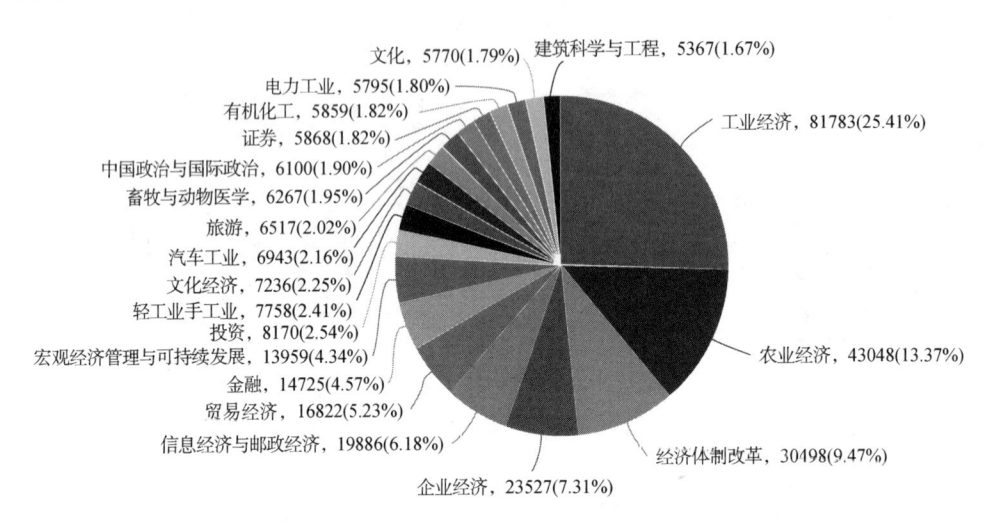

图2-2 关于"产业链"的文献主题统计

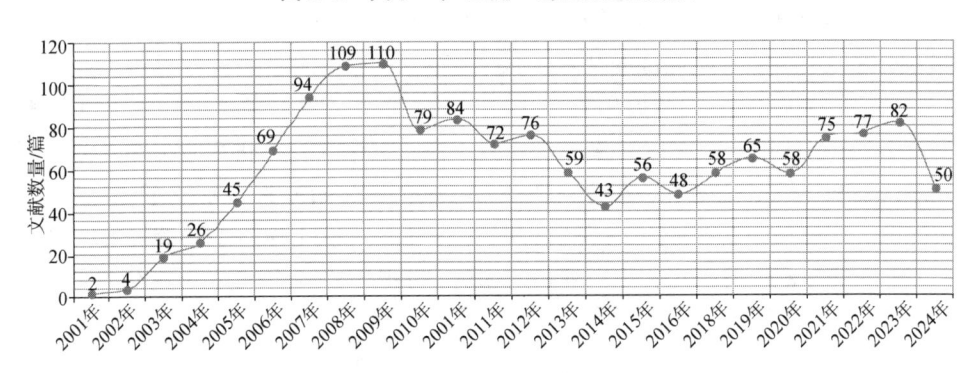

图2-3 2001—2024年关于"产业链增值"主题的文献数量统计

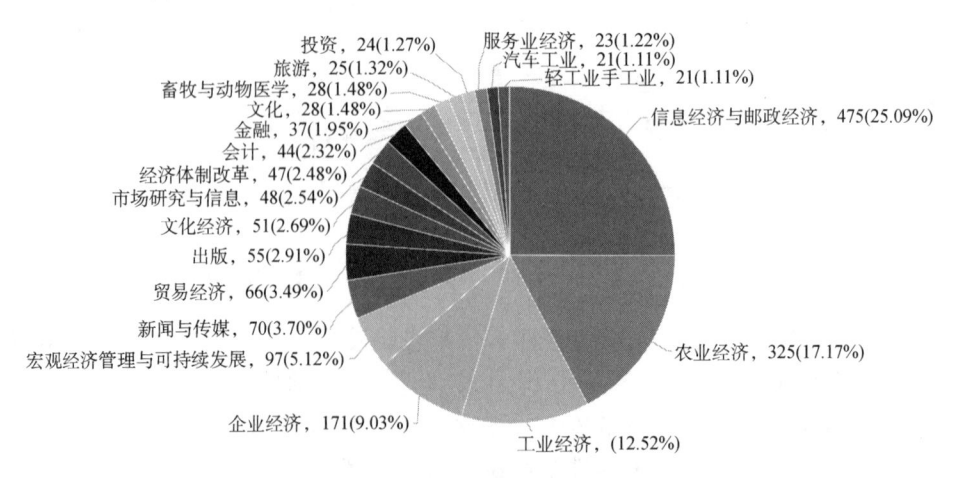

图2-4 关于"产业链增值"的文献主题统计

(一) 产业链概念研究

"产业链"这一思想最早源于亚当·斯密的社会分工理论,亚当·斯密(1776)在《国民财富的性质和原因的研究》中提出,"工业生产是一系列迂回生产的链条"。赫希曼(1991)从供给和需求的角度解释了前向联系效应和后向联系效应,并从投入和产出关系强调了前向联系和后向联系对经济发展的重要意义。

据蒋国俊考证,我国最早提出"产业链"一词的是姚齐源、宋武生在1985年发表的《有计划商品经济的实现模式——区域市场》(刘贵富,2006)。文中在设想组织区域市场的一般模式时提出以区域战略决策为先导,认为区域宏观决策机构根据对未来市场的准确把握,确定区域战略目标,选择实现这一目标的战略重点(产业链)及结构调整方向,编制产业链发展规划,制定相关的技术、经济政策,确定杠杆作用方案,提出经济法规,最后将它传入各类市场之中(姚齐源,1985)。进入21世纪以后,随着产业经济的飞速发展,产业链的研究成为国内研究的热点,学术界对产业链概念的研究也逐渐增加。尤其是21世纪初,学者们从不同的视角对产业链进行界定,但目前仍没有统一的产业链定义。产业链是产业化的延伸,国内对产业链的研究建立在国外研究的基础上,一般从产品生产过程、关联关系、价值增值、企业战略联盟等视角研究产业链的概念,如表2-1所示。

表2-1 不同研究视角下产业链的概念

作者(时间)	研究视角	核心内容
郁义鸿(2005)	产品生产过程	从自然资源到售出各环节构成的生产链条
贺轩、员智凯(2006)	分工、供需、关联	分为广义和狭义,分别强调相关产业和产业内关联
芮明杰、刘明宇(2006)	价值增值	生产最终交易的产品或服务的增加价值的过程
刘富贵(2007)	价值增值、投入产出、关联关系	上下关联的、动态的链式中间组织
赵红岩(2008)	价值链、企业战略联盟	基于价值链,具有竞争力的企业联结成的有价值增值功能的网链式企业战略联盟
吴金明、邵昶(2006)	多维度	基于产业上游到下游各相关环节,由供需链、企业链、空间链和价值链有机组合而形成的链条

资料来源:根据文献整理所得。

郁义鸿（2005）从生产过程界定产业链，认为产业链是一种在最终产品的生产加工过程中，从最初的自然资源到最终产品到达消费者手中所包含的各个环节所构成的整个的生产链条。贺轩、员智凯（2006）在产业内部分工和供需关系基础上分析产业链，并将产业链分为广义和狭义，广义的产业链包括满足特定需求或进行特定产品生产（或提供服务）的所有企业集合，涉及相关产业之间的关系；狭义的产业链则重点考虑直接满足特定需求或进行特定产品生产（或提供服务）的企业集合部分，主要关注产业内各环节之间的关系。张铁男、罗晓梅（2005）把产业链的特点总结为分工性、增值性和循环性，认为产业链是在分工与合作的前提下形成的。芮明杰、刘明宇（2006）认为产品或服务的生产过程是价值增加的过程，把产业链描述为厂商内部和厂商之间为生产最终交易的产品或服务所经历的增加价值的活动过程，它涵盖了商品或服务在创造过程中所经历的从原材料到最终消费品的所有阶段，在研发、设计、采购、原料加工、半成品生产、成品生产、销售等相互联系的环节上进行价值创造。刘富贵（2007）在已有研究基础上增加了时空布局这一内容，认为产业链是同一产业或不同产业的企业，以产品为对象，以投入产出为纽带，以价值增值为导向，以满足用户需求为目标，依据特定的逻辑联系和时空布局形成的上下关联的、动态的链式中间组织。赵红岩（2008）对产业链的解释与刘富贵有相似之处，但更强调从企业战略联盟的视角对产业链进行定义，认为产业链是基于价值链基础上的同一产业或不同产业中具有竞争力的企业及相关企业，以产品为纽带，按照一定的生产关系和空间分布等特征联结成的有价值增值功能的网链式企业战略联盟。产业链中企业之间联系的紧密程度不同，产业链的繁简程度也会存在差异，可以分为低级和高级两种形式（任保平，2005）。吴金明、邵昶（2006）提出从多维度界定产业链，认为产业链是基于产业上游到下游各相关环节的，由供需链、企业链、空间链和价值链这四个维度有机组合而形成的链条。

近些年来，外文文献中也有关于产业链概念的相关研究。Xi Jin（2014）等学者认为，产业链是一个涵盖多个相关环节的链式组织，它以产品为最终目标，以价值增值为导向，以供求关系为引导，以投资和生产为纽带。从宏观角度看，产业链不是封闭的，而是两端开放的，它通过上下游企业的互利合作，形成一个完整的产业链。Xu Bai（2019）等学者提出，产业链是价值链在产业层面上的延伸，是多个企业价值链的融合；产业链中不同公司之间存在竞争关系，与上下游之间存在贸易关系；传统的产业链模式是基于分工的链条结构，随着科技的快速发展，行业的边界越来越模糊，产业链也越来越复杂，产业链发展模式也从传统的链条结构演变为网格结构。

随着产业链研究的不断深化，学者们将产业链这一产业经济学的概念引入到旅游（黄常锋，2011；赵小芸，2010；严伟，2016）、文化创意（黄学，2013；

郭鸿雁，2008）等领域。在旅游产业链的研究中，从产业间的关联切入，研究旅游产业与其他产业的融合，并具体应用于旅游扶贫等方面。赵磊（2011）将旅游产业链定义为：为获得经济、社会与生态效益，以旅游业中的优势企业为链核，生产旅游产品的相关产业部门之间在相应的价值创造职能的指向下所形成的动态链接，是建立在旅游产业内部分工、旅游产品供求关系以及旅游体验消费增值基础上，共同向旅游者提供旅游产品时形成的相互协作关系。常卫锋（2015）将文化旅游产业链定义为：民众在进行文化旅游产品消费的过程中，由旅游者需求链引发出来的文化旅游产品链条。张功让等人（2010）认为，旅游产业链具有中间性、链核特殊性、网络性、复杂性特点。刘逸（2015）认为，当前旅游价值链研究没有全面认识价值链理论的来龙去脉，也没有区分一般商品和旅游产品的差别。邹光勇等人（2019）认为，旅游产业链的概念包含三层含义：首先，旅游产业链是为旅游者的旅游活动提供全程服务的系统；其次，旅游产业链是旅游投入产出环节的连接系统；最后，旅游产业链是提供价值增值活动的系统。明庆忠、史鹏飞、韩剑磊（2023）认为，旅游产业链是以旅游体验功能需求为导向的，由创造不同功能的"链主"通过功能组合与渗透"链接"形成的非线性、"模块化"的"链条"结构。刘佳等人（2024）认为，旅游产业链是由多要素、多层次的子系统相互作用而形成的复杂系统。

目前，很少有学者研究非遗产业链，研究内容主要集中于非遗产业化的适宜性、产业化的模式等，相关研究集中在产业化方面，未对非遗产业链进行研究。实际上，在非遗的发展过程中，已经形成了不同类型的产业链，研究非遗产业链是文化产业创新和增值的有效途径，有利于非遗的保护传承和可持续发展。

从已有相关研究看，产业链的概念具有以下几个共同点：第一，强调产业链既包含了同一产业的企业又包含相关产业的企业；第二，产业链是根据用户需求的产品和服务进行的交易活动；第三，产业链是一条增值链，价值增值是产业链的核心。综合各学者对产业链的研究成果，根据研究内容，将非遗旅游产业链定义为：将非遗资源引入旅游产业发展中，同一产业或不同产业的企业之间为生产非遗旅游产品相互协作，从而实现价值增值的系统。

（二）产业链价值增值研究

1. 价值的概念

价值是经济学和管理学中最复杂的一个概念，其相关定义不下几十个，甚至上百个。赵磊（2011）指出，在不同学科的理论中，价值所代表的内涵存在很大程度的差异。

（1）经济学中价值的概念

在重商主义盛行之时，金银货币被看作是衡量财富的唯一标准，并认为财富是在流通过程中产生的。从这个意义上讲，重商主义的价值观点就是"流通价值论"的代表（张耀中，2010）。古典政治经济学的杰出代表威廉·配第（1662）在其所著的《赋税论》一书中，提出了劳动创造价值的观点，通过引入自然价格和政治价格的概念来分析商品的价值，说明市场价格变化有规律可循，这个规律就是自然价格即价值。亚当·斯密（1776）在研究商品的交换时提出真实价格的概念即价值，认为价值是隐藏在商品交换背后的无形之手。此后，大卫·李嘉图（1817）在《政治经济学及赋税原理》中讨论了使用价值和交换价值的区别与联系，认为构成价值的不仅包括直接劳动的耗费，还应有间接劳动的耗费。马克思（1867）在继承前人劳动价值论的基础上，提出了剩余价值论。他认为价值是凝结在商品中的无差别的人类劳动，其衡量的标准是社会必要劳动时间，而社会必要劳动时间是由社会平均生产率所决定的。边际效用学派认为价值是使用者对商品效用满意程度的主观评价。剑桥学派的马歇尔（1890）认为："一个东西的价值，即在任何地点和时间用另一物来表现的交换价值，就是在能够得到的并能与第一样交换的第二样东西的数量。因此，价值这个术语是相对的，表示在某一时间和地点上两样东西之间的交换关系。"综上所述，经济学中的价值更强调客体所具有的属性、功能与主体需要的某种关系，即满足或被满足的关系。

（2）管理学中价值的概念

在管理学中，往往把价值活动的管理作为创造价值和价值增值的方式。张耀中（2010）认为采取有效合理的管理，通过改变顾客对商品效用的主观评价，提高商品满足人们欲望的满意度，进而实现价值创造，其中最具代表性的是企业价值、财务价值和顾客价值。

企业价值的定义因研究视角的变化而不同，比较常见的是从政治经济学、会计核算、财务管理以及市场交换的角度来阐述企业价值。从政治经济学的视角来看，企业价值是企业所涵盖的社会必要劳动时间。从会计学科的视角来看，企业价值是投资于企业的全部费用或支出。从财务管理学科的视角来看，企业价值是由企业未来取得收益折现定义的。从市场交换的视角来看，企业价值是由企业在资本市场中的价值定义的。张耀中（2010）综合以上视角提出企业价值的定义，认为企业价值不仅是企业内部各资产单独计价的相加，而且是其作为一个综合实体，包括人力资本、品牌声誉、各种机器设备等生产元素整合在一起所取得现金流量的能力。

财务价值也是重要的价值概念，学者们从不同视角提出了定义，分为广义的财务价值和狭义的财务价值。杜勇（2013）认为财务价值概念可以说是市场价值概念和内在价值概念两者的结合，即考虑公司的价值问题要结合公司内部视角和外部视角，包括外部支援价值（如政府补贴、税收优惠等），也包含从公司内部视角看到的内部潜在价值（如未来的销售增长、公允价值等）。张耀中（2010）

则认为财务价值主要是从管理会计的角度来定义的价值概念，通常是反映在账户或各类会计报表中的价值，一般认为是收益和成本的差额即利润。例如，产品销售实现的价值是指产品销售收入扣除生产成本后的余额，即利润。

顾客价值的概念最先源于 Drucker（庞雅莉，2014），他在1954年指出，顾客是最大化价值的追求者，因此企业为顾客创造价值，就自然地吸引了顾客，也就是创造了顾客（魏鹏鹏，2016）。国内外专家围绕顾客价值内涵展开了广泛而深入的研究，其中学术界比较公认的是美国营销之父菲利普·科特勒1999年提出的定义，被称为"顾客让渡价值"，即顾客总价值和顾客总成本之间的差额（张敏，2020）。其中，顾客总价值＝产品价值＋服务价值＋形象价值＋人员价值，顾客总成本＝货币成本＋时间成本＋体力成本（韩顺平，2001）。而后 Jeanke 和 Ron（2001）从供应商和顾客两个角度构建了顾客价值模型，他们认为顾客价值最终来源于供应商与顾客之间的信息差距。供应商向顾客提供的"设计价值"与顾客形成的"期望价值"之间的不对等形成感知差距，而顾客"得到价值"与"期望价值"之间的差距形成满意差距。学者对顾客价值的认识越来越深入，研究角度也越来越广。

总的来讲，管理学中价值的内涵往往与价值活动的管理联系在一起，被认为是一种在经济活动中形成的关系价值。

2. 产业链价值类型

关于产业链的价值，不少研究从中观视角针对特定产业，较深入地分析了其价值的类型。娄策群等人（2013）较为全面地探讨了网络信息生态链价值的类型以及价值增值的种类与方式，提出按价值形态不同，网络信息生态链的价值可分为素质价值、形象价值和经济价值；按价值的主体范围不同，可分为节点价值、整链价值；按价值的共享程度不同，可分为独占价值和共享价值。周立等人（2020）借鉴娄策群等人按价值形态不同分类，将素质价值、形象价值和经济价值应用于农村产业融合中。具体而言，素质价值主要表现为农户或者合作社的观念更新、公司的管理水平等变化；形象价值是指经济组织中的参与主体，在社会公众中形成的总体形象；经济价值是指能用经济指标进行衡量的价值。徐丽芳（2008）用产业链的长度、宽度来衡量价值，延长或拓宽产业链则实现价值增值。于春生（2012）探讨了数字期刊产业链价值创造与收益分配问题，提出在上中下游各环节的递进中，价值有着不同的表现形态，总量依次叠加、逐步增长，按照环节不同价值可分为原创价值、制作价值、传播价值和衍生价值。朱俊（2015）研究了遂宁市生猪产业价值链的价值增值问题，研究的重点在产业链各环节的经济活动。杨海平等人（2024）发现，科技期刊产业链价值在知识资源流动的过程中发生价值的交换、传递、转移和增值，从而实现初始价值创造、价值传递和扩散、价值增值和循环，认为价值包括知识价值、学术信息价值、评价服务价值、数据价值、科研成果落地转化价值、科学知识社会普及价值等。

与此同时，还有不少文献从企业微观角度分析价值增值，主要从财务和非财务两个层面开展研究，如表2-2所示。王艳辉（2017）在探索商务环境下旅游产业链中企业的价值增值时，从盈利能力、偿债能力、营运能力、成长能力、股本扩张能力等五个方面衡量价值增值情况。邹艳（2009）在评价产业链中核心企业价值增值的时候，从财务和非财务两个层面研究价值增值。财务层面评价又分为传统和新兴的财务评价，传统的财务评价指标包括反映企业财务效益状况的净资产（或总资产）报酬率等；新兴的财务评价指标主要是EVA（经济增加值），考虑了企业间以及企业内部各个部门间的协同作用，能够体现价值链的整体增值。非财务层面指标主要包括经营者基本素质、服务满意度、基础管理水平、发展创新能力、经营发展战略、在岗员工素质、技术装备更新水平和综合社会贡献。

上述文献从不同角度对产业链价值类型进行划分，从中观角度进行划分时，按价值形态如经济价值，按价值链形态如节点价值，按价值受益方式如独占价值。从微观角度划分时，大都根据所研究的特定产业确定分类视角（王艳辉，2017），有的文献从财务层面研究价值（周立，2020），有的文献不仅关注经济效应，还关注社会效应，还有的研究则带有明显的传播学色彩（于春生，2012）。本研究探究的是非遗旅游产业链的价值增值问题，对价值的衡量应根据非遗本身的特性进行研究。

不同研究视角下产业链价值类型比较如表2-2所示。

表2-2 不同研究视角下产业链价值类型比较

作者/时间	产业	研究视角	分类视角	分类内容
王艳辉（2017）	旅游产业	微观	财务层面	盈利能力、偿债能力、营运能力、成长能力、股本扩张能力
邹艳（2009）	核心企业	微观	财务层面（传统和新兴的财务评价）	传统的财务评价指标包括反映企业财务效益状况的净资产（或总资产）报酬率等；新兴的财务评价指标主要是EVA（经济增加值）
			非财务层面	经营者基本素质、服务满意度、基础管理水平、发展创新能力、经营发展战略、在岗员工素质、技术装备更新水平和综合社会贡献

续表

作者/时间	产业	研究视角	分类视角	分类内容
徐丽芳（2008）	出版产业	中观	产业链衍生	用长度和宽度的增加衡量产业链增值
于春生（2012）	数字期刊	中观	期刊产业链环节	原创价值、制作价值、传播价值和衍生价值
娄策群等（2013）	网络信息生态链	中观	按价值形态不同	素质价值、形象价值和经济价值
			按价值的主体范围不同	节点价值、整链价值
			按价值的共享程度不同	独占价值和共享价值
朱俊（2015）	生猪产业	中观	财务层面	各环节经济活动的成本收益情况

资料来源：根据文献整理所得。

3. 产业链价值增值环节

在产业价值链中，价值在各环节的分布并不均衡，产业中的价值分布也在不停地变化（李平，2006）。目前，关于产业链价值分布即增值环节的研究，主要有施振荣提出的微笑曲线理论和迈克尔·波特提出的价值链分析法。

（1）微笑曲线理论

微笑曲线理论强调价值在各环节的分布并不均衡，可以在附加价值较大的环节思考价值增值良策。中国台湾宏碁公司总裁施振荣（1992）提出的微笑曲线，对价值不均衡分布进行了形象的刻画。微笑曲线最初是描述个人电脑产业各个工序附加价值特征的（如图2-5所示）。它指出，在整条个人电脑产业链中，上游的CPU、操作系统设计与开发以及下游的售后服务等工序具有较高的附加价值，而处在中游的组装生产等工序则利润空间最小（徐丽芳，2008）。Jim Huangnan Shen等人（2019）在外包产业微笑曲线的研究中提出，微笑曲线的自然含义是专门从事全球供应链两端（研究开发和营销阶段）的公司将比专门从事中游阶段的公司利润空间大。从政策角度来看，发展中国家追赶发达经济体的唯一途径是鼓励企业沿着全球供应链升级，从中游组装阶段攀升至研究开发阶段或营销阶段，以期变得更具竞争力和拥有更大利润空间。In Woo Jun, Chris Rowley（2018）根据微笑曲线模型提出，在以知识为基础的经济中，价值链中最左边和最右边的部门（例如产品研发部门、营销和服务部门）比中心部门（例如生产部门）创造更多的附加值。该模型解释说，工业化时期的增值结构依赖于生产和制造部门，呈现"倒 U 形"，表明生产和制造是增值最多的领域。图表的形状随后显示出渐进的变化，最后变成一个"U"形，表明在基于知识的时期，产品研发、营销和服务具有更多的增值功能。哈德森（1999）通过对亚太产业链分析得出全球产业驱动的两种模式：掌握核心研发技术的生产者驱动和具备极强市场营销能力的采购者驱动，也证明了在产业链两端具有更多增值机会的结论。杨文光等人（2023）借助微笑曲线探讨当前葡萄酒产业链的战略环节所处位置和未来移动方向，认为新疆葡萄酒产业链价值提升需要由微笑曲线的低价值底端向价值较高的两端攀升。

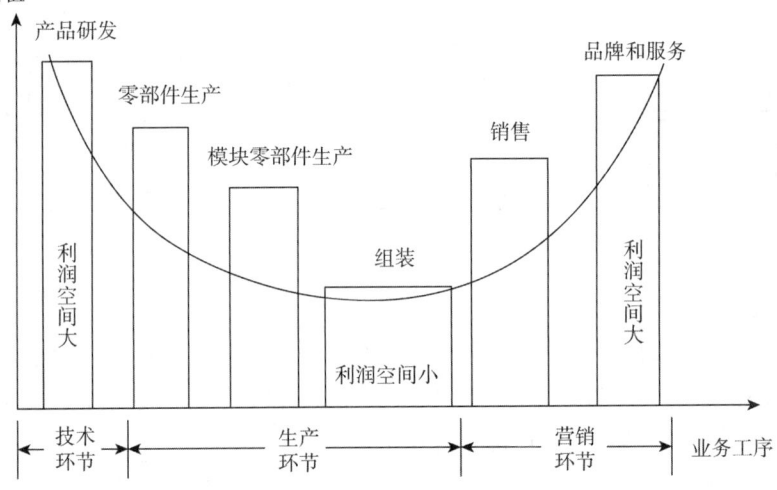

图 2-5 微笑曲线

周静（2016）提出日本制造业企业在研发和知识产权方面不具备与欧美先进企业抗衡的实力，财务与营销方面也并非强项，但他们极其注重生产和管理中的品质与成本管理，通过拉动式准时化生产、全面质量管理、团队工作法和并行工程等生产和管理方式实现了精益模式下的价值创造，突出了在生产过程中实现巨大增值的可能性，因此也被称为"反微笑曲线"（如图 2-6 所示）。

微笑曲线与反微笑曲线的存在意味着不能为了适应微笑曲线理论，单纯增加研发和营销投入；不能迷信生产外包，忽视生产过程周期时间和制造工艺优化。亦不可过分注重管理过程中成本的降低，而忽视其为提升产品质量和品质所做的投入，以及品牌背后所蕴藏的价值（周静，2016）。

图 2-6　反微笑曲线

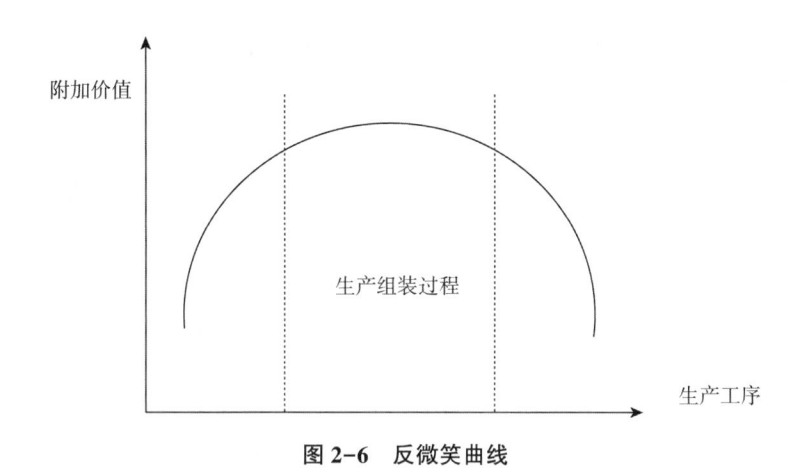

（2）价值链分析法

现有研究多将价值链分析法用于企业价值链的研究中。迈克尔·波特的价值链分析法将企业的价值创造活动归纳为基本活动和辅助活动，同时将这两类活动解构为一系列具体的相互联结的作业价值活动，构建一个资源价值投入生产与转化的分析系统。它是一种系统的分析方法，重点反映价值的创造、实现过程，关注价值链各个作业活动环节的协调衔接，综合管理好价值链各环节之间的协调配合关系，促进企业实现价值增值（黄益，2015）。不少学者按照迈克尔·波特提出的价值链分析法，把企业内外价值增加的活动分为基本活动和支持性活动，或直接价值活动和辅助价值活动。王伟安（2024）从转让定价角度出发，认为价值链分析是指对跨国企业特定关联交易的全球价值链进行深入分析，以判断其价值链上的利润分配是否与价值创造相匹配，并对不匹配情况作出相应调整的分析方法。价值链分析的框架包括厘清价值链上的企业、界定企业职能与价值创造、计算价值链上的利润以及确保价值链上的利润分配与价值创造相匹配四个步骤。

评估业是我国现代服务业的重要组成部分，提供顾客以知识为始的专业估值或咨询服务。江建华（2011）在评估产业的价值链增值环节时，认为支持性活动带来价值增值，支持性活动包括技术支持、人力资源管理、研究发展等；基本活动产生利润，基本活动即报告的产出量，包括信息收集、信息加工、评估报告、提交客户。蔡媛青等人（2022）构建基于价值链分析的公立医院运营管理绩效考核指标体系，从上游价值链、内部价值链和下游价值链三个角度探讨公立医院设计运营管理指标体系的主要考量因素。谢海芳（2006）分析我国小银行的价值链增值策略时，指出支持性活动的价值增值环节是体制创新；基本活动的价值增值环节是上游的产品开发设计和产品制造，下游的市场营销和客户服务活动。最后得出结论，市场营销、客户服务环节是我国小银行实现自身价值最大化的重要战略环节。任云飞（2020）总结企业价值链的价值分析法具有以下特征：一是价值链的基本要素是产生价值的环节。二是价值活动可以具体分为直接价值活动和辅助价值活动。三是价值链展示企业总价值，价值链除了展示企业价值活动外，也展示企业利润。四是价值链要保证完整，要在更广泛的价值系统中有所体现。五是价值链各不相同，行业之间以及同一行业不同企业之间的价值链有较大差异。

（三）产业链模式与机制研究

1. 产业链的类型及演化

产业链类型一般指在一个产业链上，上下游相互关联的企业或者相邻市场之间的关系。对产业链类型的研究有助于我们对产业链的发展现状和发展阶段作出判断，对实证分析具有重要意义。郁义鸿（2005）按照产品特性和技术条件不同，将产业链分为两个大类，一类由上游产业与下游产业之间的纵向关系所构成，另一类则由两个并行的产业之间的横向关系所构成。按照产品A是否为中间产品（A是最终产品；A是纯粹的中间产品；产品A既可以作为产品B的投入品，又可以作为最终产品直接面向消费者）将产业链分为三种类型，分别对应产业链类型Ⅰ、Ⅱ、Ⅲ，在此基础上又延伸出纵向联系、横向联系、网络状联系等三种状态类型。刘贵富等（2006）按照产业链形成过程中企业间的关联方式，将产业链分为技术推动型、资源带动型、需求拉动型、综合联动型四种模式，并提出模式的演进可以形成一系列新的产业链链环，链环的增加使得产业链的附加价值随之增加。与以往划分产业链类型的方法不同，盖文启、蒋振威（2009）从产业链本身的优势考虑分析产业链的形态，初步提出把产业链划分为串联式、并联式、网络式和总线式几种形态，总结了它们各自的价值增值特征，其中总线式产业链具有最大的丰度、最大的流通速度和最快的市场需求传导性，增值效果最好。

产业链本质上是产业内或相关产业内各企业间的关联状态，产业分工引起了产业链的动态演化。伴随着产业生命周期的演进，产业链也经历了形成、发展等过程，不断演化。程李梅、庄晋财等人（2013）认为产业链的空间演化包含两层含义：一是产业链的内涵演化，包括产业链的纵向延伸和横向拓展；二是产业链空间范围的演化，包括产业链在一个区域之内和在不同区域之间的延伸和拓展。产业链演化是动态连续过程，历经形成、发展、成熟、蜕变等阶段，呈现出区域内纵向延伸、区域间纵向延伸、区域内横向拓展、区域间横向拓展、产业链网结构等五种模式，贯穿区域产业发展中，并透过区域产业组织（企业）的互动关系以不同形态表现出来。车雯、张瑞林等人（2020）在研究文化承继与产业耦合时把产业链的空间演化过程分为产业链纵深蔓连、横向延展与交织协同三个阶段，并分析了不同阶段通过企业的组织形式呈现出不同的特征。

2. 基于产业融合的产业链模式

产业融合是目前产业发展的趋势，它拓宽了产业发展空间，产业结构也在不断的融合中更趋合理化。近年来，产业融合的相关理论不断渗透到产业链的研究中。严伟（2016）认为，任何形式的旅游产业融合模式，都是旅游产业链与相关产业的产业链间的解构、重组和协同的结果，在此基础上，他具体分析了高新技术对旅游产业链的"嵌入式"渗透融合模式、旅游产业链与并行产业的产业链间的延伸融合模式，以及旅游产业内部集群式产业链的重组融合模式。从产业链协同角度分析旅游产业融合模式，有助于促进旅游产业在整个社会经济系统中的融合发展。李宇、杨敬（2017）在研究创新型农业产业价值链整合模式时，引入产业融合理论，构建了面向开放式创新的新型产业链整合模式，包括技术引领的产业链整合、空间拓展的产业链整合、结构重塑的产业链整合三种模式，形成一种开放融合的农业产业链升级路径。周立、李彦岩、罗建章（2020）从一、二、三产业融合的视角研究乡村产业振兴的价值增值路径，将产业融合的样态分为四种：起始型、专业型、休闲型和理想型。在此基础上得出价值增值的三条路径，分别是：注重发挥农业多功能性的"起始型—休闲型"横向路径，发展紧密纵向协作的"起始型—专业型"纵向路径，以及纵横兼顾的"起始型—理想型"路径，将其统称为"合纵连横"。庞玉超（2024）将"互联网+"农业产业链创新模式归纳为电子商务平台模式、信息化服务创新模式和多产业融合发展模式等。

3. 产业链机制

产业链机制可以帮助我们更全面地了解产业链，健全产业链运行的机制是产业经济发展的制度保障。孙坚强等人（2016）根据产业链上下游之间的关系对产业链的机制进行了解释，上游商品作为投入品，构成下游产成品的成本。上游商品的价格变动，沿着生产链向下游传递，下游商品滞后地发生相应的价格变动，物价水平则表现为成本推动型的变化。下游商品的价格变动，反映下游消费（或消耗）需求变动，需求信息沿着生产链向上传递，上游商品滞后也发生相应的变动，物价水平则表现为需求拉动型的变化。产业链的运行机制是影响或制约产业链运行的各节点企业之间相互联系和作用的制约关系及其功能，稳定的运行机制是确保产业链内每个企业受益的根本保障。蒋明新、蒋国俊（2003）总结了推动产业链稳定运行的定价机制、利益调节机制和沟通信任机制等三种机制。邵忍丽（2013）从循环经济的视角对产业链的运行机制进行研究，认为影响产业链的因素分为内部因素和外部因素，内部因素包括利益分配机制、沟通协调机制、信用契约机制和监督激励机制等，循环经济产业链也会受到外部因素影响，如政策因素、法律因素、自然环境因素和公共意识及舆论因素。李建军（2015）总结了农业产业链的特点，即产业链长、行为主体多，行为主体性质既有企业主体、政府主体和农业行业组织，还包括分散的农户和专业户。农业产业链的运行机制也相对比较复杂，主要有利益分配、风险共担、竞争谈判、信任契约、沟通协调和监督激励等六种机制。马香品和杨秀花（2024）从驱动力机制、能动力机制和带动力机制三方面，讨论数字经济驱动下农业产业链建设的动力机制。孙晓和张颖熙（2024）从补链（优化乡村产业链要素投入结构）、延链（打造纵向延伸、横向拓展的双向一体化）、强链（助力乡村产业链全链路数字化升级）三个层面，分析平台经济优化乡村产业链的具体机制。

4. 产业链评价

随着产业链的不断发展，对产业链的研究也不断拓展。在产业链发展的不同阶段，产业链具有不同的特征。根据产业链的评价结果，可以判断产业链所属的发展阶段。例如，发展较为成熟的产业链，完备程度也会较高。学者们为了衡量产业链的成效，针对产业的特征构建了相应的产业链评价指标体系。贺轩、员智凯（2006）根据高新技术产业的特殊性，建立了高新技术产业价值链的五个评价指标，包括：产业价值链的完备程度，产业价值链各环节的匹配关系，产业价值链各个节点企业富集的程度，产业价值链中各企业人才的富集程度，产业价值链是否与区域生态相适应、可持续发展。产业价值链受产业特征及发育状况影响，存在繁简程度的差异性，强调既要纵向看产业价值链的上、中、下游供需链是否完备，又要横向看产业配套是否完备。宏观上看相关产业价值链是否完备，微观上看一个高新技术产业价值链内上下游各个环节是否完备。吴彦艳（2009）从对产业链的带动力、产业链的控制力、产业链环节的核心竞争力、产业链环节的发展能力、经济效益指标等五个方面构建了产业链环节评价指标体系。刘烈宏、陈治亚（2017）构建了电子信息产业链竞争力的评价模型，包括产业链投入、产业链发展基础、产业链产出、产业链组织效率、产业链结构效率和产业链生产效率六个一级指标，15个二级指标。毛蕴诗、Korabayev Rustem、韦振锋（2020）以全产品生命周期理论、外部性与利益相关者权益等理论作为支撑，以产品的生产销售过程为出发点，从设计和研发、采购、生产、物流、营销与回收再利用等六个维度构建了绿色全产业链评价指标体系。吉迎东等人（2024）运用扎根理论方法进行探索式研究，从技术创新引领力、产业协作整合力、产业发展领导力三个方面构建产业链链主企业生态主导力评价指标体系，开发相应的测度量表。谢家智和何雯妤（2024）构建包括产业链基础能力、产业链抵御能力、产业链链条控制力和产业链创新能力在内的多维评价指标体系，通过熵值法对产业链韧性水平进行测度评价。

学者们对产业链的评价是针对特定产业构建的评价体系，并不完全适用于非遗旅游产业链的评价。但总的来看，产业链的发展基础、完备程度、投入、产出、各环节的关联关系等是产业链评价时考虑的重点内容，对非遗旅游产业链评价具有一定的参考意义。目前，关于非遗产业链评价的研究相对较少，与当前的非遗产业链发展情况不适应。我们可以根据非遗的独特属性和价值，结合以往学者们对产业链评价的研究成果，对非遗产业链进行评价，分析不同阶段产业链的差异，并为非遗产业链的优化发展提供思路和建议。

二、非遗产业化研究

截至2024年7月，在中国知网上以"非物质文化遗产产业化"为关键词检索，共有文献589篇，其中学术期刊446篇。最早的文献发表于2006年，之后文献数量逐渐增多，到2013年达到顶峰，这一年共发表61篇，此后文献的发表数量基本稳定，如图2-7所示。研究主要围绕非遗、产业化、非遗保护、生产性保护等领域，主题分布如图2-8所示。

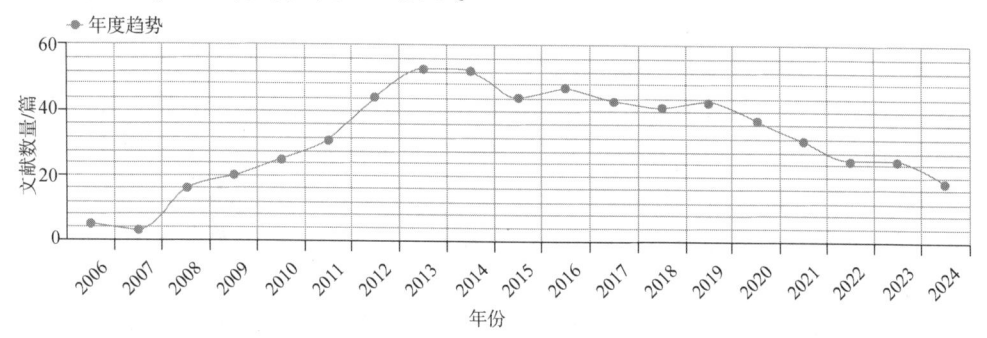

图2-7　2006—2024年关于"非遗产业化"主题的文献数量统计

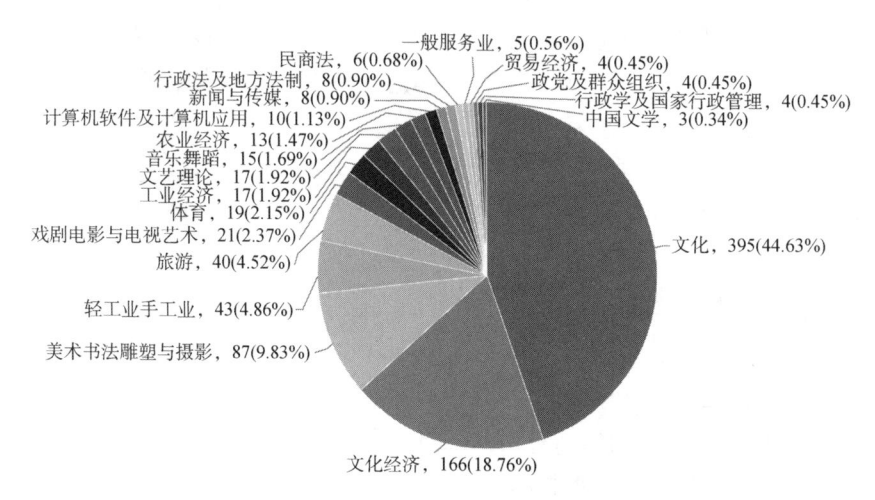

图2-8　关于"非遗产业化"的文献主题分布

（一）非遗产业化界定

"产业化"的概念是从"产业"的概念发展而来的。马成俊（2007）认为，"产业化"指某种产业在市场经济条件下，以行业需求为导向，以实现效益为目标，依靠专业服务和质量管理，形成的系列化和品牌化的经营方式和组织形式。

不同于一般意义上的文化遗产，非物质文化遗产是各族人民世代相承，与群众生活密切相关，以非物质形态存在的传统文化表现形式和文化空间（周高亮，2012），具有稀缺性、不可复制和不可再生等特性。因此，陶丽萍（2021）认为，在某种程度上，非物质文化遗产的产业化是非物质文化遗产适应当代社会经济发展和文化生态环境变化的一种新的生产与生存方式，是对"文化生产力"的开发与提升。

目前，我国非遗的产业化尚处于探索阶段，在这一进程中有不同的观点。一部分专家学者对非遗产业化持反对观点。如中国民间文艺家协会主席、著名作家冯骥才认为，非物质文化遗产的自身特点决定其不能完全像工业化产品一样无限制地生产，一些非物质文化遗产根本就不能也无法产业化，即使产业化也是前景暗淡、步履维艰，且负面效果较大（周润健，2013）。但大部分学者认为非遗通过适宜的产业化，可以更好地实现文化的传承与可持续发展。如美国学者 Nelson（2012）认为，非物质文化遗产产业化很难说它是坏的。KhalidMS（2018）指出，社交媒体在传播非遗的过程中能在大众心中建立非遗保护潜在意识，是非遗保护的重要手段。作为人类文明的活化石，非遗有着巨大的开发利用价值。于春生（2012）提出，在有效保护非遗的基础上对其进行产业化开发，既可以实现经济与文化的融合发展，还可以带来社会效益和经济效益，同时也是非遗融入现代社会生活而实现可持续性生存发展的必然要求。秦叶（2016）认为，一部分学者之所以反对非遗产业化，是因为没有对其内涵有客观的认知，将产业化与市场化、商品化等混淆。

目前，学界对"非遗产业化"的概念尚未达成统一的认识。李昕（2009）认为可经营性非物质文化遗产保护的产业化运作就是指在运用现代产业发展机制和管理方式推进非物质文化遗产保护的过程中，实现非物质文化遗产的保护由消费型、封闭型、福利型向生产型、开放型、效益型转变，使非物质文化遗产保护成为关注社会需求、有较高投资效益的一项社会公共事业。鲁春晓（2011）认为，非遗产业化是根据现代产业运行机制和规律，在政府引导下，由企业作为非遗产业化的平台和实施主体，以产业化运作模式开发非遗资源并将其物化为产品投入市场，通过市场运作获得相应的社会效益和经济效益，以此调动全社会保护和传承非遗的积极性，实现文化保护与经济开发的良性互动。秦叶（2016）认为，非物质文化遗产产业化就是打破传统的只依靠政府财政拨款的保护方式，通过企业、社会团体、个人等主体的多种投资方式，以保护和传承非遗文化内涵为目的，运用产业化管理方式，将非遗资源进行合理开发利用，使多样化的非遗产品或服务在适应社会经济发展、满足消费者需求、产生社会效益的同时，获取一定的经济效益，并使二者产生良性互动。杨亚庚（2014）认为非物质文化遗产产业化，是指与非物质文化遗产有关的物质产品（主要指与非物质文化遗产有关的工具、实物、工艺品、文化场所等）的产业化。陈兴贵（2016）提出非遗产业化就是以文化产品为中心要素，由资本驱动，依照市场规律运行而形成的文化产品生产、传播和流通产业及其机制。它通过市场的运作形式，以营利为目的，且形成一定规模的以相关产品为中心的产业链的经营模式。非遗产业化与其他一般物质产品产业化都强调市场化的经营规律和运营模式，注重标准化生产的规模效应。但非遗产业化的特殊之处在于非遗产业化除经济价值外，还有其他有关历史、教育、科学、艺术等方面的社会及文化价值和功能，因此，需要对其综合考量。陶丽萍（2021）指出，非遗产业化是以市场为导向，以非遗文化传统的核心符号体系作为内容或素材，设计、生产和经营非遗产品的一整套市场化运作流程，其目的就是在实现非遗经济价值的同时，满足人民群众的精神文化需求，促进非遗的传承与传播。较之于传统的非遗生产性保护方式，它要求更加贴近市场需求，生产内容符号化，生产工艺革新化，运营方式 IP 化，传播模式"网络+"化，以规模化的产品消费促进经济提升，从而实现非物质文化遗产的文化价值和经济价值。赵霖和冯向阳（2024）在乡村振兴的背景下，提出非遗产业化是将非遗与现代商业模式相结合形成一种新型文化产业形态的过程，也是将非遗由文化属性转化为培育乡村新产业、新业态和赋能乡村振兴计划的重要经济资源属性的过程。

综合以上学者对非遗产业化的定义，可以发现有以下几个共同点：一是以保护为前提；二是运用现代产业发展机制和管理方式；三是为了获取社会效益和经济效益，使两者良性互动，以此调动全社会保护非遗，引导民众加入传承非遗的行列中；四是产业化的主体主要有企业、社会团体或个人。本研究提出，非遗产业化是以企业、社会团体或传承人等为主体，以保护为前提，以获取社会效益、文化效益和经济效益为目的，运用现代产业发展机制和管理方式调动全社会保护非遗，引导民众加入保护、传承非遗的行列中，从而实现非遗的可持续发展。

（二）非遗生产性保护与产业化关系

"生产性保护"概念在 2006 年出版的《非物质文化遗产概论》中首次提出（李荣启，2014），"对那些非物质文化遗产中的工艺性、技艺性项目，进行产生经济效益的生产性保护,如剪纸、年画、风筝、鼻烟壶等项目的开发,就可成为提供就业机会和产生经济效益的生产行业,就会给项目保护带来可持续性的长远发展"。2012年2月2日,文化部(现为文化和旅游部)非物质文化遗产司发布了《文化部关于加强非物质文化遗产生产性保护的指导意见》,明确指出:"非物质文化遗产生产性保护是指在具有生产性质的实践过程中,以保持非物质文化遗产的真实性、整体性和传承性为核心,以有效传承非物质文化遗产技艺为前提,借助生产、流通、销售等手段,将非物质文化遗产及其资源转化为文化产品的保护方式。目前,这一保护方式主要是在传统技艺、传统美术和传统医药药物炮制类非物质文化遗产领域实施。"这两个概念均强调"生产性保护",旨在"以保护带动发展,以发展促进保护"(刘鑫,2017)。

  关于非遗生产性保护与产业化,学界与社会各界存在诸多不同看法。2009年2月,中国非物质文化遗产保护中心在北京召开的"非物质文化遗产生产性方式保护论坛"上,徐艺乙(2009)指出,"生产性保护和产业化完全是两回事","产业化要求有规模、有标准,但文化要求个性、要求独特、要求差异。产业化要求低成本、批量生产,这和手工技艺正好相悖",要把"生产性保护"和"非遗产业化"区别开来。此类观点认为,产业化是追求纯粹经济利益的商业经营,将其视为非遗保护的大敌。在同时举办的"中国非物质文化遗产传统技艺大展"期间,厦门蔡氏漆线雕第十二代传人蔡水况应记者采访时说,如果没有批量的生产,完全是一种技艺要靠国家来维持也不好,大量地发展生产,就能够从中培养很多的学徒,那这个行业的发展希望就比较大,对地方的文化贡献就比较有影响(刘锡诚,2010)。可见,非遗可以通过走入市场、批量生产来激活其微弱的生命力。实际上,非遗产业化并不等于破坏性开发。苑利等(2009)提出,必须分清商业性经营与产业化开发这两个概念。所谓商业性经营,就是将某种非物质文化遗产成品作为商品所进行的商业化营销;而产业化开发则是指将某种非物质文化遗产作为开发项目,而对其实施的大规模的机械化生产和产业化经营。这两种情况对非物质文化遗产的影响是不尽相同的,应该具体问题具体分析。

  比较非遗生产性保护与非遗产业化的概念发现,两者关系密切。非遗生产性保护是作为非遗保护的方式之一被提出,最终落脚于保护;而非遗产业化是在保护非遗的前提下进行市场开发,更强调经济、社会、文化等价值的创造,尤其注重经济效益的提升。非遗生产性保护与产业化本质上都是强调"保护"与"市场化"并重,两者总体上宗旨一致,并不冲突。分析不同学者的观点可知,绝大部分学者的目的是相同的,希望非遗能够自食其力,摆脱只依靠政府财政拨款的保护方式,但非遗一定不能因为走入市场而变得面目全非。但不同学者对于非遗产业化中非遗保护与商业化的平衡问题的观点不同，事实上，由于非物质文化遗产各类别商业化程度并不相同，历史上各种非物质文化遗产项目进入市场的程度也会呈现出明显的差异（杨亚庚，2014）。例如，泥塑、年画、木雕、刺绣品等在历史上本就是市场经济的一部分，这类非遗进入市场后不会带来负面影响，而民间传说、宗教仪式等本身不具备商品属性，更具有公益性，这类非遗贸然推入市场可能带来不良后果。因此，对非遗生产性保护与非遗产业化，应具体项目具体分析。

非遗产业化方面，较多文献侧重于将非物质文化遗产作为一种旅游资源进行评估研究。即将非物质文化遗产作为重要的旅游资源，从而实现宜产型非物质文化遗产经济价值的转化，并以旅游这一方式，带动非物质文化遗产的保护、传承与国际化，这一路径已经成为国际上非物质文化遗产资源大国的流行做法（杨亚庚，2014）。依托非物质文化遗产开发相关旅游资源，充分利用非物质文化遗产衍生资源，开发上、下游经济产业，同时能促进非物质文化遗产的系统化传承和产业链升级。为了研究非遗资源能否转化为旅游产品，不少文献探究了非遗旅游价值评估。顾金孚、王显成（2008）根据一定的价值标准，对非物质文化遗产旅游资源的本身特征、适应范围、人力资源、经济效益等因素进行综合评判，构建了评价指标体系，并结合嘉兴市非物质文化遗产进行了实证研究。尹光华与彭小舟（2011）从非物质文化遗产的旅游层面出发，通过三轮专家问卷、游客和市民问卷调查以及社会统计学软件，对评价指标进行反复筛选和修正，建立了非物质文化遗产旅游开发价值评估的体系模型。苏卉（2010）采取多层次灰色综合评价的方法对非物质文化遗产的旅游价值进行评价，构建了非物质文化遗产旅游价值的多层次灰色评价模型，并以河南非物质文化遗产为例展开实证研究。梁圣蓉、阚耀平（2011）借助因子分析法构建了非物质文化遗产旅游价值评价的量化模型，并以南通市的八项非物质文化遗产为例，对该模型的适用性和可靠性进行了检验。

综上分析，非遗的产业化经营以市场为依托，面向社会大众，有利于吸纳不同社会团体、企业及个人的参与，从而建立起更为完善的非遗产业链，在参与市场竞争、扩大生产规模、保护主体多样性等方面增强综合实力。产业化经营是激发非遗内在活力、助其实现可持续发展的根本路径。但非遗包含众多门类，有些非遗具备商品属性，有些非遗具备公益属性，因此非遗产业化不能一概而论，要具体情况具体分析。

（三）非遗产业化适宜性

在实践中，不仅不同类别、不同层级的非遗在旅游中的利用和活化各不相同，不同非遗项目的旅游活化程度也参差不齐。2023年2月22日发布的《文化和旅游部关于推动非物质文化遗产与旅游深度融合发展的通知》（文旅非遗发〔2023〕21号）中提出："非物质文化遗产涉及不同门类，要找准各门类非物质文化遗产与旅游融合发展的契合处、联结点。"非物质文化遗产是否适宜产业化，贺正楚等人（2012）认为不能一概而论，要具体情况具体分析。非遗可分为宜产型和非宜产型两大类，宜产型非物质文化遗产是指那些适宜通过产业化运作来保护、传承的这部分非物质文化遗产，非宜产型非物质文化遗产则反之（李昕，2009）。

在市场经济环境中，多数非遗可以作为发展文化产业的资源，但有些非遗项目不适合产业化。如由于在商业环境中的生产增加导致了非遗产品的商品化，旅游的快速发展也导致 Kalbeliya 表演的美学内容，以及表演环境的巨大变化（Ranwa，2022）。过度的商业开发和不当的产业运作，会对非遗保护传承产生种种负面效应。因此，要促进非遗产业化，首先必须对非遗资源产业化开发的适宜性进行具体评估，合理界定非遗产业化的对象和范围（于春生，2012）。杨亚庚（2014）提出在评价非物质文化遗产项目的可经营性与非经营性基础上，将一些非物质文化遗产项目从中挑选出来，归为宜产型非物质文化遗产项目。这种评价和划分，可以对那些宜产型非物质文化遗产项目进行分门别类，有的放矢地管理和经营。

关于非遗产业化适宜性的具体评估标准，学界仍未有定论。杨亚庚等人（2014）提出对于哪些非遗适合产业化，哪些不适合的判断较为笼统，他认为与非物质文化遗产有关的相关物质产品（主要指与非物质文化遗产有关的工具、实物、工艺品、文化场所等）可以产业化，至于非物质文化遗产中的传承人（包括持有者、传授人与继承人）等人本资源，以及依附于传承人的技艺、经验、精神等活态流变遗产，则很难产业化或者根本就不可能产业化。而张秉福（2017）认为从性质上讲，宜产型非遗具有经营性，而非宜产型非遗具有公益性。这种区分只具有相对的意义，即便是非宜产型非遗，其中某些元素也是可以被文化产业适当开发利用的。也有学者进行了较为具体的适宜性评估研究。刘梦梅（2014）以河南省创意产业为研究对象，提出可根据河南省各类非物质文化遗产的品相要素（濒危性、稀缺度、典型性、传承度）、内容要素（历史价值、文化价值、艺术价值）、经济要素（使用价值、品牌价值、产权价值、开发成本）、保障要素（人力资源、市场需求、经营环境）等四个方面，慎重筛选和确定一些评估指标，以此来确定何种非遗项目适合产业开发，以及可开发的程度。

除了非遗产业化适宜性的评估，宜产型非遗产业化的学术研究还亟须加强。

杨亚庚（2014）提出了宜产型非遗产业化的六个研究方向，包括：①构建宜产型非遗产业化实施标准函数和选择标准评价体系，严格区分"宜产型非物质文化遗产"与"不宜进行产业化的非物质文化遗产"；②宜产型非物质文化遗产产业化的经营理论；③宜产型非物质文化遗产产业化的生产者理论；④宜产型非物质文化遗产产业化的管理理论；⑤宜产型非物质文化遗产产业化的案例研究；⑥宜产型非物质文化遗产产业化的政策研究以及对策研究。

如何判定哪些非遗适合产业化，学界还在研究探讨中。综合现有文献，本研究认为主要从以下三个角度判断非遗是否适合产业化。第一，该项非遗是否天生具有商品属性，是否具有经营性。宜产型非遗具有经营性，非宜产型非遗具有公益性。第二，该项非遗的成果是有形还是无形。与非遗有关的相关物质产品可以产业化，传承人及从业人员等人本资源，以及依附于传承人的技艺、经验、精神等活态流变遗产，很难产业化或者根本就不可能产业化。第三，非遗是否能与现代市场较好地融合，是否具备产业化的市场保障。

本研究基于以上三个判断标准，将非遗分为宜产型和非宜产型两大类。通过文献分析以及实际调研发现，传统美术、传统技艺、传统医药三大门类包含较多的宜产型非遗，这些非遗天生具备商品属性，成果多为有形产品，与现代人的生活关系密切，较易融入生活，较易创新开发。而民间文学、传统音乐、传统舞蹈、传统戏剧、曲艺、传统体育游艺与杂技、民俗七大门类包含较多非宜产型非遗，艺术性、观赏性、公益性较强，成果多为无形产品，部分非遗与现代生活距离较远，创新开发难度较大。

通过进一步的调查研究发现，产业化适宜性不仅与非遗门类有关，也与非遗产品类型有紧密的关系。根据产品与非遗原真性的关系，非遗产品分为核心产品和衍生产品两大类。其中，非遗核心产品是指利用非遗的核心技艺生产出来的产品，蕴含显著且完整的文化价值，比如传统的泥塑产品、景泰蓝制品等。非遗衍生产品主要是利用非遗的相关文化元素开发出的衍生产品，并且受非遗核心产品文化价值扩散的影响，比如有非遗元素的冰箱贴、文具、抱枕、游戏皮肤等。非遗衍生产品可通过挖掘非遗元素，利用现代技术实现量产，因此无论是宜产型还是非宜产型非遗，都适合发展非遗衍生产品。非遗拥有深厚的社会和文化价值，有些非遗还具备较高的经济价值，当非遗核心产品不适合量产时，可以大力开发非遗衍生产品，以此提升自身经济价值。

（四）非遗产业化模式

在中国知网上检索非遗产业化模式的文献发现，较多研究聚焦于传统工艺的保护与开发，其主要原因是这一类非遗相对容易进入现代市场，从而实现产业化。非物质文化遗产产业化模式文献的主题分布如图2-9所示。

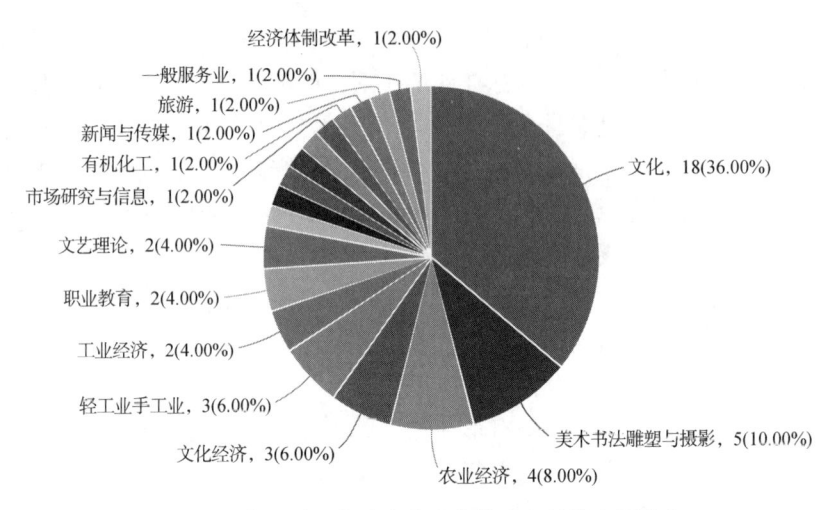

图 2-9 非物质文化遗产产业化模式文献的主题分布

张莞（2019）提出，我国传统手工技艺的传承和发展一般以"师徒相传"的继承模式，采取家庭手工作坊的形式进行小规模生产，生产效率低，产量有限。而产业化要求规模生产，要求规模化、同质化、标准化、效益化，因而有着传统手工技艺无法比拟的优势。文化产业作为现代工业文明的产物，机械复制不仅极大地提高了文化产品和精神的传播能力，使空间和时间不再成为阻隔人类文明交流的障碍，使人类社会得以在文明互动的发展中成为可能（彭小舟，2011）。随着现代科技的进步，传统手工技艺的生产方式在资金、技术、信息和市场开拓等方面的劣势暴露无遗，许多传统手工技艺生产类企业由于难以承担市场巨大的风险，严重亏损甚至倒闭等情况经常发生（张莞，2019）。如果非遗产业化的具体开发模式不合理，产业化不但不能传承这些传统手工技艺，还会使真正的传统手工技艺蒙受巨大冲击。

目前，许多企业针对非物质文化遗产产业化模式进行了积极的实践探索，学者也进行了深入的研究。鲁春晓（2011）借鉴山东东阿阿胶股份有限公司产业化实践中的经验，认为企业是"非遗"产业化的承担主体和具体实施者，在"非遗"产业化的过程中，应实施"一个主体，差异定位，分别运行，相互促进"的产业化模式。即企业是"非遗"保护与产业化开发的统一实施主体，手工艺生产的产品与规模生产的产品在推向市场时一定要把握好不同的市场需求，"非遗"传统工艺传承与"非遗"现代工艺开发各自相对独立实施。传统手工技艺和现代科技创新虽然分别实施但却有机结合，实现"非遗"保护工作与产业化工作的相互促进。解伟洋（2019）对哈密维吾尔族刺绣产业模式进行探究，提出"政府+企业+高校"的产业化模式，成立全国首个传统工艺工作站——"雅昌文化集团、清华大学美术学院驻新疆哈密传统工艺工作站"，发挥企业、高校的设计、技术和学术与科研优势，以工作站为平台，开展研习培训、示范引导，帮助当地培养队伍，增强传统工艺发展后劲。这些研究从产业化的主体角度分析非遗产业化模式，无论是企业主导的产业化模式还是"政府+企业+高校"的产业化模式，都应当注意非遗保护与产业化工作的互相促进。还有一些研究从非遗保护视角分析非遗产业化模式，如张妍、罗京艳（2018）在研究天津非物质文化遗产活态传承与产业化发展模式时提出数字化发展模式，包括非物质文化遗产的数字化保存、数字化展示以及数字化营销。黄永林（2022）根据非遗不同类型和文化产业不同业态，将非遗产业利用概括为十种"非遗+"发展模式，如"非遗+旅游"模式、"非遗+特色村镇、街区"模式、"非遗+主题研学"模式等。罗舒文和贾璟（2024）将非遗产业化模式概括为三个方面：非遗与旅游业的深度融合、非遗与文化创意产业的有效融合，以及非遗与多种业态组合融合的活态模式。

从以上文献可看出，虽然非遗产业化的模式各不相同，但也存在共通之处。即无论这些非遗原先的经营模式是什么，都在努力跟随时代潮流，与现代市场密切结合推进产业化进程。

三、基于产业链增值的非遗旅游活化研究

（一）非遗产业化与非遗旅游活化

遗产是遗产及其遗产所在地域构成的吸引物（张朝枝，2004），但静态的展示和固化的文化遗产保护并不是非常有效的方式（孙九霞，2010）。遗产活化主要表现为遗产的复兴（Revitalization）和再利用（Reuse）（Nagpal S，2009），是指把遗产资源转化成旅游产品但又不影响遗产的保护传承（喻学才，2010），区别于场所展示型保护和文献记录式保护等方式（何丹丹，2016）。活化在遗产领域被当作物质以及非物质的文化遗产再利用的一种指导理念或方式（吴必虎，2017）。非物质文化遗产是一个民族历史的精髓，是传统文化的载体，所以注重其保护与传承是社会的义务。Park（2011）认为非遗旅游可以让更多人认识到国家的文明，从而展现和凝聚其民族精神。Lourdes Arizpe（2004）对非物质文化遗产概念进行了定义，强调了保护非物质文化遗产的重要性，以及非物质文化遗产对于维持文化多样性的作用和意义。非物质文化遗产的保护并不是一件简单的工作，具有复杂化、系统化的特点，必须在各个领域群众的一起参与下，才可以最终得以实现（常洁琨，2017）。Kwon（2017）以首尔 Pamsǒm 村庄为例，详细地描述了乡村居民在非遗传承保护过程中的重要作用。Mazlina Pati Khan（2018）在研究 MakYong（麦勇表演艺术）这项非遗时发现，马来西亚伊斯兰党（PAS）在 1991 年执政时期认为 MakYong 这一艺术表演形式违背伊斯兰教教义，因此禁止其演出。2005 年，该项非遗被列为人类口头和非物质遗产代表作名录，为此，

政府采取了各种措施，收集和记录该项遗产。Gilman（2015）在研究非洲马拉维国家世界级非遗 Vimbuza 时提到，由于国家的贫困，政府只能为非遗的保护提供有限的资源，该项非遗的保护主要依赖于捐助者（特别是国际上的捐助）的援助。

自从 2001 年第一批人类口头和非物质遗产代表作名录公布之后，非物质文化遗产在许多国家受到了越来越多的关注，政府、学者和媒体等对非遗的研究和保护越来越广泛而深入。伴随着这股热潮，非遗保护也搭上旅游的快车道，实现了非物质文化保护与旅游市场的对接，如昆曲对于周庄旅游、刘三姐民歌对于桂林山水、纳西古乐对于丽江旅游产品的提升。各城市竞相依托景区举办当地富有特色的非物质文化遗产展，以丰富旅游活动，这些都说明了非物质文化遗产的保护已经有了旅游市场介入的空间。在一些发达国家，文化遗产的保护与旅游发展之间已形成了很好的互动机制。例如日本、韩国积极发掘本国民俗文化资源，保护、恢复传统礼仪节庆仪式，以此吸引大批国内外游客，创造了可观的经济收入；在意大利，文化遗产保护工作已不是单一的政府行为，而是一项全民事业，文化遗产产业化已经成为意大利文化遗产保护工作的基本走向，文化遗产已不再是"死"的文物，而是一种重要的旅游资源与文化资源；在联合国教科文组织已批准的非物质文化遗产当中，日本的能剧与歌舞伎、印尼爪哇的哇扬皮影戏、意大利西西里岛的傀儡戏等富有当地民族特色的传统戏剧，都已成为所在国家用以吸引游客的一项利器（欧阳正宇，2012）。

非遗旅游活化是双向的，是非遗与旅游地之间的相互成就（李江敏，2018）。非物质文化遗产承载着一个国家、一个民族、一代代人共有的文化记忆，而这些记忆随着时间的推移又很容易被忽视和忘却，较之有形遗产而言，非物质文化遗产更为脆弱和不可再生。而非遗的旅游活化将有助于明晰人们对非物质文化遗产的深入认识，有助于保护、传承地方文脉与民族文化。通过对非物质文化的开发和展现，能深入到中国传统文化的核心，从而可以部分解决当前文化旅游产品由于文化含量较低难以满足旅游者日益增长的文化需求的问题，并起到引导旅游者进行更高层次旅游的作用。非物质文化遗产旅游活化将进一步提升旅游资源品级，使旅游产品具有更高的观赏性，使游客能够丰富人生阅历，增加学识，置身于浓郁的地域文化氛围中，获得新奇、震撼、悠闲的生活体验，并且延长旅游产业链条，提高旅游产业的综合效益。因此，在科学方法的指导下，通过非物质文化遗产的旅游活化，可以促进非物质文化遗产的保护和旅游产业的发展相互促进、相得益彰。

目前非遗活化的研究，主要集中在以下三个方面。一是非遗保护传承与活化利用的关系，着重研究保护性开发的原则（蔡磊，2014；萧放，2022），以及如何把活化作为保护传承的重要方式，如生产性保护（陈飞，2021；张迪，2020）、生活性保护（姚占雷，2019；李荣启，2016；郭新茹，2021）、数字化保护（孙传明，2017；侯守明，2021；周泽聿，2022）等。二是文化价值独特、具有开发前景的非遗，如何通过引入市场机制进行产业化发展，使其在与产业链的融合中产生效益倍增效应（黄益军，2015；佟玉权，2011），因此，非遗与旅游（江娟丽，2019；江娟丽，2021；张洁，2022；王立明，2022；李向强，2023）、文化（刘中华，2021；陈波，2022；杨军昌，2020）、电商（刘广宇，2021；彭慧，2021；于涓，2022）、影视（秦杉，2020；王缘，2022）、互联网（Li Yang，2019；吴祐昕，2013；顾函珏，2023）等产业的融合方式及发展路径也正在成为当前研究的热点。三是非遗活化的微观研究，重点围绕非遗产品消费者的文化素质和经济基础（Ateca-amestoy，2020）及购买意愿（刘海英，2021；高凌，2018）、非遗资源价值评估（姚莉，2022；张希月，2016）、非遗产品研发生产（韦俊峰，2020；罗向兼，2022；欧彩霞，2022）、非遗新媒体传播等营销（孙传明，2020；薛可，2020；达妮莎，2018）、非遗活化不同利益相关者关系及作用（Zhao Yuchen，2020；李向振，2021；Yeong-Shyang，2019）等方面。

（二）非遗旅游利益相关者研究

Chen、Suntikul 和 King（2020）通过研究非物质文化遗产体验景观的构建，对参与非遗旅游的利益相关者进行了深入访谈，确定了政府人员、组织者、表演者、店主和游客参与活动的情况。研究发现，组织者和表演者在提供体验方面发挥着关键作用，大多数游客的参与是自发的，政府发挥着支持与协调作用，当地社区积极参与了业务方面的工作。Halder 和 Sarda（2021）针对印度舞蛇文化系统地提出了一项促进战略，认为通过发展"非遗+旅游"可以促进该社区的可持续发展，一方面会增加印度旅游业的未来潜力，另一方面也为传承人提供了就业机会。传承人或乡间小作坊有技艺但经济能力较为薄弱，与经济实力更强的企业合作形成产业链，有利于为非遗注入新的活力，从而更好地传播发扬；非遗活态化传承会为文化事业的发展传承开创鲜活的产业形态，不仅为传承人提供保障性的资金支持，同时也解决了他们的生存发展问题，甚至实现更多就业。此外，非遗旅游活化对落实"旅游扶贫"和"乡村振兴"战略也具有重要意义。

"非遗+旅游"模式的诞生，衍生利益错综复杂的社会关系网络，各类利益相关者必然在这个网络中争取利益最大化。方兴林（2020）在研究徽州非遗旅游产业化时认为，核心利益相关者主要包括政府职能部门、商业资本、传承人和普通群众，此外，地方文化精英和传播媒体也是利益相关者。李江敏等人（2023）在研究乡村非遗旅游活态传承的价值共创机制时，把传承人、乡村居民、开发人员、管理人员和游客视为利益相关者。

政府职能部门基于地方经济发展和政治业绩的需求，会适时制定一系列政策引导非遗资源的传承与保护，以及"非遗+旅游"的发展。非遗资源培育、挖掘与保护工作增加了民族地区的文化资本；非遗旅游开发既降低了政府的保护成本，也增强了政府保护非遗的动力（何莽，2018）。毛媛媛（2015）在研究利益相关者对畲族服饰文化遗产旅游开发利用的态度时，对32位相关部处或村镇领导进行访谈，得知当地政府最关注的是经济效益和文化效益，也希望通过旅游开发来改善当地的交通条件，提高居民的生活质量，增加居民的就业机会。

商业资本基于对利润的追逐，重视非遗资源的旅游价值，以非遗为开发对象的旅游化、资本化运作，本质上也是对非遗资源进行"开发式保护"（方兴林，2020）。毛媛媛（2015）在研究利益相关者对畲族服饰文化遗产旅游开发利用的态度时，将开发商在旅游开发中的主要利益诉求分为景区经济收入、当地经济发展等14个指标，进行因子分析后发现，开发商最关注的是经济效益，特别是景区的经济收入。由于开发商自身资金有限，需要得到政府的资金补助和政策支持，因此开发商在得到政府支持的同时有必要考虑政府的要求，建立合理的利益分配机制，提高居民的经济收入。其次，开发商关注挖掘文化效益，保护环境效益，但关注强度一般，有时甚至会为了经济利益违背原生文化的真实性，破坏生态环境等。

在非遗旅游活化过程中，传承人（包括手艺人等）的角色不容忽视，他们承担着创作者、表演者、接受者的多重身份，非遗依托于传承人和特定文化空间而存在（何莽，2018）。陈炜（2017）提出，传承人对非遗保护的诉求为：希望参与到非遗的保护传承、民族文化氛围的维护、非遗传承设施的建设中，也希望生活经济状况得到改善，获得社会的重视与尊重。同时，传承人也希望获得传承管理的参与权，希望消费行为得到规范管理。传承人保护、传承非遗，也保障了传承人的生活。

非遗诞生地的普通群众对"非遗+旅游"模式并不会有明确的主体意识，也没有成熟的操作经验。但是出于实用主义和消费经济，"非遗+旅游"模式会给普通群众带来经济利益。孙九霞（2010）强调文化遗产的旅游开发最重要的一环是实现作为非遗保护主体的社区参与，唤起认同感和自豪感。何莽（2018）提出旅游发展和社区参与之间存在共生关系，社区参与既是旅游目的地发展成功的关键所在，也是解决当地失业和贫困的有效途径。

（三）非遗旅游活化影响因素研究

旅游开发对非遗保护具有独特的优势（赵悦、石美玉，2013），基于非遗旅游活化是一个复杂的系统工程，当传统的非遗面向现代旅游市场时，必将受到来自内外部各种因素的影响，这些因素不同程度地影响着非遗旅游活化程度与水平。因此，如何识别各种影响因素，梳理它们之间的逻辑关系，并构建一个非遗旅游活化评价指标体系显得尤为重要。

目前专门针对非遗旅游活化影响因素的系统研究较少，相关文献主要围绕着传承主体、传承现状、传承环境三个方面展开。其一，传承主体的年龄结构（王丹，2022）、性别结构（杨秀明，2020）、技能水平（崔家宝，2019）、多元价值观（陈虹利，2021）等要素对非遗旅游产品开发的影响；其二，非遗自身的空间分布（高彩霞，2021）、类别（李雨蒙，2020）、品质（Sangmee Bak, Chung-Ki Min, Taek-Seon Roh, 2019）、价值（郝志刚，2020；王瑞光，2021；陈长英，2021），以及与其他产业融合的能力（Esfehani, 2019）等要素的作用力影响其适合产业化程度；第三，规章制度（孙传明，2018；周波，2022）、文化（陈炜，2017）、经济（陈炜，2017；龚娜，2022）、社会（陈炜，2017；龚娜，2022）、技术（孙传明，2018；黄永林，2022；毛颖辉，2021）等环境要素为非遗旅游活化提供保障。目前对非遗活化评价体系的研究，主要采用德尔菲法和层析分析法相结合的方法，研究非遗旅游资源潜力（余勇，2012）及适宜性（巴桑吉巴，2014）、旅游吸引力（贺小荣，2013）、非遗多重价值（Ferretti, 2015）、非遗传播效果（Xue Ke, Li Yifei, Meng Xiaoxiao, 2019）与经济效果（María JosédelBarrio, María Devesa, Luis César Herrero, 2012）等方面。此外，因非遗的复杂性，较多研究针对特定非遗项目进行评价，如西安曲江大唐不夜城六类非遗商品旅游化开发利用评价（董宝玲，2021）。

非遗进入旅游市场的过程是产业化的过程，也是产业链形成的过程。非遗旅游产业链增值的各环节中，从产品设计、生产创作到品牌营销都应围绕非遗特点展开针对性的市场开发（安妮，2016）。因此，本研究借鉴已有非遗旅游活化相关文献研究成果，在进一步细化资源潜质、开发主体和开发环境相关指标基础上，着重从产业链增值的视角识别非遗旅游开发环节相关影响因素，构建一个科学、全面的非遗旅游活化评价模型。

（四）非遗旅游活化内在机理研究

关于产业链增值的运作机制，马汉武（2011）论述了产业链内部增值系统的动态复杂结构，探索性地构建了动漫产业链增值效应的系统动力学模型。寇光涛（2017）深度辨识产业链增值的主体需求及其影响因素，阐述链条主体实现全链条目标协同的增值作用机理，并从成本、风险、效用、安全、机会等角度构建全链条增值目标协同体系。

旅游产业链研究是当前较为新颖的、还未形成学科共识的研究领域，具体到非遗旅游的研究更是鲜见。非遗是重要的文化旅游资源，如何在有效保护非遗文化价值的基础上，通过合理利用实现其经济价值，使其成为不断增值的文化资本，是一个重要问题（刘鑫，2017）。非遗的原创性决定其具有独特性、唯一性、不可再生性、不可替代性和稀缺性等特征，从而使其产生经济价值的增值性，成为最能体现差异性的文化资源，并具备进入文化产业成为文化资本的潜质（黄益军，2015）。对于那些文化价值独特、具有产业开发前景的非物质文化遗产项目，可以将其独有的文化资源、创意、想法作为创意源泉，通过引入市场机制进行产业化发展，完成文化资源的商业增值，使其在与产业链的融合中产生效益倍增。产业化发展需要完整的产业链支撑，非遗要实现资源到产品、产品到市场的价值增值过程，必须融入产业链的各个环节（黄益军，2015）。只有与其他产业有机结合，最大限度地延伸自己的产业价值链，才能提高产业发展能力和发展效益，从而扩大文化遗产的知名度，进一步提高社区对民族文化的认同感，以达到传承优秀传统文化的目的（佟玉权，2011）。

由于非遗的特殊属性，使其在融入其他产业链条时要有别于其他资源。第一个不同点体现在原则上，在非遗引入其他行业产业链时要遵循以下原则：首先，必须坚持把保护和传承放在首位，合理利用非遗资源（刘鑫，2017）；其次，尊重非遗的本真，凸显非遗的价值，重视非遗资源的整合及强化非遗传承人的重要性（安妮，2016）。第二个不同点则体现在产业链各环节中，在产品设计中体现非遗特色，在制造加工时以非遗的工艺为标准，在营销环节重视非遗的传播和管理。第三个不同点，非遗涉及多个领域，种类繁多，不能拘泥于某一种产业链模式，而要针对非遗项目的具体特点和所处条件，采取适宜的开发路径和策略，分层次、分重点构建富有个性特色和发展活力的非遗产业链（张秉福，2017）。第四个不同点，非遗产业的组织方式、投融资渠道、生产运营、产品特色、销售途径等都应该具有自己的特点（佟玉权，2011）。

综上所述，已有研究从非遗与旅游业、餐饮业、服装业、影视业、出版业以及"互联网"等其他行业跨界融合视角，利用文化资本运动和增值的属性，研究产业链增值（孙天，2018）。目前，对非遗旅游产业链增值的主体需求与组织行为研究，是非遗旅游活化内在机理研究的重要内容，需要继续深入研究。

（五）非遗旅游活化模式研究

近年来，在文旅融合的大趋势下，非遗与旅游的融合变得越来越普遍。旅游业为非遗注入了活力，非遗作为一种旅游资源被广泛利用。非遗与旅游的跨界融合，能够改变非遗传统的生产与消费模式，转变价值增长机制，推动非遗旅游产业链向附加值高的两端延伸。非遗在旅游产业链中的发展模式也多种多样，深入挖掘非遗资源的经济价值，通过博物馆、主题公园、节庆旅游、舞台化表演、手工艺制作、旅游商品开发等不同模式，以旅游带动相关非遗的保护、传承、发展及其国际化，实现资源—资本—资产的有效转化（蒋多，2015）。

从非遗项目所处的发展阶段来看，不同发展阶段的非遗项目要采用不同的发展模式融入旅游产业链。王瑜、吴殿廷（2011）提出成熟型传统手工艺采用产业延伸型发展模式，实行综合化和规模化发展；衰退型传统手工艺实行业态转换型发展模式，转入旅游业，实行创意化、主题化发展；不同类型传统手工艺加盟旅游业，实行一站式、集群化发展，各类传统手工艺品进行集中展示、销售，形成购物特色型旅游景区。一站式、集群式发展也是非遗产业化发展的重要模式，如山西广灵剪纸文化产业园区通过推行"公司+基地+农户"的运作模式，发展"产、供、销"一体化，形成了四基地（产品研发基地、产品展销基地、产品生产基地、人才培养基地）、一馆（剪纸艺术博物馆）、一园（剪纸文化体验园）、一链（剪纸产业延伸链）的产业格局，建成了全国最大也是唯一的剪纸类非遗产业园区（蒋多，2015）。

从旅游要素来看，可以将非遗融入食、住、行、游、购、娱各个要素环节中。侯玉霞、赵映雪（2011）以"洗泥宴"为核心，并结合本地文化特色，开发集餐饮、住宿、购物、娱乐等于一体的文化创意产业链，包括特色餐饮链、特色住宿产业链、旅游商品产业链、体验娱乐项目产业链，将文化资本转化为文化生产力，打造一条以"洗泥宴"文化产业为核心、以旅游业为中心的多元化品牌产业链。赵忠仲（2015）在研究徽文化旅游与非遗融合发展时提出，要延伸徽文化旅游产业链的布局，在贯穿吃、住、行、游、购、娱各要素的同时，演艺、会展、休闲度假等要一体化，发挥大旅游产业关联带动作用，形成产业整合优势。完整的文化旅游产业链还包括一系列相关的文化景点与场所，文化景点、文学艺术场所、演出会展场所布局愈密集、愈完整，文化旅游产业链就愈长。王蔷馨和李静（2024）将非遗与旅游融合发展的主要模式划分为集中融合与非集中融合两种，集中融合模式是指通过建设非遗博物馆、民俗风情园等集中性地呈现传统文化等；非集中融合模式是指通过非遗工艺品、非遗歌舞表演或者非遗节庆活动等方式，将旅游产品嵌入现有的旅游景区或者旅游线路中。

在产业链的不同环节中，非遗旅游活化模式也不尽相同。邓思胜、王菊（2014）认为要打通产业上中下游三个环节，总结凉山彝族火把节产业链的发展模式。即产业链上游要对火把节活动规划设计；中游主要内容包括火把节活动的接待和火把节产品的生产，全面满足游客吃、住、行、游、购、娱等诸多方面的需要；下游要注重火把节宣传和营销。朱淑珍、李睿（2014）按照产业链从供给到需求来构建创造—生产—传播—展览/接受/传递—消费/参与的循环模型，这一模型对以非物质文化为核心和动力的旅游商品的文化挖掘、创意构思、产品设计与开发、生产和销售、传播本区域文化具有促进作用。

从已有研究成果来看，非遗与旅游的融合体现在食、住、行、游、购、娱六要素中，在产业链的不同环节中发展模式的侧重点不同，处于不同发展阶段的非遗适用的发展模式也不同。将非物质文化遗产融入旅游要素中，产业链会不断被延伸，从而实现产品增值、服务增值、文化增值、IP增值、经济效益增值的目的。总的来看，关于非遗旅游产业链增值模式的深入研究还十分有限，专家学者们主要从旅游开发模式、旅游开发评价视角进行了相关的分析与探究，这些研究能够为非遗旅游产业链增值模式的创新提供研究思路和科学佐证，但还缺乏系统的理论体系。

第三章 北京非遗旅游活化现状

一、北京市非遗基本情况

(一) 总体情况

中国非物质文化遗产网数据显示，国务院先后于2006年、2008年、2011年、2014年和2021年公布了五批国家级项目名录（前三批名录名称为"国家级非物质文化遗产名录"，《中华人民共和国非物质文化遗产法》实施后，从第四批开始，名录名称改为"国家级非物质文化遗产代表性项目名录"），共计1557个国家级非物质文化遗产代表性项目（以下简称"国家级非遗"），按照申报地区/单位进行逐一统计，共计3610个子项。①

1. 非遗规模

我国国家级非遗的分布不均匀，如表3-1所示。其中，浙江省最多，有257项；最少的新疆生产建设兵团，只有7项，可见差距较大。北京市拥有国家级非遗120项，在全国3610项国家级非遗中占比约为3.32%，在全国34个省级行政区及1个中直单位中总数排名第15，处于中等偏上水平。

表3-1 国家级非遗数量统计表

序号	地区/单位	总数	占比
1	浙江省	257	7.12%
2	山东省	186	5.15%
3	山西省	182	5.04%
4	广东省	165	4.57%

---

① 本书中的统计数据均不包括台湾地区。

续表

序号	地区/单位	总数	占比
5	河北省	162	4.49%
6	江苏省	161	4.46%
7	贵州省	159	4.40%
8	四川省	153	4.24%
9	福建省	145	4.02%
10	湖北省	145	4.02%
11	云南省	145	4.02%
12	新疆维吾尔自治区	140	3.88%
13	湖南省	137	3.80%
14	河南省	125	3.46%
15	北京市	120	3.32%
16	内蒙古自治区	106	2.94%
17	西藏自治区	105	2.91%
18	安徽省	99	2.74%
19	陕西省	91	2.52%
20	青海省	88	2.44%
21	江西省	88	2.44%
22	甘肃省	83	2.30%
23	辽宁省	76	2.11%
24	上海市	76	2.11%
25	广西壮族自治区	70	1.94%
26	吉林省	55	1.52%
27	重庆市	53	1.47%
28	中直单位	47	1.30%
29	天津市	47	1.30%
30	海南省	44	1.22%
31	黑龙江省	42	1.16%
32	宁夏回族自治区	28	0.78%

续表

序号	地区/单位	总数	占比
33	香港	12	0.33%
34	澳门	11	0.30%
35	新疆生产建设兵团	7	0.19%
	合计	3610	100%

资料来源：中国非物质文化遗产网·中国非物质文化遗产数字博物馆，http://www.ihchina.cn/。

2. 非遗结构

我国国家级非遗名录中将非遗分为十大门类，其中五个门类的名称在2008年有所调整，并沿用至今。十大门类分别为：民间文学，传统音乐，传统舞蹈，传统戏剧，曲艺，传统体育、游艺与杂技，传统美术，传统技艺，传统医药，民俗。

我国各地区/单位不同门类的非遗数量分布并不均匀，如表3-2所示。在非遗的十大门类中传统技艺类非遗数量最多，有631项，占全国非遗总数量的17.5%。

北京市各门类非遗的数量差异较大。传统技艺类非遗数量最多，41项；其次是传统美术类非遗，18项；传统音乐类非遗最少，仅4项；传统戏剧类非遗仅5项。北京市传统技艺类非遗的数量占北京市非遗总数量的34.2%，传统美术类非遗的数量占北京市非遗总数量的15.0%，这两类非遗数量之和占北京市非遗总数量的近50%。而传统音乐类和传统戏剧类非遗的数量较少，远低于其他地区/单位。

表3-2 不同门类国家级非遗数量统计表

序号	地区/单位	民间文学	传统音乐	传统舞蹈	传统戏剧	曲艺	传统体育、游艺与杂技	传统美术	传统技艺	传统医药	民俗	总数
1	浙江省	24	15	18	25	28	12	30	54	12	39	257
2	山东省	27	18	13	33	13	15	28	19	6	14	186
3	山西省	10	18	14	38	11	6	19	35	8	23	182
4	广东省	4	13	32	21	5	5	32	18	10	25	165
5	河北省	5	23	11	36	9	24	15	21	4	14	162

续表

序号	地区/单位	民间文学	传统音乐	传统舞蹈	传统戏剧	曲艺	传统体育、游艺与杂技	传统美术	传统技艺	传统医药	民俗	总数
6	江苏省	11	21	9	22	10	2	31	38	6	11	161
7	贵州省	11	20	17	14	3	4	12	31	9	38	159
8	四川省	7	23	20	11	6	4	25	38	3	16	153
9	福建省	3	9	8	24	7	7	19	33	6	29	145
10	湖北省	21	28	12	25	13	4	14	10	6	12	145
11	云南省	19	14	30	17	2	2	6	24	6	25	145
12	新疆维吾尔自治区	19	28	16	0	5	9	9	25	7	22	140
13	湖南省	9	16	13	32	6	4	15	19	6	17	137
14	河南省	10	13	10	29	5	10	14	14	6	14	125
15	北京市	8	4	9	5	7	12	18	41	9	7	120
16	内蒙古自治区	8	23	5	5	6	9	9	15	7	19	106
17	西藏自治区	3	6	33	9	1	2	12	18	9	12	105
18	安徽省	5	9	10	25	2	4	9	25	3	7	99
19	陕西省	7	15	6	18	8	2	12	12	2	9	91
20	青海省	9	15	9	3	4	3	11	11	6	17	88
21	江西省	1	7	11	17	6	1	11	21	1	12	88
22	甘肃省	7	12	11	11	7	1	8	12	2	12	83
23	辽宁省	6	9	9	10	12	2	14	4	2	8	76
24	上海市	2	9	4	7	5	4	10	19	11	5	76
25	广西壮族自治区	6	9	9	7	3	1	3	8	1	23	70
26	吉林省	2	10	6	3	6	5	2	6	3	12	55
27	重庆市	3	14	4	3	6	1	7	7	4	4	53

续表

序号	地区/单位	民间文学	传统音乐	传统舞蹈	传统戏剧	曲艺	传统体育、游艺与杂技	传统美术	传统技艺	传统医药	民俗	总数
28	中直单位	0	10	2	6	0	0	2	14	4	9	47
29	天津市	1	5	1	4	7	8	3	8	8	2	47
30	海南省	0	11	3	6	0	0	2	12	0	10	44
31	黑龙江省	1	7	1	3	7	1	6	6	2	8	42
32	宁夏回族自治区	1	3	1	1	1	0	5	7	4	5	28
33	香港	0	2	1	1	0	0	0	2	0	6	12
34	澳门	0	1	0	2	1	0	1	2	0	4	11
35	新疆生产建设兵团	0	0	0	4	0	0	1	2	0	0	7
	合计	250	440	358	477	212	164	415	631	173	490	3610

资料来源：中国非物质文化遗产网·中国非物质文化遗产数字博物馆，http://www.ihchina.cn/。

3. 非遗分布

我国各地区的历史发展、人文风情、经济条件、民俗文化都不尽相同，因此每个地区的非遗数量、类型都存在较大差异。从非遗规模看，数量最多的是浙江省，约占全国国家级非遗总数量的7.12%。从曲艺、传统技艺、传统医药类国家级非遗看，数量最多的也是浙江省，分别约占全国相应非遗总数量的13.15%、8.59%、6.59%；传统体育、游艺与杂技类国家级非遗数量最多的是河北省，约占全国该类非遗总数量的14.46%；传统美术类国家级非遗数量最多的是广东省，约占全国该类非遗总数量的7.67%。

北京市是国务院批复确定的中国政治中心、文化中心、国际交往中心、科技创新中心，是世界著名古都和现代化国际城市。北京市国家级非遗数量在全国排名第15，其中传统技艺类、传统体育游艺与杂技类、传统医药类以及传统美术类在全国排名前十，如表3-3所示。

表 3-3　北京各门类国家级非遗数量在全国的排名

门类	数量最多的地区（数量/占比）	北京市的排名（数量/占比）
传统技艺	浙江省（54/8.59%）	2（41/6.52%）
传统体育、游艺与杂技	河北省（24/14.46%）	3（12/7.23%）
传统医药	中直单位（13/7.14%）	4（9/4.95%）
传统美术	广东省（32/7.67%）	8（18/4.32%）
曲艺	浙江省（28/13.15%）	12（7/3.29%）
民间文学	山东省（27/10.76%）	12（8/3.19%）
传统舞蹈	西藏自治区（33/9.27%）	17（9/2.53%）
传统戏剧	山西省（38/8.03%）	23（5/1.06%）
民俗	浙江省（39/7.93%）	27（7/1.42%）
传统音乐	湖北省/新疆维吾尔自治区（28/6.50%）	30（4/0.93%）
总数	浙江省（257/7.12%）	15（120/3.32%）

注：占比指某地区/单位某一门类国家级非遗数量占全国该类非遗总数量的百分比。

资料来源：中国非物质文化遗产网·中国非物质文化遗产数字博物馆，http://www.ihchina.cn/。

第一，北京市面积较小，但相比而言非遗规模较大。北京市的土地总面积为 16410.54 平方千米，在全国 34 个省级行政区中排名第 30，而非遗数量在全国排名第 15。由这两个数据可以看出，非遗在北京市的文化中心建设中发挥较大作用，未来还会有更大的发展空间。

第二，部分在京非遗被划归到中直单位。目前中直单位有国家级非遗 47 项，其中包含京剧、北京四合院传统营造技艺、官式古建筑营造技艺（北京故宫）等北京文化元素浓重的非遗。如果加上这些非遗，北京的非遗数量将排到第四名。

第三，北京市人均拥有非遗数量较高。根据国家统计局 2021 年发布的中华人民共和国第七次全国人口普查公报，2020 年北京市的常住人口有 2189 万人（常住人口是指居住在本乡镇街道且户口在本乡镇街道或户口待定的人；居住在本乡镇街道且离开户口登记地所在的乡镇街道半年以上的人；户口在本乡镇街道且外出不满半年或在境外工作学习的人）。以北京市国家级非遗数量 120 项计算，北京市每百万人拥有非遗数量约 5.48 项，排在全国第三名，如表 3-4 所示。

表 3-4　人均拥有非遗数量前五位的省份

排名	省份	非遗数量/项	人口数量/人	人均非遗数量/（项/百万人）
1	西藏	105	3 648 100	28.782 105 75
2	青海	88	5 923 957	14.854 935 64
3	北京	120	21 893 095	5.481 180 25
4	新疆	140	25 852 345	5.415 369 48
5	山西	182	34 915 616	5.212 567 35

从表 3-4 看，西藏和青海地广人稀，幅员辽阔，且少数民族聚集，非遗丰富，因此，人均拥有非遗数量在全国排前两名。北京的面积较小，常住人口相对较少，但非遗数量相对较多，因此人均拥有非遗数量在全国排第三名。可见，以面积和人口等基础条件而言，北京市拥有大量高品质的非遗资源，蕴含着丰富且多样的传统文化。

(二) 非遗特征

1. 传统技艺类非遗数量最多

如上所述，北京市 120 项国家级非遗项目中传统技艺类数量最多，其次为传统美术类，而传统音乐类最少。从在全国占比情况看，传统体育、游艺与杂技类非遗数量在全国占比最多，达 7.23%，其次是传统技艺类、传统医药类非遗数量，北京市不同门类国家级非遗数量及其在全国占比情况如表 3-5 所示。

表 3-5　北京市不同门类国家级非遗数量及其在全国占比情况

序号	门类	北京数量/项	全国数量/项	在全国同门类中占比
1	传统技艺	41	629	6.52%
2	传统美术	18	417	4.32%
3	传统体育、游艺与杂技	12	166	7.23%
4	传统医药	9	182	4.95%
5	传统舞蹈	9	356	2.53%
6	民间文学	8	251	3.19%
7	曲艺	7	213	3.29%
8	民俗	7	492	1.42%
9	传统戏剧	5	473	1.06%

续表

序号	门类	北京数量/项	全国数量/项	在全国同门类中占比
10	传统音乐	4	431	0.93%
	总数	120	3610	2.30%

注：占比指北京某门类国家级非遗数量占全国该门类国家级非遗总数量的百分比。

资料来源：中国非物质文化遗产网·中国非物质文化遗产数字博物馆，http://www.ihchina.cn/。

北京市拥有303项市级非遗项目，其中传统技艺类数量最多，共103项。北京市各级别、各门类非遗数量如表3-6所示。

表3-6 北京市各级别、各门类非遗数量

门类	国家级 数量	国家级 占比	市级 数量	市级 占比
传统技艺	41	34.17%	103	33.99%
传统美术	18	15%	35	11.55%
传统体育、游艺与杂技	12	10%	32	10.56%
传统舞蹈	9	7.5%	30	9.90%
传统戏剧	5	4.17%	11	3.63%
传统医药	9	7.5%	24	7.92%
传统音乐	4	3.33%	13	4.29%
民俗	7	5.83%	20	6.60%
曲艺	7	5.83%	15	4.95%
民间文学	8	6.67%	20	6.60%
合计	120	100%	303	100%

注：占比指北京市某级别、某门类非遗数量占北京市该级别非遗总数量的百分比。

资料来源：国家级非遗数据来自中国非物质文化遗产网·中国非物质文化遗产数字博物馆，http://www.ihchina.cn/；市级非遗数据来自北京市政府官网及政府公众号。

以上数据显示，在不同级别非遗中传统技艺类非遗最多，占比最大，均超过30%。北京市传统技艺类非遗丰富多彩，是长期历史积淀的结果。北京是世界著名的古都，北京故宫原为明、清两代的皇宫，曾住过24位皇帝，因此北京聚集了全国各地的能工巧匠，这些手艺人在北京落地生根，发展至今，造就了如今北京市传统技艺类非遗的繁盛局面。

北京市传统技艺类非遗有民间技艺和以"燕京八绝"为首的皇家技艺两大

类。一般情况下，传统技艺类非遗的操作性强，有较高的可参与性，便于游客在体验过程中深入感受非遗魅力，因此，传统技艺类非遗较容易产业化、旅游活化。

2. 非遗主要集中在城区

北京市市级非物质文化遗产代表性项目主要集中在城区；其中西城区的非遗数量最多，有73项，约占24.1%；其次为东城区59项、朝阳区29项、海淀区29项；位于核心地区的城四区合计190项，占市级非遗项目总数量的62.7%（北京市市级非遗项目中，多区联合申报的项目有11项，在统计过程中各区非遗数量均加一，不以区为申报单位的非遗项目，未列入统计范围），北京市各区市级非遗数量统计如图3-1和图3-2所示。

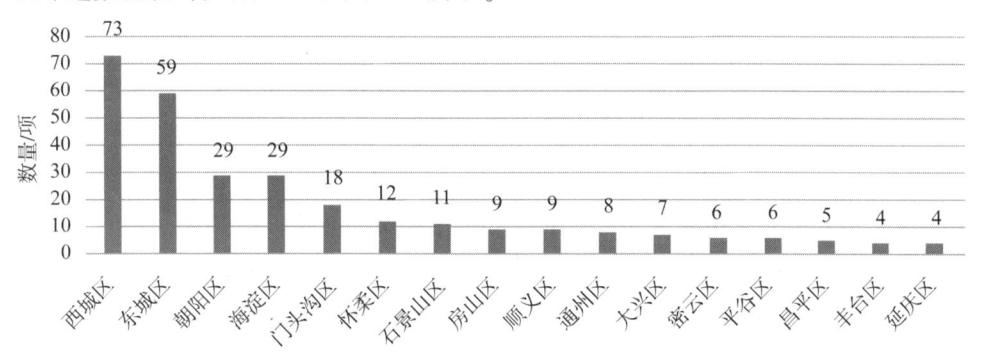

图3-1 北京市各区市级非遗数量统计

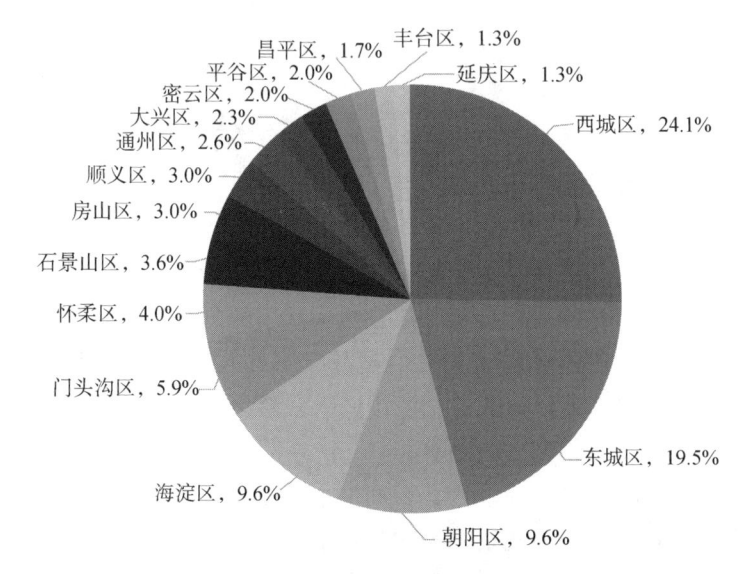

图3-2 北京市各区市级非遗数量占比

非遗与当地经济文化发展关系密切，城市中心区域人口密集，经济相对发达，创造的非遗数量较多。随着城市的发展，地域不断扩张，外沿区域也逐渐发展起来，但这些区域在历史上人口相对稀少，经济较为落后，文化活动较少，因此非遗数量相对较少。

二、北京市非遗旅游活化现状与问题

（一）宜产型非遗旅游活化

本研究调研了北京市部分典型非遗项目。首先，通过实地走访、访谈传承人和企业等相关人员，获取丰富的一手数据，并通过整理非遗项目相关新闻、公众号等公开资料，获取二手资料。此外，在中国知网总库中主题检索"非物质文化遗产产业化"，共得到589条文献，梳理了非遗门类与产业化相关的研究文献。通过典型案例调研及文献资料的梳理发现，有些非遗本身涉及生产、流通、销售等活动，适合产业化，而这些非遗大多属于传统技艺类、传统美术类和传统医药类。

工艺美术行业拥有众多传统技艺类和传统美术类非遗。在北京，无论是国家级、市级还是区级，传统技艺类非遗的数量最多；除传统技艺类非遗以外，传统美术类非遗也有较大的数量；传统技艺类和传统美术类非遗数量之和占北京市同级别非遗总数量的近50%。可见，北京工艺美术行业包含了北京近半数非遗，且较多为宜产型非遗。因此，下面主要围绕北京工艺美术行业分析非遗旅游活化情况。

1. 北京工艺美术行业

北京工艺美术行业是一个历史悠久、独具特色的手工制作行业，属轻工业行业，隶属于市经济和信息化局，同时与文化和旅游局关系密切。近年来，北京工艺美术行业发展迅速，规模和质量取得明显提升。从品牌影响力看，行业内形成了北京工美集团等企业品牌，并且圆满完成了北京奥运会、APEC会议、"一带一路"国际合作高峰论坛等重要会议以及重大活动的国礼设计制作任务。

北京传统工艺美术包含两大类，一是源自宫廷技艺的"燕京八绝"——牙雕、玉器、京绣、景泰蓝、雕漆、金漆镶嵌、宫毯、花丝镶嵌；二是基于民间的技艺，如面塑、泥塑、绢塑、内画等。

"燕京八绝"均为国家级非遗，保护单位绝大部分为国有企业，除京绣以外，其他非遗保护单位均为北京工美联合企业集团成员，如表3-7所示。国有企业历史悠久，资金相对雄厚，抗风险的能力较强，产业化状况良好。

表 3-7　"燕京八绝"非遗基本情况

名称	级别	门类	批次	保护单位
象牙雕刻	国家级	传统美术	2006	北京象牙雕刻厂有限责任公司
玉雕（北京玉雕）	国家级	传统美术	2008	北京市玉器厂有限责任公司
京绣	国家级	传统美术	2014	北京京都绣娘手工艺品专业合作社
景泰蓝制作技艺	国家级	传统技艺	2006	北京市珐琅厂
雕漆技艺	国家级	传统技艺	2006	北京文乾刚雕漆艺术设计有限责任公司
金漆镶嵌髹饰技艺	国家级	传统技艺	2006	北京金漆镶嵌有限责任公司
地毯织造技艺（北京宫毯织造技艺）	国家级	传统技艺	2008	北京华方地毯艺术有限公司
花丝镶嵌制作技艺	国家级	传统技艺	2008	北京东方艺珍花丝镶嵌厂

资料来源：中国非物质文化遗产网·中国非物质文化遗产数字博物馆，http://www.ihchina.cn/。

民间技艺的种类繁多，大部分民间技艺的保护单位为私营企业，且多为北京工美联合企业集团成员，如表 3-8 所示。大多数民间技艺拥有良好的产业化条件，但民企相对国企实力较弱，规模较小，抗风险能力较弱，因此产业化进程缓慢。部分民间技艺因资源枯竭而难以产业化，如料器；部分企业在产业化的进程中进行较大改变，如绢人使用塑料、橡胶制作娃娃面部，这种产业化引发了社会争议。当然，也有部分企业的产业化状况良好，如吉兔坊占领了大部分兔儿爷的市场份额。

表 3-8　部分民间技艺非遗基本情况

名称	级别	类别	时间	保护单位
面人（北京面人郎）	国家级	传统美术	2008	北京市海淀区文化馆
料器（北京料器）	国家级	传统美术	2008	北京兰香双龙商贸有限公司
灯彩（北京灯彩）	国家级	传统美术	2008	北京市美术红灯厂有限责任公司、北京鑫瑞祥通文化发展有限公司
泥塑（北京兔儿爷）	国家级	传统美术	2014	北京汉唐双起翔文化传播有限公司
北京绢人	市级	传统美术	2009	京城百工坊艺术品有限公司
内联升千层底布鞋制作技艺	国家级	传统技艺	2008	北京内联升鞋业有限公司
剪刀锻制技艺（王麻子剪刀锻制技艺）	国家级	传统技艺	2008	北京栎昌王麻子工贸有限公司

续表

名称	级别	类别	时间	保护单位
风筝制作技艺（北京风筝制作技艺）	国家级	传统技艺	2011	北京市东城区体育馆路街道市民活动中心、北京市海淀区上庄地区民间工艺文化发展中心

资料来源：中国非物质文化遗产网·中国非物质文化遗产数字博物馆，http://www.ihchina.cn/。

目前，多数工艺美术行业企业将业务分为两个方面，一方面坚持传统，用传统技艺、传统元素，按非遗的传统继续传承，这一部分的盈利较少甚至不盈利；另一方面积极研发创新产品、跨界产品，对原材料、制作工序、制作工具进行改良创新，比如泥塑，使用模具生产，成型以后手工修复，大大加快了产业化进程，创造了较大的利润。

2. 北京工美集团①

北京工美集团成立于1980年，以工艺美术为主业，是集工艺美术品设计开发、商业经营、国际贸易、检测鉴定、职业教育、文化交流等为一体的多元化综合性企业集团，是北京乃至全国工艺美术行业的龙头企业，产业化状况良好。目前，北京工美集团成员单位的情况如表3-9所示。

表3-9 北京工美集团成员单位

序号	类型	成员数量	部分成员单位
1	所属企事业单位	20家	北京工美集团王府井工美大厦、北京工美集团技术中心、北京工美集团白孔雀艺术世界、工艺美术高级技工学校、北京工艺美术博物馆
2	控股公司	11家	北京市玉器厂有限责任公司、北京工美多源文化发展有限责任公司、北京握拉菲首饰有限责任公司、北京市特种工艺装饰品厂
3	参股公司	6家	北京古艺斋工艺品有限责任公司、北京象牙雕刻厂有限责任公司、北京进茂骨雕工艺品有限责任公司、中国和平国际旅游有限责任公司
4	资产关联单位	16家	中国工艺艺术品交易所、北京市首饰厂、北京市绢花厂、北京工美旅游中心、北京市地毯研究所、北京工艺美术出版社有限责任公司

资料来源：北京工美集团官网，https://www.gongmeigroup.com.cn/cor_340.html。

---

① 资料来源：北京工美集团官网，http://www.gongmeigroup.com.cn/cor_340.html。

北京工美集团一直以来非常重视国礼市场的开拓。作为北京市国资委监管的一级企业，北京工美集团肩负着很多社会责任。根据北京工美集团官网资料，数十年来，北京工美集团一直承担着国家级礼品的设计生产任务，在国家的重大任务中屡屡做出重大贡献。其代表作有：中国恢复联合国席位时赠送给联合国的第一份礼物——象牙雕刻《成昆铁路》；中央政府颁发给十一世班禅的金印、金匾、金册；中共中央、国务院、中央军委颁发给"两弹一星"科研英雄的金质勋章及颁发给"神州工程"航天员的金质奖章；中共中央、国务院颁发给蛟龙号潜艇的深潜英雄奖章、深潜七千米海试先进个人奖章、研制及海试人员纪念奖章；中共中央总书记、国家主席、中央军委主席习近平检阅辽宁舰水兵仪仗队时接受的辽宁舰舰徽；总政治部、总装备部、人力资源和社会保障部、国防科技工业局联合颁发的"航母工程建设突出贡献奖"奖牌，由国务院、中央军委颁发的"航母工程建设重大贡献奖"奖牌等。2014年APEC会议，由习近平主席亲自选定的三件国礼领导人礼品《四海升平》景泰蓝赏瓶，领导人配偶礼品《繁花》手包套装、《和美》纯银丝巾果盘均由北京工美集团承包，完成APEC相关会议的公文包和三款纪念品的设计制作任务，完成国家会议中心习近平主席贵宾会客室、水立方晚宴的工艺品陈设和多处会场展览展示等任务。

与此同时，北京工美集团也十分注重民礼市场。进入21世纪后，北京工美集团获得北京2008年奥运会特许生产商、零售商"双特许"资质，成功设计制作北京奥运会会徽发布载体"北京奥运徽宝——中国印"，参与北京2008年奥运会"金镶玉"奖牌的方案设计、打样、试制工作，捐赠北京2008年残奥会金、银、铜奖牌玉环用料及加工，承办中国唯一的"北京奥运会特许商品旗舰店"。2010年，北京工美集团再度获得中国2010年上海世博会特许商品经营商、零售商资质，运营北京地区唯一"中国2010年上海世博会特许商品北京旗舰店"、团购展示中心，北京工美集团设计制作的上海世博徽宝——"和玺"，获得"中国2010年上海世博会荣誉特许产品金奖"。借助北京奥运会和上海世博会的舞台，北京工美集团在经营规模、经营效益、品牌影响力、研发能力、商业运营和思想观念等方面均取得较大提升，逐步形成以设计研发与经营销售为核心竞争力的"哑铃型"发展模式。

北京工美集团作为一家大型集团，根据不同市场建立不同品牌。例如北京工美集团旗下有中高端品牌"京工美作"，由北京工美集团国礼团队倾力打造，致力于中国工艺美术文化的传承与传播，主要经营珠宝首饰、金银制品、工艺美术品。京工美作古法黄金首饰均采用古老铸金工艺打造，运用古法炼金，失蜡法铸造、搂胎、锤揲、花丝、錾刻、镶嵌、手工修金、打磨、抛光等工艺手法精雕细琢，打造出色泽温润、华而不炫的亚光效果。京工美作以互联网为依托，采用线上天猫、京东平台和线下门店相结合的新零售模式，以产品为中心，为顾客提供服务。

北京工美集团作为一家传统的国企，除国礼、民礼和特殊市场的开发之外，尤其重视旅游市场的开发，如加强与"北京礼物"的合作。北京礼物品牌创建于2011年，是体现古都文化、红色文化、京味文化和创新文化内涵，展示北京城市形象，代表精致工艺、优良品质和丰富文化创意特色的北京旅游商品和文创产品的标志性品牌。北京礼物在品牌定位上，按照"政府引导、市场主导、企业主体"原则，整合北京市的旅游资源，打造体现北京地域特点、民俗和京味文化内涵、首都风貌特征的旅游商品和文创产品的标志性品牌。2013年，北京工美集团取得北京市旅游发展委员会重点打造的城市旅游产品品牌——"北京礼物"的特许运营商资质，2017年获得第九届园博会特许商品运营商资格，2018年获得首批北京2022年冬奥会特许商品零售店经营资格。

3. 北京工美联合企业集团①

为发挥集团群体优势，提高整体经济效益，优化产业结构，促进资源合理配置和技术进步，实现规模经济，增强企业市场竞争力，以北京工美集团为母公司，注册了北京工美联合企业集团。集团的宗旨是以母公司为核心，以资本、技术、业务合作为纽带，发挥集团成员的综合优势，实现各种资源的优化配置。以质量求生存，以效益求发展，开拓市场，提高效益，集团成员协同发展，互惠互利，形成规模效益，为国家多做贡献，为企业创造效益。

集团成员单位具有法人资格，自主经营、自负盈亏，以资本、技术、业务合作为纽带，依靠民主、科学的管理形式运行，互相投资、互相参股，在人、财、物，以及科学技术、业务、信息等方面进行合作，发挥各自所长，以企业集团为整体，互相协助，共同发展。

截至2019年1月8日，北京工美联合企业集团成员单位共计311家，如表3-10所示。集团成员单位涉及研发、生产、销售、教育等11个业务板块，既有国有企业又有私营企业，各单位的实力参差不齐，集团成员抱团取暖，更有利于各单位的产业化发展。

---

① 资料来源：北京工美集团官网，https://www.gongmeigroup.com.cn/article_344.html。

表 3-10　北京工美联合企业集团成员单位

序号	板块	成员数量	部分成员单位
1	北京工美联合企业文化经济集团	36 家	北京工艺美术博物馆、北京燕京八绝文化发展有限公司、北京京城百工坊艺术品有限公司
2	北京工美联合企业商业流通集团	57 家	北京工美集团王府井工美大厦、北京潘家园国际民间文化发展有限公司、北京白孔雀艺术世界有限责任公司
3	北京工美联合企业玉器石雕集团	47 家	北京市玉器厂有限责任公司、北京玉尊源玉雕艺术有限责任公司、北京石窝精艺雕刻有限公司
4	北京工美联合企业牙骨木雕集团	11 家	北京象牙雕刻厂有限责任公司、中国工艺美术（集团）公司象牙雕刻厂、北京陋室雕刻文化有限责任公司
5	北京工美联合企业金漆雕漆集团	15 家	北京金漆镶嵌有限责任公司、北京市雕漆工厂、北京漆艺缘雕刻工艺坊
6	北京工美联合企业金属工艺集团	48 家	北京市珐琅厂、北京市通县靛庄花丝厂、东方艺珍花丝镶嵌厂
7	北京工美联合企业古典家具集团	15 家	北京九牧林氏古典家具有限公司、北京嘉乾阁红木家具有限公司、北京和义兴仿古家具有限公司
8	北京工美联合企业陶瓷紫砂集团	17 家	居仁堂京瓷（北京）文化有限公司、中国珠宝首饰杂志社、宜景宜人（北京）紫砂艺术馆有限公司
9	北京工美联合企业民艺织绣集团	43 家	北京市北洋旅游工艺品厂、北京剧装厂、北京金宝华地毯有限公司
10	北京工美联合企业现代研发集团	12 家	北京工美集团技术中心、北京华江文化发展有限公司、北京燕雕数控机械有限公司
11	北京工美联合企业人才教育集团	10 家	北京市工艺美术高级技工学校、北京联合大学艺术学院、北京石窝雕塑艺术学校

资料来源：北京工美集团官网，http://www.gongmeigroup.com.cn/index.jsp。

4. 北京工艺美术行业协会

为发挥政府和企业之间的桥梁和纽带作用，推动行业和企业健康发展，北京工艺美术行业协会面向北京地区一切生产经营工艺美术产品的国营、集体、合资、民营的工商企事业单位，以及长期从事工艺美术事业的专家、大师、教授和民间艺人吸纳会员。目前北京工艺美术行业协会拥有的团体会员，都是北京市工艺美术行业的骨干企业，个人会员由240多名北京市的国家级工艺美术大师和市级工艺美术大师组成。

北京工艺美术行业协会的工作任务是：在政府的领导下，认真贯彻落实《北京市传统工艺美术保护办法》，开展评审北京工艺美术大师，推荐国家级工艺美术大师和大师队伍的管理；评审北京市级珍品；组织抢救濒危失传的传统技艺；编辑出版总结、宣传工艺美术技艺的报刊和书籍；举办北京工艺美术展；制定和推行北京市传统工艺美术证标；协助政府进行工艺美术平台和聚集区的建设；组织工艺美术企业和技艺人员国内外交流；制定北京工艺美术行业规划，进行行业普查等工作等。

近年来，北京工艺美术行业协会为非遗保护及其旅游活化开展了积极的探索。协会组织有能力且愿意为学校提供讲授非遗课程的会员，开展非遗研学活动，帮助生存较为困难的非遗工作室。此外，协会积极参与重大活动，比如大运河文化展大多由协会来协调管理；协会还经常配合外交部承担国外领导的接待任务，保障活动顺利进行。

5. 主要问题

为了全面、深入地了解传统技艺类非遗旅游活化现状与主要问题，本研究以"非遗旅游活化"为主题访谈了北京工艺美术行业协会负责人，访谈时长约150分钟，形成文字资料2.7万字，并开展了工艺美术行业的实地调研。在此基础上，结合文献梳理和公开资料的收集，发现目前宜产型非遗旅游活化中存在以下主要问题：

（1）行业总体发展不平衡、不充分

每项非遗都有自身特色，它们在产业化方面存在着较大的差异。具体来看，有些非遗在现代生活中需求量不大，仍然以家庭作坊的模式经营，如面塑、酿酒等，而这类非遗并不是少数。家庭传承方式多以手工生产为主，特点是手工痕迹重，做工慢，难以量产，也难以统一产品质量，价格高，因此能实现产业化的不多。更有甚者，因为技术难度大，原材料稀缺，不仅产业化状况堪忧，甚至面临绝迹的风险，如北京料器、北京绢花。

而有些非遗的产业化状况良好，如景泰蓝制作技艺、北京泥塑等。诸多国企、私企以经营非遗为主，通过不断创新，开发旅游产品、文创产品、体验产品等，推动该项非遗融入现代生活，不断扩大非遗影响力，并逐渐走向国际。

北京工艺美术行业发展需要进一步加强顶层设计和统筹规划，在产业化、规模化发展方面不断突破自身局限。发展理念需要适应首都发展新定位形势，主动运用北京文化创意产业政策，运用资本市场促进非遗企业转型升级。

（2）非遗研发设计能力有待进一步提升

随着时代的不断发展，人们的审美和需求也随之变化，传统的非遗应迎合新时代的变化不断创新。非遗产品需要迎合大众需求，做到实用有用，才能经得起消费市场的检验，从"百花丛中"中崭露头角，赢得人们的认可，从而促进传统文化的持续发展。为此，非遗企业应深入挖掘中华优秀传统文化和符合新时代的文化内涵，投入较大的人力物力在研发设计环节，不断提高研发设计水平，用现代设计推动非遗旅游产品的创新开发。

（3）非遗生产受多方面限制

一方面，目前非遗的生产方式还比较传统，难以规模化生产。虽然有些非遗在生产过程中引入机器，但不少非遗还是保持原有的手工生产方式。随着非遗手艺人的急剧减少，这种家庭作坊的手工生产方式呈现出难以量产、效率低、价格高等特点，难以适应现代市场的需求。另一方面，非遗生产还受政策方面的限制。出于环境保护方面的考虑，北京市政府要求非遗企业的生产部门迁出北京，导致很多企业在北京仅保留了研发设计和品牌营销环节。例如，位于东城区的北京市珐琅厂，将掐丝、点蓝之外的其他生产工序迁到了河北大厂。

（4）需要进一步加强非遗品牌建设

品牌是非遗资源产业化开发的出路，品牌化能帮助非遗更有效地进行传承和发展。一个好的品牌对企业和产品来说不仅是一个现实的立足点，更是未来的起点。在现代市场，越来越多的企业开始注重品牌的树立与传播，非遗企业也不例外。非遗品牌多以手工艺为依托，常常带有浓厚的工艺传承人的色彩，且文化、地域属性更明显，尤其强调产品与消费者之间的情感纽带、心理联结等，给企业和产品未来的发展积淀延展价值（牟宇鹏，2020）。

目前，北京工艺美术行业的非遗企业为了适应市场需求，积极建设非遗品牌，但是还存在诸多问题。以北京市珐琅厂为例，企业虽然建立了"京珐"品牌，但长期以来对品牌的建设力度较弱，品牌宣传力度不够。尽管企业在淘宝直播、抖音、快手等平台进行品牌宣传，但大众对"京珐"品牌的认知度和忠诚度较低。

6. 建议

（1）让非遗走进大众生活，让非遗真正"活起来"

北京拥有诸多技艺精湛的非遗，应在研发设计环节多研究非遗与现代生活相结合的创意设计，在品牌营销环节加强宣传的广度与深度，从而使非遗真正进入大众的生活中。

（2）非遗核心产品与非遗衍生产品相得益彰

在北京工艺美术行业中，皇家工艺类非遗可以走精品路线，专注于非遗核心产品的开发，而民间工艺类非遗可以多与日常生活相结合，致力于非遗衍生产品的开发。当然，每一个非遗可以根据自身的特点和发展条件，采取核心产品与衍生产品共同发展的经营策略。

（二）非宜产型非遗旅游活化

非宜产型非遗主要集中在民间文学、传统音乐、传统舞蹈、传统戏剧、曲艺、传统体育游艺与杂技、民俗类等门类。这类非遗多为口头化、口语化的无形产品，基本上不具备经济属性。

以民间文学为例，北京的民间文学具有独特的地域风格，如围绕北京城如何建成就有"火烧潭柘寺""北京是个三头六臂哪吒城"等许多传说；十三陵、什刹海、颐和园等北京的众多名胜古迹也都有自己的故事。丰富的传说故事是北京民间文学最精彩的部分，有讲述封建宫廷逸事、历史人物、各行各业的传说，有以名胜古迹、山川风物等地名，或以街道胡同、桥梁寺庙等历史遗迹为题材的传说。这些传说有的是长期住在北京的居民口头创作和传承下来的京味儿较浓的作品，有的是多民族、多省市、多行业来京劳动者创作的。北京市有着丰富的神话、故事、传说、歌谣、歇后语、俗语等"民间/口头文学"资源（岳永逸，2010），它们不仅反映了北京的历史文化，还原了历史面貌，还对北京人的生活、观念、处世哲学、艺术趣味等有所体现（郝秦玉，2014）。

目前，北京民间文学丰富的非遗资源并未被很好地开发利用，市场未被开拓，产业化状况并不理想。纵观其他地区，有产业化状况良好的民间文学，比如白蛇传传说、梁祝传说、孟姜女传说等，这些传说被开发成各类影视剧、戏剧、文创产品等。北京民间文学的产业化程度较弱有诸多原因，其中一个主要原因是北京的民间文学知名度不高，天坛传说、八达岭传说、永定河传说、曹雪芹传说等普及度不高，不似梁祝传说、白蛇传传说等耳熟能详。北京民间文学本身知名度较低，加之重视程度不够，致使产业化状况不理想。

非宜产型非遗较难进行产业化和旅游活化，但并不代表不能进行产业化。比如传统戏剧类非遗，在北京存活的戏剧类型众多，其中国家级传统戏剧有8项，市级有11项。下面主要围绕北京传统戏剧行业分析非遗旅游活化情况。

1. 北京戏剧剧团发展概况

按照《国务院办公厅印发关于支持戏曲传承发展若干政策的通知》（国办发〔2015〕52号）要求，2015年7月至2017年6月，在全国范围内开展了地方戏曲剧种普查。在中宣部的指导下，此项工作报经国家统计局备案同意，由文化部负责组织开展。经过两年的努力，普查数据已全部入库[①]。

根据最终得到的数据，目前在北京地区存活的戏曲为京剧、昆曲、评剧、河

[①] 资料来源：中国政府网"文化部发布全国地方戏曲剧种普查成果"，http://www.gov.cn/xinwen/2017-12/27/content_5250751.htm。

北梆子、北京曲剧、越剧、豫剧、诗赋弦、柏峪燕歌戏、山梆子、苇子水秧歌戏、淤白蹦蹦戏、木偶戏、皮影戏，共计14个剧种。其中国家级非遗戏曲剧种8个，演出团体总数59个，从业人员总数3335人。其中，中国评剧院、中国木偶艺术剧院、北京市河北梆子剧团、北京市曲剧团等隶属于北京演艺集团①。

（1）北京演艺集团

北京演艺集团是北京市政府直属的国有大型独资文化旗舰企业，组建于2009年5月，肩负着整合资源，打造国有骨干文化企业，服务北京文化中心建设，发挥全国文化体制改革示范引领作用的重要使命。目前，旗下共有28家企事业单位。集团组建以来，坚持把社会效益放在首位，努力实现社会效益和经济效益相统一的发展定位，按照坚持社会主义先进文化方向、坚持改革创新、坚持文艺精品战略、坚持"文化走出去"的方针，推行"出精品、出票房、出市场占有率"的经营目标责任制，努力打造横跨文化演出、影视产业、体育赛事、旅游休闲、艺术培训、公共文化、军旅文艺等业务板块为一体的综合性文化艺术集团，是目前国内艺术门类最齐全、内容产品最丰富、资产量最大的国有演艺机构。集团组建以来，在建立现代文化企业制度、规范两级法人治理结构基础上，重点推进党建、艺术生产、人力资源、品牌推广、资产财务、法律工作六大管控体系，有效履行院团出资人和管理机构职能，全面实施绩效考核，加强国有文化资产管理，加强文艺精品创作生产，加强人才队伍建设，推出"京演剧场"线上演出平台，同时也为下属文艺院团及其他二级企业发展提供战略支撑平台。在2024年第十届的五月演出季，上演了舞剧《五星出东方》、杂技剧《呼叫4921》、儿童剧《花猫三丫上房了》《耗子大爷起晚了》、沉浸式曲艺剧《南城记忆——"老门神"》、评剧《花为媒》《木兰从军》、木偶剧《大象来了》《大闹天宫》、河北梆子《对花枪》《王宝钏》以及北京曲剧《茶馆》《龙须沟》等剧目。

（2）国家京剧院

国家京剧院是文化和旅游部直属的国家艺术院团，成立于1955年1月，首任院长为京剧艺术大师梅兰芳先生。剧院下设一团、二团、三团、梅兰芳大剧院及人民剧场等。自建院以来，剧院汇集了一大批杰出的表演艺术家和剧作家、导演、作曲家、舞台美术家等，组成了精英荟萃、实力雄厚的京剧艺术表演团体。其中著名表演艺术家李少春、袁世海、叶盛兰、杜近芳等，著名导演阿甲等，著名剧作家翁偶虹、范钧宏等，享誉海内外。

（3）北京京剧院

北京京剧院是规模最大、艺术底蕴最为深厚的国家级重点京剧院团，由京剧

---

① 资料来源：山西戏剧网"北京戏曲喜忧参半"，http://www.chnjinju.com/html/tebieguanzhu/2017/0116/5730.html。

发祥地——北京地区原有的京剧班社及后来的流派剧团于1979年汇聚而成。剧院现有三个演出团、一个演出培训中心、一个舞美中心，以及杜镇杰、张慧芳工作室。梅兰芳、尚小云、程砚秋、荀慧生和马连良、谭富英、张君秋、裘盛戎、赵燕侠等前辈艺术家作为北京京剧院的奠基人，为剧院留下了极其宝贵的艺术乃至精神财富，他们的舞台风范、艺术成就、流派风格，成为剧院的鲜明旗帜、渊源界碑。北京京剧院立足传统，以演出传统经典京剧剧目见长；同时，不断创作新剧目，推出既不脱离京剧本体，又有当代意识的新编剧目。几十年来，北京京剧院上演、创作的传统京剧、现代京剧、新编历史京剧、小剧场京剧达数百部。北京京剧院首开小剧场京剧创作先河，先后创作推出了《马前泼水》《阎惜姣》《玉簪记》《浮生六记》《昭王渡》《惜·姣》《碾玉观音》《春日宴》《明朝那点事儿——审头刺汤》《吴起》等十余部深受业内好评和观众喜爱的小剧场剧目。

（4）北京风雷京剧团

北京风雷京剧团是国有剧团，已有60年的发展历史，培育、锻炼出许多名演员，演出足迹遍布全国各地。近年来，剧团以中青年优秀演员松岩、许翠、刘希玲、李梦熊等一批艺术骨干为主，组成了年富力强的演出队伍，年演出400场以上，成为首都戏剧界中演出最多的剧团之一。

（5）中国人民解放军北京军区政治部战友文工团京剧团

中国人民解放军北京军区政治部战友文工团京剧团（以下简称"战友文工团"）成立于1937年12月11日，是我军创立最早的军队文艺团体之一。如今，战友文工团已经成为一个集话剧团、舞剧团、京剧团、歌舞团、曲艺团、爱乐乐团、合唱团、创作中心、电视艺术中心、舞美设计制作中心于一体的大型军队文艺团体，成为担负国家和军队重大庆典演出的一支重要力量。多年来，战友文工团京剧队一直坚守军旅国粹阵地，创作演出了《红色娘子军》等经典剧目和《送给班长的礼物》《骑牛》《抢水》《夺抢》等一大批深受部队官兵喜爱的京剧小品。军旅特色，对艺术的真诚和严谨，可以说是战友文工团京剧队的优良传统。这支有着辉煌历程的全国唯一军旅京剧队伍，即便龙套演员也有着军人的严谨和规范。

（6）北京四维雅乐剧团

北京四维雅乐剧团是2012年8月在北京市石景山区注册成立的个人独资企业，同年8月28日，北京四维雅乐剧团暨翰墨青衣动漫工作室揭牌仪式在北京市石景山区文化馆举行，标志着两家机构正式落户石景山区文化馆。该项目由北京市石景山区文化委员会、文化馆与中国京剧艺术基金会、中国关心下一代工作委员会、中国梅兰芳文化艺术研究会、东方国艺（北京）科技有限公司等多家社团、机构联手打造。北京四维雅乐剧团是由数位专业京剧演员组成的民营京剧院团，其建团宗旨是从基层服务做起，立足石景山，普及传播京剧艺术，弘扬民族文化，丰富群众精神生活。

（7）卢沟桥乡小井隆韵戏迷社

卢沟桥乡小井隆韵戏迷社（以下简称"隆韵戏迷社"）是由村民卢仕忠等自发组建的业余京剧票房，经过十多年的发展，隆韵戏迷社已从创办之初的不到10人，发展到现在的40多人，票友遍布丰台、海淀、石景山、西城各区，隆韵戏迷社也从一开始只能唱选段，到排演折子戏，再到能自排自演《凤还巢》《龙凤呈祥》等曲目，多次获得全国和北京市级奖项。2020年，隆韵戏迷社还排演了文武戏《对花枪》，成为全市第一家能演文武戏的业余票房。

（8）北方昆曲剧院

北方昆曲剧院成立于1957年6月22日，是中国专业昆曲表演艺术团体之一。60多年来，剧院以保护、继承、发展、革新昆曲艺术为根本宗旨，以古今相因、革故鼎新为艺术创作思路，以弘扬北昆之豪放，取法南昆之绵长为艺术特色，传承、整理、改编、移植、新创了一大批在国内外有一定影响的优秀传统戏、新编历史戏和现代题材剧目，培养了一批在海内外有影响的优秀专业昆曲演员，能够承担各类昆曲剧目的创作和演出。

（9）鸿蒙墅苑文化集团有限公司北京昆曲剧团

鸿蒙墅苑文化集团有限公司北京昆曲剧团自成立以来一直致力于中华传统文化及非遗的探索、创新与推广，历经十余年的磨砺与积累，剧团陆续推出中华史诗工程《源经》、原创大型昆曲剧目《大中华史诗》、大型神话系列原创动漫《混沌》《沌沌》《蒙沌》、百集原创神话影视剧本等创意文化成果，为弘扬中华传统文化做出自己的贡献。

（10）朝阳评剧团

植根于朝阳这片土地上的朝阳评剧团，成立于20世纪50年代，是当时北京市主要评剧团之一。剧团曾上演过《闹严府》《半把剪刀》《花为媒》《樊梨花斩子》等整出大戏，深受群众喜爱。剧团自1979年恢复以来，始终以贴近时代、贴近生活、贴近百姓为最高目标，以大时代为背景，绘就了一幅幅乡村的改革画卷。1979—1989年，剧团一直在朝阳的街、乡奔忙，平均每年演出达到200场以上，并在区里各乡间进行业余辅导，培养了大批戏曲爱好者。

（11）北京华艺芳馨评剧团

北京华艺芳馨评剧团成立于2007年7月24日，剧团的"文艺演出星火工程"走进平谷、顺义等京郊村庄，极大地丰富了当地百姓的文娱生活。

(12) 大务评剧团

大务评剧团成立于清朝末年，目前剧团里生旦净丑行当齐全，演员唱念做打样样在行，可演出《起解》《打金枝》《乾坤带》《杨八姐游春》《秦香莲》等60多个评剧传统剧目。除了演历史戏、古装戏，剧团还编排了《农民泪》等现代戏。

(13) 大兴区礼贤镇西里河诗赋弦剧团

诗赋弦是戏曲剧种之一，起源于汉族民间鼓子词曲。清光绪初年，直隶宛平县曲艺艺人贾万全和落第书生朱广达首创"诗赋弦同乐会"，最初称"十不闲"，后光绪帝更名为"诗赋弦"。诗赋弦是北京地区的民间小戏剧种，称它为"小戏"，是因为它有"三小"——小生、小旦、小丑。相比京剧、河北梆子等大剧种，诗赋弦的演出确实简单得多。诗赋弦是曲牌体，原有30多个曲牌，现存24个。这24个曲牌各自适用于不同的人物身份和剧情。目前，剧团能完整演出的诗赋弦剧目有20多出，包括传统戏、移植戏和原创戏。

(14) 北京市南花越剧团

北京市南花越剧团成立于2006年，其前身为越海越剧团。2006年越剧百年之际，越海越剧团被正式批准成为北京市第一个民间职业越剧团——北京市南花越剧团。2010年世博会期间，在老一辈艺术家们的大力支持下，剧团携全本《红楼梦》再次亮相上海天蟾逸夫舞台，演出获得各方面热烈的反响和一致好评。目前，剧团已经排练演出了《唐伯虎点秋香》《碧玉簪》《红楼梦》《梁山伯与祝英台》《盘夫索夫》和原创新编越剧《黄道婆》等多部大戏，以及近百折经典越剧折子戏。

(15) 北京海文越剧团

北京海文越剧团成立于1999年，20多年来，剧团一直都在努力前行，坚持不懈地为观众呈现最好的作品。从当初不足10人的艰难起步，发展到如今拥有了30多人的固定班底。剧团的所有成员都是业余成员，剧组成员来自各行各业，每到周日下午，便化身为小生、花旦、老生、老旦，演绎着心中有关"才子佳人"的传说。

(16) 北京市薛艳君豫剧团

2006年3月，北京市薛艳君豫剧团成立，薛艳君担任团长。2006年国庆节期间，剧团在北京市工人俱乐部演出《桃花庵》《红娘》和《罗焕跪楼》，薛艳君担任主演，使豫剧崔派艺术重新与首都观众见面，取得良好效果。

(17) 北京动动鞋子儿童剧团

北京动动鞋子儿童剧团是北京市第一家民办非营利性儿童剧团，致力于多种类型儿童剧编创、制作和演出。自 2006 年成立以来，剧团坚持艺术品质和价值观引导紧密结合的创作理念，引进版权和原创相结合，吸引了一批充满童心和活力的专业戏剧、艺术人才，并创作了一批高水准的儿童舞台剧精品。迄今为止，剧团已经推出了《弹珠 巫婆 魔法国》《老鼠招亲记》《泡泡口香糖》《蛀牙虫流浪记》《王后的新衣》《国王的礼物》《心花怒放》《鸡婆花》《小木偶的三滴泪》《小红与小绿》《嘟嘟与达达》《从前从前天很矮》等十余部舞台剧作品，在北京和全国演出逾千场，曾多次被北京市文化局评为"优秀文艺品牌团队"。

（18）北京皮影剧团

北京皮影剧团是在北京西派路家德顺皮影班社的基础上，于 1957 年组建成立的。剧团被列为国家级和北京市级非遗"北京皮影戏"的保护、传承单位，集皮影戏演出、皮影展览、皮影讲座、培训皮影演员和皮影销售于一身，先后出访日本、欧美等许多国家。剧团成立后，坚持走传统与现代题材并举的道路，排练和演出了许多传统保留剧目，如《孙悟空三打白骨精》《哪吒闹海》《水漫金山寺》等，同时还创作演出了许多音乐寓言剧、成语故事剧、儿童故事剧，如《龟与鹤》《狐假虎威》《乌鸦与狐狸》等，从而大大丰富了皮影戏所能表现的内容，并在国内外的许多比赛、展演、展览中获奖。

（19）北京龙在天文化传媒有限公司

北京龙在天文化传媒有限公司旗下共有七个皮影艺术团。其中北京龙在天袖珍人皮影艺术团全部由 64 位"袖珍"演员组成，他们身高平均 1.26 米，年龄平均为 22 岁，有着儿童一样的面貌、声音，但有着大人一样的智慧，演出风格灵动，形式独特，属世界独创。另外，由 12 位著名皮影老艺人组成的"龙在天原生态皮影团"，也不断推出传统皮影剧目。随着 2011 年 11 月 27 日中国皮影艺术被联合国教科文组织列入人类非物质文化遗产代表作名录，皮影戏在国内外掀起一股空前的热潮。为让广大少年儿童充分了解中国的传统文化，更好地使弘扬民族艺术的信念从娃娃抓起，北京龙在天文化传媒有限公司在市委宣传部、市文化局、市教委的指导下，又创作了大型皮影舞台剧《白雪公主》，将世界经典童话改编为皮影舞台剧，让更多的少年儿童通过耳熟能详的童话了解中国的非遗艺术。

（20）北京兴华影艺袖珍人艺术团

2009 年，"袖珍人"李斌创办了北京兴华影艺袖珍人艺术团，也就是群众口中的"小蚂蚁皮影艺术团"。多年来李斌带着小蚂蚁皮影艺术团频繁地到养老院、儿童村等地义务演出，做公益。不仅如此，小蚂蚁皮影艺术团还走出了国门，到周边韩国乃至欧洲国家去演出，真正地传播了中国传统文化。

国家级戏曲非遗剧种剧团现状如表3-11所示，新列入剧种普查目录的两个非遗剧种如表3-12所示。

表3-11 国家级戏曲非遗剧种剧团现状

剧种	国办剧团	改企剧团	民营剧团	民间班社
京剧	国家京剧院（部属）北京京剧院 北京风雷京剧团 战友文工团京剧团	—	北京四维雅乐剧团等（6个，184人）	隆韵戏迷社等（3个，127人）
昆剧	北方昆曲剧院	—	—	鸿蒙墅苑文化集团有限公司北京昆曲剧团（1个，9人）
评剧	朝阳评剧团	中国评剧艺术中心	北京华艺芳馨评剧团等（15个，487人）	安定车站村评剧团等（8个，263人）
河北梆子	—	北京河北梆子艺术中心	群声梆子剧团等（8个，342人）	王各庄河北梆子剧团等（6个，224人）
北京曲剧	—	北京曲剧艺术中心	—	—
诗赋弦	—	—	—	大兴区礼贤镇西里河诗赋弦剧团（1个，58人）
越剧	—	—	北京市南花越剧团（1个，30人）	北京海文越剧团（1个，30人）
豫剧	—	—	北京市薛艳君豫剧团（1个，8人）	—

资料来源：全国地方戏曲剧种普查工作办公室《全国戏曲剧种普查报告》，人民出版社，2020。

表3-12 新列入剧种普查目录的两个非遗剧种

剧种	国营剧团	民营剧团
木偶	中国木偶艺术剧院股份有限公司（改制，124人）	北京动动鞋子儿童剧团（民营，9人）

续表

剧种	国营剧团	民营剧团
皮影	北京皮影剧团（国营，26人）	北京龙在天文化传媒有限公司（民营，56人） 北京兴华影艺袖珍人艺术团（民营，5人）

资料来源：全国地方戏曲剧种普查工作办公室，《全国戏曲剧种普查报告》，人民出版社，2020。

2. 列入北京市市级非遗代表性项目名录的4个地方戏

（1）苇子水秧歌戏

2007年，苇子水秧歌戏入选北京市市级非遗代表性项目名录。它是北京门头沟古老的戏曲剧种之一，起源于明代嘉靖年间前后。该秧歌戏伴奏以打击乐为主，整场戏只用锣鼓，不用丝竹，演出时打一阵"家伙"，唱一段戏文；伴奏铿锵有力，唱腔苍劲豪放，生旦净末丑齐全，像明清时期盛行的高腔戏；主要唱腔为【摔锣腔】【大秧歌调】等，伴奏用打击乐有单皮鼓、檀板等，剧目有《赵云截江》《张飞赶船》等。

（2）淤白村蹦蹦戏

淤白村蹦蹦戏又称评腔梆子戏，2007年入选北京市市级非遗代表性项目名录，是北京市传统戏曲剧种之一，至今已有百余年历史。唱腔脉络清晰，板式明了流畅，套路简洁；戏曲内容以山村习俗、逸闻趣事居多，现只有代表剧《老少刘公案》能上演。采录板式有【慢板】【原板】【安板】等，武场锣鼓点有【慢板】【安板】，文场伴奏乐器有板胡、笛子等，武场有单皮、云板等。

（3）山梆子戏

所谓山梆子戏，是与"京梆子"相比较而言，是马套村当地人对此剧种的泛称。一个山梆子的"山"字便概括了它的地域性。山梆子戏源于清道光年间，距今已近200年的历史，是本地区的民间特色剧种。马套村剧团于1950年组建，1957年正式聘请73岁的马刨泉传授河北老调山梆子戏。山梆子戏上演传统的保留剧目甚多，全靠民间艺人口传身授，现存剧目有《二进宫》《空城计》《大登殿》等。

（4）柏峪燕歌戏

门头沟区柏峪村地处京西战略要地，据文献记载，该村在元代就已存在，明时村北设有天津关以守卫京城。燕歌戏是柏峪独特的民间村戏，年代久远，相传有400多年的历史。门头沟长城主要扼守京西，柏峪是重要防线，燕歌戏是由守关军士带来的家乡戏与当地民歌、小调融合而成的。燕歌戏的服装、布景、角色

· 61 ·

行当，演员的念、做、打等多学习其他大剧种的程式化手法，唱则由多个曲牌连缀而成，腔调高亢、古朴。其中【娃娃】【水胡】两个曲牌最常用，【娃娃】欢快，【水胡】相对缓慢，其他还有【秃爪龙】【桂枝香】【甩泡儿】【山坡羊】【大青阳子】【二青阳子】等十几个，有学者用"九腔十八调"形容其丰富。部分曲牌又分男腔、女腔，如【娃娃】，男腔尾音结束干脆，女腔则有较长的"哎嗨哎"拖腔。伴奏以四胡为主奏，根据曲牌，专曲专用，也有几种唱腔共用一种伴奏的。

柏峪村逢年过节都要唱燕歌戏，延续至今。旧时在求雨等民俗活动中也要演出。村民以村戏为荣，受邀到外村演戏也不拿报酬，属自娱自乐。所演剧目都为古装戏，历史上有120多出，以生活戏、家庭戏为多，还有历史戏、神怪戏。目前能完整演出的只剩《孙志皋卖水》《小锦缎》《罗衫记》《鳌山灯》《杨宗保过山》《狮子洞》等十几出。

20世纪五六十年代，燕歌戏演出曾中断，之后一直未能恢复。1996年，陈永禄等七位老艺人整理了一批燕歌戏剧本。2003年，村里成立了柏峪社员剧团，恢复排演。现在村内建有音响灯光完备的剧场，每周六免费为村民和游客演出。

列入北京市市级非遗代表性项目名录的地方戏如表3-13所示。

表3-13 列入北京市市级非遗代表性项目名录的地方戏

剧种	剧团
蹦蹦戏	门头沟区雁翅镇淤白村蹦蹦戏剧团（义和班）
苇子水秧歌戏	苇子水村大秧歌剧团
山梆子	雁翅镇马套村剧团 下清水传统山梆子剧团 上清水传统山梆子剧团 燕家台村传统山梆子剧团 清水镇田寺村传统山梆子剧团
柏峪燕歌戏	门头沟区柏峪社员剧团

3. 北京市非遗剧种发展的现状与问题

（1）国家、北京市对非遗剧种的价值有充分认知，市、区都出台了相关扶持、发展政策

戏曲具有悠久的历史、独特的艺术魅力和深厚的群众基础，是表现和传承中华优秀传统文化的重要载体。随着社会的快速发展，中国戏曲艺术面临活力不足、剧种减少、人才断档、市场萎缩等问题。党的十八大以来，以习近平同志为核心的党中央高度重视戏曲艺术的传承发展，中央全面深化改革办公室将"研究制定扶持地方戏曲发展政策"列入2015年的重点改革任务。2015年7月11日，

国务院办公厅专门印发了《关于支持戏曲传承发展的若干政策》，为戏曲传承发展提供重要保障；这是我国继 1951 年发布《政务院关于戏曲改革工作的指示》以来，时隔 60 多年之后再一次就戏曲工作作出的总体部署和政策规定。

《关于支持戏曲传承发展的若干政策》就新形势下如何支持戏曲艺术传承和发展，作出了明确的政策规定和具体阐释。将我国政府前后两次颁布的戏曲政策结合起来看，其共同主题是改革、传承和发展；不同之处在于，当年的要点是认真取舍和改造我国丰富的戏曲遗产，现在则是把戏曲的保护、传承和发展提升到国家和社会发展的战略层面，弘扬民族精神，重构文化生态。

新出台的支持戏曲传承发展的若干政策，确立了由政府扶持戏曲事业的方针，以政策自身的宏观性和持久性，表达了国家态度和立场。从中可以看出，国务院支持戏曲艺术传承发展的中心思想就是坚持"二为"（为人民服务、为社会主义服务）方向，坚持以人民为中心的工作导向，坚持以社会主义核心价值观为引领，坚持扬弃继承、转化创新，保护、传承与发展并重，更好地发挥戏曲艺术在建设中华民族精神家园中的独特作用。亦即要在全社会范围内，形成关心、重视和支持戏曲的良好氛围，在健全戏曲艺术传承发展工作体系、人才培养体系的前提下，完善戏曲表演团体体制机制和扎根基层、服务群众的保障激励机制，从而让拥有近千年历史的戏曲活起来、传下去、出精品、出名家。

目前，京剧发展稳健，昆曲势头良好；评剧和梆子有较为广泛的大众基础，满足郊区观剧需求；诗赋弦财政支持力度有待加强；北京曲剧发展路向不明；豫剧、越剧有特定的观众群体和市场需求，但空间不大。

（2）传统剧目恢复和新剧创作"两条腿走路"，但新创剧目质量有待提高，未能产生高原、高峰式作品，缺乏全国影响力

戏曲艺术是中华民族乃至全人类的非遗和精神文化财富，加强戏曲艺术的保护与传承刻不容缓。要切实做到保护遗产、守住财富，让老百姓记住乡音、留住乡愁，需要将地方戏曲的传承发展工程纳入国民经济和社会发展规划。在我国经济与社会发展的指标体系中，继青山绿水的环境保护和可持续发展的资源利用之后，《关于支持戏曲传承发展的若干政策》第一次将民族文化的重要方阵——包括京剧、昆曲等历史上影响较大的全国性剧种和遍布各地、与民众关系密切的地方剧种在内的戏曲艺术——纳入其中。这就将戏曲发展、文化繁荣与中国社会的现代化进程紧密相连，有助于形成更加丰富和完备的社会文化生态，也自觉地强化了包含保护、传承和发展戏曲艺术在内的社会发展新的指标考核体系，构成了对民族戏曲的全面保护及其传承发展的有力保障。

要将戏曲艺术在社会发展体系中传承下去，必须重视和支持戏曲剧本创作。时代呼唤有责任感的剧作家，剧作家"深入生活、扎根人民"，发挥聪明智慧，

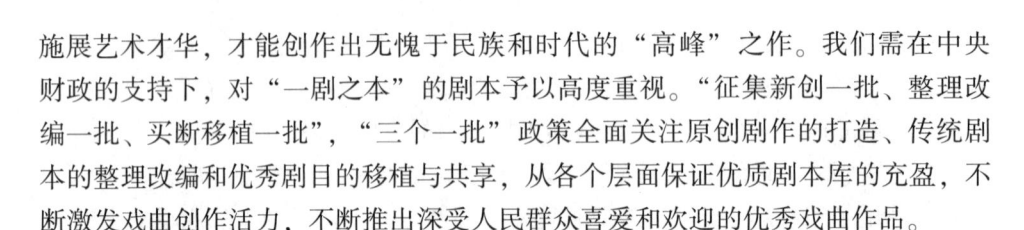

施展艺术才华，才能创作出无愧于民族和时代的"高峰"之作。我们需在中央财政的支持下，对"一剧之本"的剧本予以高度重视。"征集新创一批、整理改编一批、买断移植一批"，"三个一批"政策全面关注原创剧作的打造、传统剧本的整理改编和优秀剧目的移植与共享，从各个层面保证优质剧本库的充盈，不断激发戏曲创作活力，不断推出深受人民群众喜爱和欢迎的优秀戏曲作品。

（3）北京地区戏曲研究、评论有待加强

戏曲评论是戏曲研究一项很重要的工作。做好戏曲评论，不仅需要评论者具备理论知识与掌握评论方法，还需要具备较高的艺术鉴赏能力。因为评论具有双重性，即理论性与实践性。评论被指斥、被诟病，某种程度上也是其特征双重性撕裂的结果。戏曲评论应该有四个维度，即本体的维度、民间的维度、历史的维度、现代的维度，戏曲评论的展开还应具备三种态度——客观的态度、学理的态度以及问题意识。戏曲评论只有在开放中坚守，才能构建出具有自身特质的理论体系，真正推动戏曲创作发展。

近些年来，新媒体戏剧评论的崛起备受关注，这既给戏剧评论赋能，使戏剧评论变得更加灵活生动，也对传统媒体的戏剧评论产生了巨大冲击。面对这一复杂的现实，必须坚守传统的戏剧评论媒体主阵地，同时进一步开放思想，更新戏剧研究和批评的理论和方法。

（4）在非遗剧种的宣传、传播等层面，应该与时俱进，与现代传媒深度融合

戏曲艺术的传承与发展，需要良好的传统文化积淀和完备的戏曲生态环境。为此，我们要加大戏曲宣传和普及力度，扩大戏曲的社会影响力。从文化生态的源头出发，从娃娃抓起，从新生代抓起，加强学校戏曲通识教育，强化中华优秀传统文化，特别是以戏曲艺术作为载体的教育活动。一方面大力推动戏曲进校园，另一方面鼓励大中小学生走进剧场，同时鼓励中小学特聘校外戏曲专家和传承人担任学校兼职艺术教师，拓宽中小学师资的戏曲艺术专业背景。同时，鼓励通过平面传媒、影视、手机和互联网等媒介平台宣传和普及戏曲，使广大人民群众在乡音乡情中感受地方戏的审美情趣和人文情怀，守住家乡文化与地方戏艺术的本体。我们绝不能盲目地崇洋媚外、忘本掘根，丢掉中华民族的文化之魂，放弃中国独有的审美品格。

国务院办公厅下发的《关于支持戏曲传承发展的若干政策》，其战略高度、实施力度、政策法规的细化程度都前所未有。要使政策真正得到贯彻落实，关键在于各级政府和文化行政部门从基本国策、国家安全、社会发展和文化战略上认识其意义，领会其精神，这样才可能抓落实、促发展、见成效、有作为。要实现中华民族伟大复兴中国梦，要展现中华民族对于全人类的贡献，要得到全世界爱好和平、敬重文化的人们的尊敬，经济指标是一方面，文化影响则是不可或缺、

不容忽视的另一方面。

中国戏曲是中华民族乃至全人类的文化与艺术瑰宝。习近平总书记指出："我们要善于把弘扬优秀传统文化和发展现实文化有机统一起来，紧密结合起来，在继承中发展，在发展中继承。"营造与保障戏曲艺术传承和发展的生态环境势在必行，刻不容缓。中国梦与传统文化的历史根脉紧密相连，中国梦与戏曲艺术的乡音乡情紧密相连，守住根、留住魂，贯通传统文化命脉，讴歌伟大时代精神，唱响民族复兴大戏，这是各级政府和文化行政部门、全体戏曲人和中华文化守护者的共同使命。

4. 民间戏曲发展的现状与问题

改革开放带来了新思潮和各种新的艺术形式，加强了外来文化的交流与借鉴，吸引了现代人尤其是年轻人的眼球，从而忽视了具有本地地方特色的艺术精粹，地方戏曲就是其中之一。如今，老一辈戏曲艺人以及热衷戏曲的观众相继辞世，而对于青少年来说戏曲却越来越陌生。各种迹象表明，我国地方戏曲的生存环境已经发生了极大变化，生存处境艰难，难以为继，各个民间剧团普遍存在参演人员年龄普遍老年化、演出缺乏艺术美，难以吸引青少年的关注，观众多以老年人为主，青年、儿童为辅，演唱水平普遍偏低等问题。

受外来音乐文化的冲击，大众的文化生活节奏及音乐消费结构、消费取向都发生了巨大变化，各类文艺活动节目风靡全国，尤其流行音乐突显的背景下，地方戏曲面临了极大的危机。

（1）年轻人不愿学戏，传承面临主体断裂

现如今大多数青年都因为上学、外出工作等长期生活在外地，他们的价值取向和生活节奏发生了巨大变化，音乐审美、娱乐兴趣大都不再是那些慢悠悠的传统地方戏曲，而是受生活环境影响，兴趣发生极大变化，比如听流行音乐、打麻将、打牌、玩嘻哈等。并且很有可能由于过年返乡，与外界的联姻，在外发迹之后与家乡建立经济往来关系等，把外界的生活习惯、娱乐方式等带回老家，这些都对当地民间音乐的原生态产生了较大的冲击。

（2）观众日渐减少，无戏可演的趋势明显

众所周知，老一代的戏曲观众慢慢去世，新一代不大接受等现象，导致观众日渐减少。观众的减少，又大大缩减了许多地方剧种在各种场合演出的机会，尤其是正规场合的演出，丧失了正式表演的机会，只能在一些简陋的场所演出，艺术质量大打折扣，加快了观众的流失。地方剧团正面临着无戏可演的趋势，即使有演出，也是为了完成任务而已。

（3）传统方式难以沿用

随着生活水平的不断提高，人们的价值取向在不断变化，生活节奏在加速，这让年轻消费者很难接受一如既往、完全原汁原味的戏曲，自然传承的难度也就更大。音乐文化与外界现实脱离开，不发生相互关联，这样的状态与民间音乐产生于民、流传于民、服务于民的本质是相悖的。

(4) 新元素缺乏，更新不足

目前，很多剧团的正规人员得不到重视，演出不多，待遇也不高，半死不活，没有动力，时间一久，出现离开剧团另谋生计、停薪留职的现象。这些正规人员离开剧团，严重影响了新元素的注入及新作品的产生。专业人才匮乏，人员得不到更新，缺少新鲜血液的输入，导致艺术观念模糊，创演水平重复且持续低迷；节目脱离现实，缺乏思想，不能深入人心；机制死气沉沉，缺少应有的活力，无法给人以工作的动力。

5. 促进戏曲发展的建议

促进戏曲艺术的传承与发展，首先，须大力支持戏曲演出，改善戏曲生产条件。要把地方戏曲演出纳入基本公共文化服务目录，通过政府购买服务等方式，组织地方戏曲艺术表演团体到农村为群众演出。这样，演戏、看戏就有了保障，而保住农村演出市场，就守住了戏曲的基本阵地，既开拓了戏曲剧团的演出空间，又满足了基层民众欣赏戏曲的需求。从纳入村级公共服务平台建设范围的新建（包括维修、改造）戏台，到历史保护区的古戏台，从群艺馆、文化馆（站）的免费或低价排练演出场所，到不同规模的戏曲剧场演出聚集区，各级政府都要积极谋划，创造条件，通过购买演出时段、提供补贴等多种形式支持演出，真正做到还戏于民。

其次，要支持戏曲艺术表演团体的发展，完善戏曲人才培养和保障机制。戏曲艺术表演团体与百姓生活关系密切，特别是基层戏曲艺术表演团体长期扎根民间、扎根广阔的社会土壤，经常把戏送到百姓家门口，是文化战线活跃基层群众精神生活的"主力军"。在保障国家级和市级表演院团的发展之外，还要下决心重点资助基层和民营戏曲艺术表演团体，从配置流动舞台车到税费优惠、财政配比、社会资助等方面，营造政府引导和社会参与的良好环境。戏曲院团，特别是丰富多彩的地方戏曲院团大量分布在民间，可以说，地方政府对当地戏曲的保护、传承与发展负有主体责任，政府应该从项目设立、政策落实和经费支撑上，对所在地戏曲院团予以切实有力的扶植与支持。

戏曲院校是人才培养与输送的"后备军"。目前，专门培养京昆和地方戏表演人才的戏曲院校以中国戏曲学院为代表，近年来中央戏剧学院也新设京剧系，培养京剧表演人才。此外，可以鼓励更多艺术类院校的戏曲学院以及职业艺术学院和中专艺校，将戏曲专业人才培养纳入教学体系。在戏曲学校纷纷改名为艺校之后，切忌以综合艺术专业之名忽略、排斥甚至挤占以戏曲作为主体的特色专业。

习近平总书记指出:"繁荣文艺创作、推动文艺创新,必须有大批德艺双馨的文艺名家。"文艺是铸造灵魂的工程,文艺工作者是灵魂的工程师。中央财政对优秀戏曲创作表演人才培养项目的支持,"名家传戏——戏曲名家收徒传艺"工程的实施,戏曲院校青年教师与戏曲艺术表演团体青年骨干"双向交流"的新机制,按照特人特招、特事特办原则引进优秀专业人员的做法等,对新一代青年拔尖人才的培养,对有成就的表演艺术家和剧种领军人物的托举,对具备真才实学的创作与理论名家的认定,都起到了重要作用,有助于造就新一代名副其实的剧种领军人物和戏曲艺术大师。"问渠那得清如许,为有源头活水来",只有保持人才辈出,戏曲这棵参天大树才能常青。

最后,探索传统戏曲与旅游融合的路径与模式创新。基于非遗特殊性的考虑,过度的商业化会破坏非遗的文化内核,但仅仅是作品的收集、整理、出版等非活态保护工作,并不能很好地促进非遗的传承与发扬。因此,通过积极的旅游活化,探索其产业化是一个重要的探索。非遗来自特定的时代和土壤,来自人们的生产生活,只有活态传承才能更好地彰显、传播、继承非遗。因此,非宜产型非遗可以探索旅游活化,积极与旅游产业对接、融合,充分挖掘其文化、经济、社会价值。戏曲与旅游产业的融合,与突出非遗的生活属性并不冲突,非遗的生活文化内涵更有利于提高旅游的体验感。

第四章 北京非遗旅游活化典型案例分析

一、案例选择与数据收集

案例研究是一种流行的普适性研究策略,从概念界定上讲是经验性探究,属于质性研究范畴,主要研究暂时性、典型性现象(刘志迎,2022)。当不能进行大规模实证研究时,通常用其进行分析(胡冰,2014)。它是通过描述事实、现象并追溯原因,从中探求一般规律,分析得出研究结论或新的研究命题的一种方法(欧阳桃花,2004)。案例研究主要包含七个步骤:启动案例研究、案例抽样、案例设计、数据收集、数据分析、假设形成与文献对话、结束研究。本章将阐述本研究选取的案例、案例选取的依据,以及每个案例的基本情况,为后续的研究奠定基础。

从前面第三章的分析中发现,传统技艺、传统美术与传统医药大多是宜产型非遗。北京的传统技艺类和传统美术类非遗占据了北京非遗的半壁江山,这两类非遗不仅数量多、占比高,同时也包含大量的宜产型项目。此外,北京拥有国家级传统医药类非遗 9 项,占全国同门类非遗的 4.95%,全国排名第四位。因此,本研究把传统技艺、传统美术与传统医药类非遗作为研究的重点。非宜产型非遗因其自身特点,较难进行市场开发。其中,传统戏剧作为古老而又常新的表演艺术,是北京宝贵的精神文化财富。调研中发现,部分传统戏剧除表演艺术外也产出实物产品,比如皮影戏和木偶戏,表演所用道具皮影和人偶也可作为非遗旅游商品进行销售。此外,皮影和人偶的制作也可成为非遗旅游体验活动,传统戏剧类非遗正在努力尝试开发旅游市场。因此,本研究将以传统戏剧类非遗为例,深入分析非宜产型非遗市场开发困难的原因,探讨非宜产型非遗如何走向市场。

2020 年 10 月至 2024 年 5 月,研究团队对北京七家非遗典型单位进行实地考察和深入访谈,涉及传统医药、传统技艺、传统美术和传统戏剧等四类非遗。其中传统技艺类非遗包括皇家技艺和民间技艺类企业。例如，皇家技艺聚焦于"燕京八绝"，本研究选择了非遗旅游经营状况良好的北京市珐琅厂。该公司保留传统的制作技艺，注重传统技艺的传承与旅游市场开发。北京的民间技艺企业众多，其中风筝寻梦与大多数非遗企业相比，更加注重创新，不断探索非遗与旅游的融合。传统美术类非遗方面，吉兔坊经营状况得到同行的普遍认可，传统与创新并重，开发了多种旅游商品，线上销量可观。北京同仁堂集团在传统医药领域占据重要地位，同仁堂知嘛健康零号店是传统医药非遗与旅游融合的典型案例。具体访谈情况如表4-1所示。

表4-1 典型案例访谈情况

访谈对象（编码）	访谈对象所属单位	非遗门类	访谈对象身份	访谈日期	访谈时长
YFC-JY-M	北京市珐琅厂	传统技艺	董事长	2020年10月28日	约3小时
LBG-XJ-M	北京皮影剧团	传统戏剧	团长	2020年12月2日	约5小时
HPF-MS-M	吉兔坊	传统美术	法定代表人	2020年12月15日	约4小时
MBG-JY-M	风筝寻梦	传统技艺	法定代表人	2020年12月21日	约2小时
JZJ-YY-M	同仁堂知嘛健康零号店	传统医药	店长	2020年12月30日	约3小时
JJY-JY-F	牛栏山酒厂	传统技艺	讲解员	2024年4月22日	约1小时
SLQ-JY-M	钧天坊	传统技艺	企划部部长	2024年5月16日	约3小时

下面，将从非遗项目与案例企业基本情况、非遗项目与案例企业之间的关系，以及非遗旅游产业链发展现状等角度开展研究。

二、北京市珐琅厂

（一）景泰蓝制作技艺与北京市珐琅厂

景泰蓝又叫"铜胎掐丝珐琅"，是一种制作过程十分复杂的器物，要经过制胎、掐丝、焊丝、点蓝、烧蓝、磨光、镀金等诸多工序，集设计、美术、雕刻、玻璃熔炼于一体，经手工制作而成，体现的是集体智慧的结晶。

元代末年，随蒙古人西征和东西方交流的进一步加深，金属嵌珐琅工艺由地中海沿岸经西亚的阿拉伯国家传入我国并服务于蒙古贵族，至今有600多年的发展历史。元代政权建立后，政府对手工业兴趣浓厚，这也是铜胎掐丝珐琅技艺得以发展的原因之一。珐琅工艺沿丝绸之路由欧洲经西亚传入中国，很快与东方文化相融合。铜胎掐丝珐琅器在明朝景泰年间（1450—1457年）得到了非常大的发展，且多以蓝色为主，导致后人将铜胎掐丝珐琅称为"景泰蓝"。

景泰蓝制作技艺在非物质文化遗产代表性项目名录中有6项，均为传统技艺类非遗，其中国家级非遗 2 项，保护单位为北京市珐琅厂和大厂回族自治县京东工艺品有限公司；市级非遗 1 项，区级非遗 4 项，如表 4-2 所示。

表 4-2　景泰蓝制作技艺非遗情况

名称	级别	时间	申报地区或保护单位
景泰蓝制作技艺	国家级	2006 年	北京市珐琅厂
景泰蓝制作技艺	国家级	2014 年	大厂回族自治县京东工艺品有限公司
景泰蓝制作技艺	市级（东城区）	2006 年	崇文区文委
景泰蓝制作技艺	区级（丰台区）	2017 年	—
张镇良山景泰蓝制作技艺	区级（顺义区）	2015 年	—
靛庄景泰蓝制作技艺	区级（通州区）	2009 年	漷县镇政府
北京景泰蓝制作技艺	区级（西城区）	2014 年	北京艺泽嫣工艺美术品有限责任公司

北京市珐琅厂有限责任公司是景泰蓝制作技艺生产性保护示范基地，作为国有控股企业，其前身是北京珐琅厂，成立于 1956 年，由"德兴诚""德昌""杨天利""景泰诚""明顺诚"等 42 家始创于明清时期的私营珐琅厂和专为皇宫制作的造办处合并而成。1958 年更名为国营北京珐琅厂，郭沫若同志题写厂名，2002 年改制为北京市珐琅厂有限责任公司。北京市珐琅厂是国内景泰蓝行业中唯一的一家中华老字号、首批国家级非遗项目、国家级非遗——景泰蓝制作技艺生产性保护示范基地、北京市外事接待单位、北京市科普教育基地、北京工艺美术院校实习培训基地。2016 年被中国商业联合会、中华老字号工作委员会评定为"中国景泰蓝第一家"，2018 年被文化和旅游部评为"全国非物质文化遗产保护工作先进集体"。企业集景泰蓝设计研发、人才培养、工艺展示、精品收藏、参观购物、科普教育于一体，是全国最大的景泰蓝文化产业基地。

2010 年北京市珐琅厂全面调整企业经营策略，最终确定以"中华老字号""国家级非遗"和"京珐"品牌等无形资产为依托，以 600 余年历史的景泰蓝制作技艺和建厂 60 多年来的文化底蕴为载体，以"京珐"品牌营销宣传为途径，发挥企业核心竞争力，将单一的产品销售、批发逐渐打造为以高贵艺术品、精美实用品、高端收藏品、商政务礼品以及名品外包和建筑装饰等综合性发展的景泰蓝产业，全方位布局实现文化兴企战略。

截至 2020 年 10 月，企业现有职工 180 人，其中在职职工 130 人。国家级工艺美术大师 4 名、市级工艺美术大师 10 名；国家级传承人 2 名、市级传承人 4 名、区级传承人 4 名；持证高级技师 50 余人；国家、市、区级优秀技能人才 10 余人，形成了一个技艺精湛、经验丰富、团结创新的优秀"工匠群"。

(二) 北京市珐琅厂的产业链现状

北京市珐琅厂既坚持生产非遗核心产品，又不断创新开发非遗衍生产品。北京市珐琅厂的非遗核心产品是指利用传统掐丝珐琅工艺，经过制胎、掐丝、点蓝、烧蓝、磨光镀金等多个工序生产出来的产品；非遗衍生产品是指不需要完整的掐丝珐琅工艺，利用景泰蓝元素设计开发出的产品；北京市珐琅厂的非遗产品分类如图4-1所示。

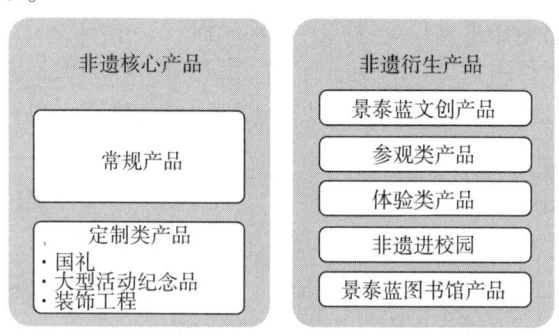

图 4-1 北京市珐琅厂的非遗产品分类

1. 非遗核心产品

非遗核心产品是利用非遗的核心技艺生产出来的产品，蕴含显著且完整的文化价值。北京市珐琅厂的非遗核心产品沿袭了景泰蓝传统的制作技艺，多为有形产品，其价格一般在几百、几千、几万元甚至更多，而非遗衍生产品价格大多在千元以下，因此非遗核心产品是北京市珐琅厂主要的利润来源。非遗核心产品具体可分为常规产品和定制类产品。

(1) 常规产品

常规产品是指由北京市珐琅厂主导设计，运用较为完整的传统景泰蓝制作技艺，利用流水线批量生产出的景泰蓝产品。这些产品都放在企业展柜销售，除了北京市珐琅厂自己生产的产品，也有从其他工厂采购并在展柜销售的产品。进入旅游市场以前，北京市珐琅厂主要销售自己生产的产品，但因为公司的产能有限，供不应求，后来采购其他工厂生产的成品或半成品以满足市场需求。进入旅游市场后，为满足游客购买旅游纪念品的需求，北京市珐琅厂开始售卖小型精致的旅游商品。北京市珐琅厂的工人技艺纯熟，但人工成本较高，而小型景泰蓝旅游商品的定价要考虑游客的承受能力，出于对旅游商品利润的考虑，北京市珐琅厂逐渐将小型旅游商品外包给其他工厂生产。同样出于对利润的考虑，小型景泰蓝制品的生产销售规模也逐年减少。近年来，北京市珐琅厂的销售状况良好，且销售额逐年递增，因此，公司除小型旅游商品外包给其他工厂外，销售的主力军——中型景泰蓝器皿，也因为产能有限而部分外包给其他工厂生产。

常规产品的产业链包括研发设计、生产创作、品牌营销三大环节。

首先，研发设计环节体现产品创新。

常规产品与定制类产品最大的区别是消费者在设计环节的参与程度，定制类产品的设计环节由消费者主导，而常规产品的设计中消费者参与得较少。尽管企业会关注消费者的偏好，顺应时代潮流，让产品更贴合当下市场需求，但常规产品的设计主导者依然是传承人或设计师。北京市珐琅厂有专门的设计部门负责产品设计，也有大师工作室进行部分产品的独立设计。常规产品在设计环节需要确定产品样式，具体包括器型、大小、纹饰、配色等，产品的样式有新有旧，有多年继承下来的传统样式，有多次投入生产的现代设计样式，也有设计师推出的新作品。

其次，生产创作环节展现工匠精神。

景泰蓝的生产步骤繁杂，包括制胎、掐丝、点蓝、烧蓝、磨光镀金五大工序，而每一道大工序都包含数十道小工序。其中多道程序需要火烧，因此景泰蓝也被称为火的艺术。根据北京市环保局的相关规定，部分涉及环境污染的工序不能在北京进行。因河北省廊坊市大厂回族自治县（以下简称"河北大厂"）聚集了很多景泰蓝制作工厂，因此北京市珐琅厂的部分生产工序也转移到了河北大厂。具体来看，铜胎由河北大厂机器生产，北京市珐琅厂直接采购铜胎或向河北大厂定制铜胎；工人在北京市珐琅厂车间按照设计部给出的纹样完成掐丝，再由河北大厂进行焊丝；焊丝过后的产品由工人按照设计部给出的样式在车间完成点蓝；烧蓝在北京市珐琅厂锅炉房或河北大厂完成，一般小件产品在北京市珐琅厂锅炉房里烧，大件产品在河北大厂烧；磨光镀金因涉及镀金液对环境的污染，因此也在河北大厂完成。

最后，品牌营销环节提升社会价值。

北京市珐琅厂有多种销售渠道，其中最主要的是北京市珐琅厂的销售厅，大部分产品都在销售厅售卖；其次为代销、网店、庙会、展览和媒体宣传等渠道。

近年来，北京市珐琅厂利用代销渠道推广景泰蓝旅游商品。与北京市珐琅厂合作的有国家博物馆、北海公园、北京饭店、王府井百货大楼和工美集团大楼等文旅单位，这些合作单位知名度高，游客量大，增加了景泰蓝的可见度，较好地推广了景泰蓝旅游商品。

北京市珐琅厂利用网络销售渠道增加景泰蓝的曝光率。2013年，在原北京市商务委员会（现为北京市商务局）和北京市老字号协会的支持下，积极成立了网上销售机构。首先，在京东网开设了北京市珐琅厂的官方旗舰店，在加大企业品牌宣传的同时，更加方便消费者选购"京珐"产品。2015年下半年，北京市珐琅厂又利用公司官网建成自己的网络在线商城，如今已在京东、淘宝、寺库、融e购等知名电商平台建立了自己的官方旗舰店,年销售额突破百万元,实现了线上线下的相互融合,为公司带来更多商机。通过网络渠道销售,景泰蓝顺应了时代的发展,将传统景泰蓝产品与现代营销方式结合,增加了景泰蓝的曝光率,开拓了景泰蓝的销售渠道。

北京市珐琅厂还利用庙会推动景泰蓝融入日常生活。公司多次策划组织景泰蓝皇家艺术庙会、景泰蓝老物件淘宝大集等活动,被电视台、《人民日报》、《新京报》、《首都新闻快报》、今日头条等连续报道播出。如,2018年庙会和淘宝大集期间,北京市珐琅厂申请加入了第六届北京惠民文化消费季活动,其间通过微信、微博、官网线上浏览关注、线下参与互动共计3.3万人次,7天的大集活动销售额达到470余万元,比2017年活动期间日均营业额增长了15%,接待市民近万人。通过举办老百姓喜闻乐见的民俗活动,企业的知名度得到了提升,将景泰蓝引入人们的日常生活中,为景泰蓝开拓了有效的客户市场。

北京市珐琅厂利用展览和媒体宣传渠道科普景泰蓝文化。近年来,企业注重中华老字号和"京珐"品牌的打造,利用线上线下结合的方式,提高景泰蓝的可见度,以品牌效应扩大景泰蓝的知名度,带动和促进景泰蓝技艺的传承发展。北京市珐琅厂积极参加国家、市、区组织的国际国内各种形式的展览、展示活动,共计60余场次。除了线下的展示、展览活动,北京市珐琅厂也非常注重线上媒体宣传。企业积极参与中央电视台《焦点访谈》栏目、北京电视台《2019过大年》栏目、中国轻工业联合会主办的首届中国工艺美术博览会独家宣传片《工美之美——炫彩珐琅》、北京市经济和信息化局拍摄的超高清关于北京景泰蓝8K宣传片以及中央广播电视台央视综艺频道非遗宣传特别节目《非遗公开课》、北京市电视台财经频道宣传东城夜间经济等宣传片的拍摄,讲述国家瑰宝景泰蓝的传承故事。节目一经播出,引起强烈的反响,这些视频资料不仅起到了良好的科普宣传作用,也为景泰蓝的数字传承贡献了一份力量。经过光明网传媒北京发布"创新文化"直播,"学习强国""全国党媒""央广网"《中国旅游报》《新京报》《首都经济报》"今日头条"等三十余家电视台、网络媒体和纸媒的大力宣传和报道,视频传播更加广泛,景泰蓝更加深入人心,展览和媒体宣传对弘扬景泰蓝文化、扩大企业知名度起到了积极的促进作用。

(2)定制类产品

定制类产品是北京市珐琅厂根据消费者特定需求量身定制的产品,一般生产规模小,产品针对性强,主要包括国礼、大型活动纪念品、装饰工程等。

①国礼。最初北京市珐琅厂的定制类产品仅面对高端市场,如国礼。国礼是国家元首、政府首脑或以国家和国家政府名义互赠的礼品,体现国家形象与政治语言,是一个国家或民族文化传统的集中体现,每件礼品都是一段中外交流的历

史见证。以传统工艺美术品作为国礼，是中华文化对外输出的一个重要方式。同时，国礼也通过象征性的政治符号，渗透进人民社会生活内部，引导人民的文化修养和价值观念。早在1793年，英国使节团来中国进行文化交流访问，使臣代表马葛尔尼将天文地理音乐钟献给了乾隆，乾隆将一件宫廷景泰蓝作为重礼回赠给他们，这是景泰蓝以中国传统文化精粹的身份作为国礼外交的开启。而后景泰蓝多次担当国礼角色，北京市珐琅厂多次承担起制作国礼的重任，比如APEC国礼"四海升平"及会场的建筑装饰、"9·3"阅兵国礼"和平欢歌"、新疆维吾尔自治区成立60周年中央政府大型纪念品"国泰榴芳尊"、赠送联合国日内瓦总部的1.3米"盛世欢歌瓶"（如图4-2所示）、赠送世界经济论坛的"四面方尊"、赠送金正恩的2.1米"和平尊"、首届中国国际进口博览会习近平主席接见厅背景墙13平方米大型景泰蓝壁画《三山五园》、宁夏回族自治区成立60周年中央政府大型纪念品1.3米"美丽宁夏瓶"和广西壮族自治区成立60周年中央政府大型纪念1.3米"八桂飘香瓶"等。"燕京八绝"之一的景泰蓝有玉石的温润、珠宝的光泽、瓷器的细腻、金银的灿烂，制作程序繁复，做工精美，民间有"一件景泰蓝，十件官窑器"的说法，有较高的艺术价值。明清时期景泰蓝为宫廷独享的工艺品，皇家御用地位毋庸置疑。清朝灭亡后，宫廷的手工艺人散落民间，景泰蓝一度濒临灭绝。后来经过林徽因等人的不懈努力，景泰蓝工艺得到了挽救和恢复。一代又一代的景泰蓝工艺美术大师薪火相传，不断地创造出具有时代性、民族性的经典作品。景泰蓝发展至今，已不仅仅是一种工艺品的名称，更象征着一项古老的工艺所焕发的鲜活的生命力。精湛典雅的纹饰技巧、金碧交辉的迷人色泽、动人心弦的华美气韵、流光溢彩的艺术韵律和独树一帜的民族风格，是其成为国礼的重要原因。

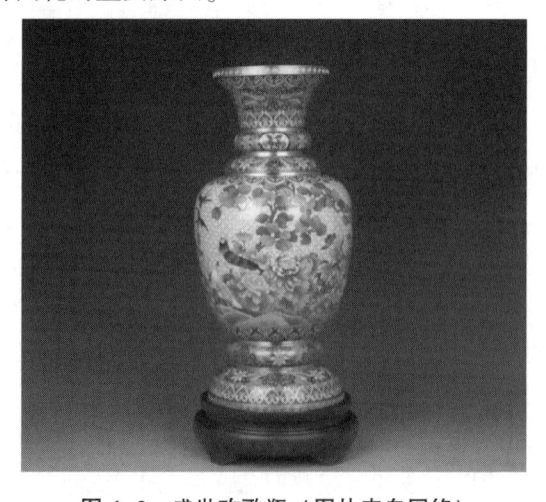

图 4-2　盛世欢歌瓶（图片来自网络）

②大型活动纪念品。大型活动纪念品不仅仅是一个简单的商品，它具有的名牌效应，需要承载文化内涵，不仅可以传递大型活动的办会精神和理念，还可以传播举办方优良的传统文化和所在城市的形象。1990年，第十一届亚洲运动会在北京召开，为庆祝这一盛事，根据北京市政府要求，北京市珐琅厂设计制作了以吉祥物"盼盼"为主题、各比赛项目为装饰图案的景泰蓝、银晶蓝纪念品。这些纪念品包括瓶、盘、粉盒、盖碗、香烟筒等，寓意为期盼和平、友谊，盼望各国运动员取得好成绩，受到各国运动员和社会各界的喜爱。2022年冬奥会在北京举办，为了充分展现优秀传统文化，讲好中国文化故事，北京市珐琅厂以奥运五环为创意源泉，并融入中国古代粮仓概念，设计出"冬奥五环珐琅尊"。尊身主体由奥运五环精巧累叠而成，形似粮仓，又如竹节，寓意五谷丰登、节节高升，并将奥运五环的五色与独具中国传统特色的忍冬纹作为主题图案，忍冬纹具有美好的吉祥寓意，凌冬不凋，寓意着冬奥运动健儿坚忍的体育拼搏精神。北京市珐琅厂除了给国家级的大型活动提供定制业务，也承接企业活动纪念品的定制，比如企业的年会伴手礼，也会承接少数的私人定制。

③装饰工程。将景泰蓝工艺应用于城市景观工程、建筑家装领域，是进入21世纪以来景泰蓝工艺的一大突破。它将传统景泰蓝工艺以个性化定制，通过艺术设计和市场运作，赋予景泰蓝传统工艺以新的生命力，推动景泰蓝更加融入现代生活，使景泰蓝技艺的发展又进入了一个崭新的历史时期。例如，2007年北京市珐琅厂承办首都机场专机楼景泰蓝工艺装饰工程，在专机楼大厅、贵宾通道、总统休息室等地方，大门的垭口、拉手、墙面的腰线都用景泰蓝工艺作装饰；暖气罩、墙壁铜格栅上也镶有景泰蓝装饰片。2011年，北京市珐琅厂承办华西村龙希国际大酒店陈设精品及总统套房景泰蓝装饰工程，包括直径180厘米的"聚宝盆"、总高180厘米的《福禄万代》及60层金厅总统套房景泰蓝装饰垭口22套、门拉手40套。2014年，北京市珐琅厂承办北京APEC会议雁栖湖国际会都集贤厅景泰蓝装饰工程，包括18个2m×2m×1.8m的大型斗拱（522散件）、48个灯池周边小斗拱（960件）以及门口壁饰324根。

不同于常规产品的设计由北京市珐琅厂自己主导，定制类产品的研发设计由客户提出具体要求，经供需双方沟通协商后最终确定。如遇到大型工程或产品具有重大意义时，公司会和中央美术学院、清华大学美术学院等高校合作，强强联合设计产品。在生产制作环节，定制类产品与常规产品相同。在品牌营销环节，定制类产品一般仅销售给特定的目标客户，其中国礼仅用于指定用途，也有部分国礼会做成原尺寸或缩小版，面向民众售卖。而常规产品在品牌营销环节方面没有过多限制，目标客户及产品用途更加广泛。无论是定制类产品还是常规产品，北京市珐琅厂在品牌营销环节都会利用新闻、公众号、报纸等多种渠道进行宣传,主要目的是扩大企业知名度,打造企业形象,提高品牌效应,进而提高对北京非遗的宣传效果。

2. 非遗衍生产品

非遗衍生产品是非遗企业在进入现代市场过程中不断探索和创新的产品,尤其是进入旅游市场后企业开发了大量富有创意的非遗衍生产品。非遗衍生产品是北京市珐琅厂的重要业务板块,对扩大非遗知名度,打造企业形象,提高品牌效应,进而增强北京非遗的宣传效果方面具有重要作用。非遗衍生产品有无形产品,也有有形产品,包括文创产品、参观类产品、体验类产品、非遗进校园、景泰蓝图书馆、非遗展会等。

(1) 景泰蓝文创产品

景泰蓝的工序繁杂,需要较高的人力成本,导致其价格居高不下。为满足游客购买非遗旅游商品的需求,北京市珐琅厂推出了价格相对低廉的小件景泰蓝旅游商品。为了解决景泰蓝生产成本较高、难以量产的问题,北京市珐琅厂将景泰蓝旅游商品外包给其他工厂,并通过深入挖掘景泰蓝文化元素,采用机械化方式批量生产,大大减少了人力成本,从而开发出样式多、易携带、价格低,与现代生活紧密结合,兼具实用功能,更符合旅游者需求的景泰蓝文创产品。目前公司开发的文创产品达 20 多种,花色达 30 多种。例如,用 APEC 互动产品"繁花似锦瓶"上的纹样元素和 APEC 峰会集贤厅斗拱中的纹样元素制作的靠垫,以"四季平安、连年有余"图案和配色为理念的杯垫,以及公司独有的各种花纹图案制作的胶带、冰箱贴、手账本、留念护照打卡本等。除了这些小物件,还有中国工艺美术大师、国家级传承人钟连盛设计的精品《牛气冲天》衍生出来的带有中国牛图案的保温杯等。

目前,公司文创中心专门负责非遗文创产品的开发,主要通过与其他公司合作的方式开展业务。具体来看,文创产品的设计由文创中心与合作公司共同确定,生产部分全部委托合作公司来完成,北京市珐琅厂负责验收和质检,生产后的文创产品在北京市珐琅厂的销售展柜里销售。

(2) 参观类产品

随着我国外贸体制的改革,北京市珐琅厂的景泰蓝产品不再由外贸公司出口,而是公司自主经营直接面对市场,从而导致景泰蓝的出口量锐减,公司经营陷入困境。面对销售渠道的巨大变化,公司提出在坚持国际、国内两大市场的同时,要积极开发旅游市场。1978 年,北京市珐琅厂被认定为北京市外事接待单位,接待了许多国家的元首、政要,也曾多次接待党和国家领导人。1992 年,北京市珐琅厂以名厂、名牌、名家、名品的优势,借势造势扩大外宾服务部规模,开展工业旅游,接待国内外旅游团队。随着旅游市场的不断升温,商品部不断扩大,从一个展厅扩大到五个展厅,营业面积达 1800 平方米,可同时接待 2000 多名游客参观、购物。为了更好地展示企业文化、技艺传承和产品风貌,2003 年,北京市珐琅厂创办了国内首家景泰蓝艺术陈列室和四间大师工作室。景泰蓝艺术陈列室介绍了景泰蓝 600 多年的发展历程,展示了北京市珐琅厂不同时期的经典作品。2005 年,北京市珐琅厂被原国家旅游局评审为"全国工业旅游示范点"。2010 年,在北京市文化资产监督管理办公室和东城区国资委、崇远公司等单位的大力支持下,北京市珐琅厂充分发挥中华老字号、国家级非遗项目单位的价值和特色,筹建了中国首座公益性景泰蓝艺术博物馆(以下简称"景泰蓝博物馆")。2012 年 6 月 6 日,景泰蓝博物馆一期建成并开馆;2015 年 10 月 1 日,二期建成试开馆;2016 年 2 月 2 日,全部正式开馆。景泰蓝博物馆分为两部分:一部分介绍了景泰蓝行业、景泰蓝制作技艺以及北京市珐琅厂的发展历程;另一部分为珍宝馆,陈列了北京市珐琅厂出品的众多景泰蓝制品,有经典的大师作品、国礼复制品,有传统的仿古制品,也有抗疫题材的创新作品。

景泰蓝博物馆采取团体预约制,团队参观博物馆需要提前预约并沟通好是否需要讲解员讲解,是否参与体验项目。讲解员带领团队参观的路线为一楼大厅到二楼车间,再到三楼博物馆。在一楼大厅主要介绍企业和景泰蓝制作技艺,再到二楼车间参观工人制作景泰蓝(如图 4-3 所示),可近距离参观掐丝、点蓝技艺,最后到三楼博物馆参观,整个流程 1~2 个小时,企业收取讲解费 200 元。如果参观之后还参与体验中心的体验项目,则不收讲解费。散客参观博物馆不需要预约,但如需讲解员讲解,则收费 200 元。

图 4-3 北京市珐琅厂车间(图片由笔者拍摄)

（3）体验类产品

游客参观车间、博物馆后，对景泰蓝的认识更加深入，兴趣更加浓厚，因此，不少游客提出了体验技艺的要求。为此，北京市珐琅厂在生产车间开辟了游客互动区域，选择生产制作中最易上手、最具艺术性的两道工序——掐丝、点蓝，让游客亲手参与制作。这一形式不仅吸引了广大的中外游客，也受到各大旅行社和导游的高度评价。鉴于企业的旅游参观开展得有声有色，商品部多次受到北京市旅游局的表彰，并荣获首都旅游"紫禁杯"先进集体称号。但是，游客在车间体验制作也出现了较多问题，第一，游客的体验活动需要由专人指导，并且影响了工人的正常工作；第二，部分游客因为对景泰蓝制作技艺由衷热爱，体验时间过长，影响了其他游客的参观体验。因此，2003 年，北京市珐琅厂在掐丝、点蓝车间单独开辟出一个体验区域，到了 2016 年，体验区域升级为体验中心。体验中心以宣传景泰蓝文化、传承景泰蓝技艺为目的，为东城区和北京市提供了一个新的文化体验、科普教育场所，也为企业开展文化营销奠定了坚实基础。体验中心成立之初，所有体验项目、活动都是免费的，但也因为免费，出现了游客不珍惜原材料、大量釉料串色等问题。与此同时，也有一些游客提出想要带走自己制作的作品。基于此，北京市珐琅厂不断完善体验中心的服务，开始收取体验费，消费者也可以付费带走自己制作的作品。

北京市珐琅厂的体验类产品包括掐丝体验、点蓝体验和完整的景泰蓝制作技艺体验。掐丝体验由技师指导在白纸上掐丝，一般采用技师提供的图样，也可以自己设计图样，体验费每人 100 元。点蓝体验同样是由技师指导，使用的是已经掐好丝的盘子。盘子以及点蓝所需矿物质釉料从河北大厂采购，点蓝时色彩的搭配由体验者设计，点蓝体验费每人 100 元。如果点蓝完成之后体验者想要带走，则由北京市珐琅厂代为烧蓝。因为景泰蓝制作工序繁杂，烧蓝完成后需要再次点蓝烧蓝，重复 2~3 次，体验者可以选择亲手操作或由技师代为操作。制作成的成品根据圆盘大小收费，如 4 寸盘 500 元，5 寸盘 700 元，6 寸盘 800 元。如果体验完整的景泰蓝制作流程，需要在设计环节体验者自己设计样式及配色，体验中心有经验丰富的技师指导产品的设计；铜胎由北京市珐琅厂提供，掐丝、点蓝由体验者根据设计稿在技师的指导下完成，最后的成品由体验者带走。这类产品根据圆盘大小收费，4 寸盘 700 元，5 寸盘 900 元，6 寸盘 1000 元。

体验类产品的营销方式较为单一，面对散客的营销渠道主要有公司官网、大众点评等；而团队游客，或者直接联系公司，比如与北京市珐琅厂长期合作的学校、企业、国家机关、社会组织等，或者通过旅游机构到公司体验。

（4）非遗进校园

自 2011 年 6 月 1 日起施行的《中华人民共和国非物质文化遗产法》规定：

"学校应当按照国务院教育主管部门的规定，开展相关的非物质文化遗产教育"，这为非遗进校园提供了法律依据。2020年10月15日，中共中央办公厅、国务院办公厅印发了《关于全面加强和改进新时代学校美育工作的意见》，强调通过美育提高学生的审美和人文素养。学校美育课程以艺术课程为主体，主要包括音乐、美术、书法、舞蹈、戏剧、戏曲、影视等课程，这些政策为非遗进校园提供了指导。

学校有引入非遗课程的责任和义务，北京市珐琅厂可以提供非遗相关资源。北京市珐琅厂有宣传景泰蓝文化、提高企业知名度的需求，而中小学校正是开展宣传传统文化的理想阵地。基于此，北京市珐琅厂积极与中小学、大专院校合作开展非遗进校园活动，主要包括两种方式，一种是学生到北京市珐琅厂参观体验，另一种是技师到学校以授课的方式宣传景泰蓝文化。2019年，北京市珐琅厂与东城区青少年课外活动指导服务中心等机构联合开展"弘扬传统文化·传承中华文明"专题社会实践课程，共有宝华里等十余所学校开展系列景泰蓝制作技艺的课程学习；2019年暑期开展"少年传承中华传统美德"系列教育活动，北京市珐琅厂开设景泰蓝制作技艺"小小传承人"研学班，为广大中小生提供学习景泰蓝历史文化和制作技艺的平台。

（5）景泰蓝图书馆产品

为了满足公司内部工作人员以及游客通过书籍更多地了解景泰蓝的需求，2019年8月1日，京珐书苑揭牌仪式暨东城区第二图书馆流动图书站授牌仪式在北京市珐琅厂举行。伴随着京珐书苑的正式开馆，公司员工有了更为丰富的图书阅览体验，吸引更多的人感受阅读的魅力。同时北京市珐琅厂也借此契机开展了梦幻景泰蓝读书会活动。景泰蓝图书馆"京珐书苑"配备了2000册图书，涉及文学、经济、历史、艺术、教育等多个方面，常年免费对外开放。京珐书苑的设立既满足了读者的需求，也让珐琅厂闲置的书籍发挥了更大的用途。

三、北京同仁堂集团

（一）同仁堂非遗与北京同仁堂集团

同仁堂中医药文化内涵深厚，始终秉承"同修仁德，济世养生"的宗旨，恪守"炮制虽繁必不敢省人工，品味虽贵必不敢减物力"的质量观，践行"讲信义，重人和"的经营哲学，坚守"童叟无欺，一视同仁"的职业道德规范。文化载体既包括同仁堂品牌及特色标识，也涵盖《乐氏世代祖传丸散膏丹下料配方》《同仁堂虔修诸门应症丸散膏丹总目》两部典籍，更凝结于传统中药炮制技艺之中。其制药工艺特色鲜明，实现了传统中医药理论与宫廷制药标准的有机融合，最终凝练为"处方独特、选料上乘、工艺精湛、疗效显著"的16字精髓。

北京同仁堂集团在非遗代表性项目名录中有8项，均为传统医药类，其中国家级非遗2项，市级非遗1项，区级非遗5项，如表4-3所示。

表4-3　同仁堂非遗情况表

名称	级别	时间	申报地区或单位
中医传统制剂方法（安宫牛黄丸制作技艺）	国家级	2014	北京同仁堂集团
同仁堂中医药文化	国家级	2006	北京同仁堂集团
同仁堂中医药文化	市级（东城区）	2006	北京同仁堂集团
同仁堂手工塑制蜜丸传统制作技艺	区级（西城区）	第五批	北京同仁堂集团
同仁堂手工泛制水丸传统制作技艺	区级（西城区）	第五批	北京同仁堂集团
同仁堂阿胶传统制作技艺	区级（西城区）	第五批	北京同仁堂集团
同仁堂西黄丸传统制作技艺	区级（西城区）	第五批	北京同仁堂集团
同仁堂牛黄清心丸传统制作技艺	区级（西城区）	第五批	北京同仁堂集团

北京同仁堂集团历史悠久，是全国中药行业著名的老字号。同仁堂品牌始创于1669年（清康熙八年），自1723年（清雍正元年）为清宫供御药，历经八代皇帝，长达188年。1992年北京同仁堂集团组建并于2001年改制为国有独资公司，现代企业制度在北京同仁堂集团逐步建立完善。1997年旗下北京同仁堂股份有限公司在上海证交所上市，2000年同仁堂科技股份有限公司在香港联交所上市，2013年同仁堂国药有限公司在香港联交所上市。

北京同仁堂集团发展至今取得了辉煌的成就。集团坚持以中医中药为主攻方向，目前在经营格局上形成了以制药工业为核心，以健康养生、医疗养老、商业零售、国际药业为支撑的五大板块，构建了集种植（养殖）、制造、销售、医疗、康养、研发于一体的大健康产业链条。目前，北京同仁堂集团拥有7个子集团、两院、两中心和多家直属子公司，2400多家零售终端和医疗机构可以常年为广大消费者提供健康服务。拥有36个生产基地、110多条现代化生产线，可生产六大类、20多个剂型、2600多种药品和保健食品，安宫牛黄丸、同仁牛黄清心丸、同仁乌鸡白凤丸等一大批王牌名药家喻户晓。以同仁堂国药有限公司在香港建立生产基地为标志，实现了从"北京的同仁堂""中国的同仁堂"向"世界的同仁堂"的跨越，目前已经在五大洲 28 个国家和地区设立经营服务终端，加快了中医药国际化的步伐。

北京同仁堂集团拥有一个国家工程中心和博士后科研工作站，科技研发体系健全。仅"十三五"以来，完成新产品研发 265 个，获得北京市科学技术一等奖的巴戟天寡糖胶囊填补了中药治疗抑郁症的空白。集团坚持创新工艺技术解决行业共性技术难题，彻底改变了中药生产手工操作的落后局面。2018 年营业总收入 190 亿元，利润总额 27 亿元，资产总额突破 290 亿元。自 1992 年集团组建至今，累计实现利税 365 亿元，实现了国有资产的保值增值，先后荣获了"中国商标金奖——商标运用奖""马德里商标国际注册特别奖""首届北京市人民政府质量管理奖""新中国成立 70 周年医药产业脊梁企业奖"等荣誉称号。[①]

（二）知嘛健康

1. 知嘛健康的背景及现状

北京同仁堂健康药业股份有限公司（以下简称"同仁堂健康药业"）是北京同仁堂集团的子公司，"知嘛健康"作为同仁堂健康药业的子公司，担负着北京同仁堂集团的大健康类绝大部分产业。2019 年，同仁堂健康药业推出全新的知嘛健康，同一时间开启知嘛健康 App 的研发。知嘛健康的问世标志着百年老字号同仁堂，正式迈向全新零售业务的商业模式，目前在北京有零号店、双井壹号店、骏豪店等线下门店。

2. 知嘛健康的模式

知嘛健康是同仁堂健康药业布局大健康新零售业务的全新子品牌，它将传统中医药精华和现代健康养生结合，为消费者提供一站式精准健康服务，满足国民不断升级的健康消费体验。知嘛健康新零售模式的发展路径分为三步：第一步，新物种孵化。知嘛健康首先打造了健康新物种、超级概念店——零号店，零号店业务覆盖多元化购物休闲场景，区别于传统，以尖端科技和前沿思维赋能，提供个性化体验（如图 4-4 所示）。第二步，商业模式验证。一是线下超级概念店的商业化验证，包括结合线上全渠道布局，在这个过程中探寻市场对于知嘛健康 OMO（Online-Merge-Offline，线上线下融合）模式的接受度与认可度，也正是知嘛健康位于双井的第一家商业化门店——壹号店的使命。二是万店裂变。当知嘛健康的商业化模式得到市场的认可后，通过总部提供的强大后台共享服务能力，"零号店"作为孵化资源池，提供产品、经营和数字化层面上的赋能，满足不同合作方差异化需求，形成线上线下标准和小微门店的快速复制，实现全国

[①] 资料来源：中国北京同仁堂（集团）有限责任公司，https://www.tongrentang.com/article/70.html。

OMO 模式的万店裂变。

图 4-4 知嘛健康零号店（图片由笔者拍摄）

（三）知嘛健康的产业链现状

随着"一带一路"建设的不断深化，中医药国际化面临着新的发展机遇。北京同仁堂集团为了寻求多元化发展，以"大健康"为发展理念，"本地化"为发展手段，"资本运作"为发展工具，"品牌文化"为发展基石，努力在海外市场实现本地化生产，立志打造集种植、采购、科研、生产、销售、服务、文化于一体的纵向闭合产业链，在此背景下，知嘛健康应运而生。知嘛健康零号店位于同仁堂健康药业的大兴生产基地，知嘛健康壹号店位于北京市朝阳区天力街富力城。知嘛健康零号店是北京同仁堂集团成功打造的首个超级概念店，业务分为象、食、养、医四个方面。

1. 象

"象"即诊断，通过各种手段进行健康检测，解开身体的秘密。"象"这一主题位于零号店的二层，同仁堂将中医中代表检测的"象"和以亚健康管理、理疗为主线的"养"通过不同功能的空间逐一铺陈。九大专科科室、30 米长的 12 套亚健康解决方案长廊、趣味文创产品井然分布。零号店采用中西医结合的方法，通过基因检测、量子检测、常规检测、中医检测四大环节，建立消费者精准的个人健康档案。

2. 食

零号店首层以"食"为主题，基于"春夏秋冬——二十四节气"和不同健康体质的诉求开发的健康食疗，将养生食谱与现代受欢迎的美食结合起来，一站式解决养生食谱。目前有五大核心功能区，即古膳厨房、茶饮坊、咖啡坊、红酒坊以及烘焙坊。健康食疗由咖啡、茶饮、烘焙、汤品组成，会根据二十四节气的特色上新，限定 0 添加特色饮品，如枸杞拿铁、罗汉果美式、肉桂卡布奇诺等，其中招牌饮品枸杞拿铁最深入人心（如图 4-5 所示）。枸杞咖啡作为知嘛健康的"头牌"饮品，将安神助眠的枸杞和咖啡结合，稳稳拔得进店客人挚爱榜单头筹。每一颗宁夏枸杞都拥有"同仁堂甄选"的贵族身份，价格却和一杯精品咖啡持平，一边嗑咖啡因一边养生被称为"朋克养生"。吃法决定活法，以中西合璧健康食疗为解决方案，在四季与二十四节气里养生，每年开发 288 个菜单，适合不同人群、不同消费标准的健康需求。除健康食疗外，知嘛健康也承接宴席、聚餐、团建等活动。

知嘛健康注重制定符合时令的菜单，开发新式养生饮品，搭配养生茶品及饮品。同仁堂的生产过程烦琐复杂，以枸杞拿铁为例，工人需要把品质好的枸杞熬成浆，再利用企业购入的咖啡机做出拿铁，将枸杞浆与咖啡按照一定比例混合，最后拉花。

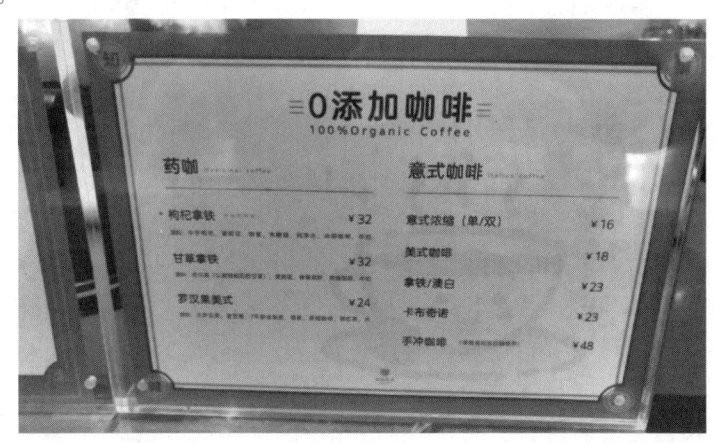

图 4-5　知嘛健康养生咖啡（图片由笔者拍摄）

3. 养

"养"以亚健康管理、理疗为主线，通过理疗、养疗等手段进行亚健康管理。"养"这一主题位于零号店的二层空间。零号店的亚健康解决方案长廊，通过健康数据监测追踪，能直接为亚健康人群定制出从膳食到保健运动的全套方案。针对目前大部分人都存在亚健康的身体问题，零号店提供了全面的健康期保健及亚健康期恢复的调理和理疗服务。对于常见的亚健康疾病，如疼痛、脊柱、肥胖等问题，零号店专门开设了九大亚健康诊疗科室，治愈未病。与此同时，零号店开设了中医外科、中医骨伤、中医肿瘤等一系列中医科室，知嘛健康所建立的中医医疗生态整合了全国 60 位国医大师、300 位名老中医、46 万中医师、8 万余家合作体检机构，为科室提供了强大资源支持。

现代健康的内涵实际包含两个方面，一个是身体健康，另一个则是心理健康。除了关注客户的身体健康,知嘛健康零号店还创造了社交、娱乐等丰富的场景。除了充当养生健康会所,零号店还可以举办各种音乐会、讲座、发布会、会议招待等活动。健康养生从某个角度看,也是社交谈资。据了解,零号店组建健康社群,不定期举办主题活动,为消费者提供一个高端社交场所。

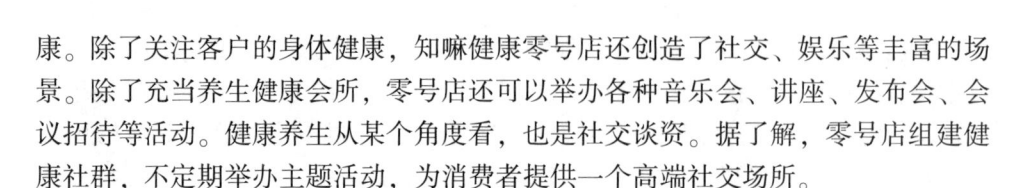

4. 医

零号店三层的主题为"医",即针对慢病市场的精准治疗服务,将古老医馆通过现代设计手段,体现开放、舒适、专业的特性。上千味草药置于单面 18 米双面 36 米的传统药斗柜,传统药柜与现代吧台相结合,让中药店也可以时尚摩登,健康 TED 直播的区域定期开展各种健康讲座。

象、食、养、医四大业务将传统医药与现代技术结合,融入新的消费理念,传统与创新和谐共存。知嘛健康尤其注重品牌营销,作为新零售平台的实践者,知嘛健康在线上线下同时发力。一方面,知嘛健康在线下积极开拓市场。在知嘛健康新零售平台的运作前期,通过构建线下新零售服务场景店,以及拓展大健康行业存量市场和增量市场,利用知嘛健康的品牌背书及完善的供应链系统,以重体验、轻利润的发展模式,增加消费者对知嘛健康的认知和信任,快速布局消费市场。另一方面,知嘛健康以公域流量+私域流量的方式在线上全面布局。公域流量指线上电商,以抖音等平台塑造品牌形象,打造 IP,链接艺人、网红、达人等资源塑造品牌深度内涵,为全面增长裂变蓄势储能。私域流量指微信、公众号、有赞商城等,通过运营提升用户忠诚度,并借助"人工+自动化"的方式提升运营效率,线上线下流量互导。通过短视频、直播内容,增强平台运营效果,大力开发社会资源,通过"直购+分销"的方式形成规模发展。

未来知嘛健康将通过"直营+加盟"在全国一线城市布局 50 家城市旗舰店,提供精准健康综合解决方案,形成品牌地标;在城市重要商圈布局 3000 家以上品牌地标店,树立知嘛健康品牌形象;触达消费者最近一公里的小而美的社区店,以及商场店、写字楼店的全方位布局。利用线上线下一体化能力,链接海量客户与海量资源。随着知嘛健康对市场占有率的提升和消费者对品牌的认可,知嘛健康将通过资本市场的运作,实现平台的资本估值和上市计划;通过对消费市场数据的收集、过滤、分析、应用等,提升企业的供应链系统和前端消费场景服务的效率,节省企业资金周转的成本。平台通过数据的输出和服务,为企业赢得互联网大数据时代的商业价值增长。

四、吉兔坊

(一) 兔儿爷与吉兔坊

兔儿爷出现在明朝末年,是老北京中秋节习俗的标志之一。它源于古老的月亮崇拜，人们按照月宫里有嫦娥玉兔的说法，把玉兔进一步艺术化、人格化，乃至神化之后，用泥巴塑造成各种不同形式的兔儿爷。明清以来，月宫玉兔逐渐从月亮崇拜的附属物中分离出来，在祭月仪式中形成了独立的形象，并逐渐丰富。如今，兔儿爷兼具神圣和世俗的品性，融祭祀和游乐的功能于一体。

兔儿爷在非物质文化遗产代表性项目名录中有4项，均为传统美术类非遗，其中国家级非遗1项，市级非遗1项，区级非遗2项，如表4-4所示。

表4-4 兔儿爷非遗情况

名称	级别	时间	申报地区或单位
泥塑（北京兔儿爷）	国家级	2014	北京市朝阳区
彩塑"兔儿爷"	市级（西城区）	2009	双彦泥彩塑工作室
北京彩塑"金光洞兔儿爷"	区级（东城区）	2013	东城区文学艺术界联合会
彩塑"兔儿爷"	区级（朝阳区）	—	北京汉唐双起翔文化传播有限公司

吉兔坊品牌创始人、东城区区级传承人胡鹏飞从2000年开始接触兔儿爷，进入兔儿爷行业之后开始将兔儿爷做成旅游商品。2008年，胡鹏飞注册成立吉兔坊，初具规模，月产量达万件。2010年，吉兔坊实现手工艺的小批量量产，2016年开始涉足文创产品，被媒体称为"最牛的兔儿爷之家""京城的兔儿爷窝""老北京兔儿爷第一坊"。

吉兔坊大力挖掘、整理、传播老北京文化，致力于民族文化的继承与弘扬工程，坚持用最原始的手艺展现最原汁原味的传统泥塑手艺的文化。与此同时，吉兔坊在保留传统泥塑风格神韵的基础上，不断结合现代工艺和材料，极大地丰富了传统泥塑艺术的表现形式，增强了彩塑的艺术感染力及装饰效果，对古老的彩塑艺术的继承与发展做出了贡献。

吉兔坊是北京工艺美术行业协会会员单位，也是北京工美联合企业集团的成员，在北京、河北、陕西设有三个生产基地，从事设计生产泥塑的手艺人有200多名。作为北京最大的兔儿爷创作生产基地，吉兔坊常年生产十万尊兔儿爷，其生产量占全国兔儿爷市场的90%以上。此外，积极开发兔儿爷文创产品，如书签、冰箱贴、笔记本、尺子、保温杯等，通过书店、民俗礼品店、庙会、旅游景区销往市场。

（二）吉兔坊的产业链现状

目前，吉兔坊经营的产品众多，既有不同型号、不同坐骑的兔儿爷这类非遗核心产品，又开发了一系列与吉祥文化相关的节日礼盒、生肖系列、商务套装等非遗衍生产品。

1. 非遗核心产品

吉兔坊所有泥塑的设计开发都是由吉兔坊创始人、传承人胡鹏飞来完成的。泥塑兔儿爷不仅有传统样式的泥塑产品，也有加入现代元素的泥塑产品，如将传统兔儿爷的严肃表情换成更加卡通可爱的笑脸，或将传统兔儿爷的坐骑改成十二生肖（如图4-6所示），再比如根据冬奥会特点设计出滑雪的兔儿爷造型等。

图4-6　北京兔儿爷泥塑（图片由笔者拍摄）

北京传统的兔儿爷制作工艺极为烦琐，十几道工序中每一步都有讲究，一般要耗时一个星期才能完成一件，这样的生产周期很难适应现代市场。为此，吉兔坊将凤翔泥塑量产的经验引入兔儿爷制作，保留古老纯手工制作的同时，改用更新的工艺材料，如在泥土中加入棉絮，以增加黏结性，避免泥塑开裂等。

吉兔坊的泥塑产品全是在自己的工厂内生产，其生产分为两部分：第一部分是捏坯，包括准备原材料、和泥、做模具、翻模、捏、磨等环节，每位工人只需要负责特定的工序；另一部分是画，一个工人负责一个泥塑，从头到尾一直画完。之后还有一些装饰工序，如在泥塑上面粘花等。目前，泥塑产品全都是手工完成。吉兔坊创新性地把各个流程细分，从而提高了生产效率，2010年实现了手工艺产品的小批量生产。

兔儿爷的客源市场主要是中国人，尤其是北京本地人或者是常年居住在北京的人。相比较而言，外国人对中国传统文化的认识较浅，对中国泥塑的认知度低，更不了解兔儿爷。吉兔坊的兔儿爷价格低廉，大多几十元，如果算上人工成本，其利润并不高。因性价比很高，其价格在旅游者能接受的范围之内，且兔儿爷具有较高的文化价值，因此吉兔坊在礼品市场有自己独特的优势。目前，国内比较缺乏可以小批量、标准化生产的国风产品品牌，而吉兔坊则聚焦该市场机会，做小规模、标准化生产，获得了较好的效益。

在销售渠道方面，吉兔坊积极开拓书店、机场、景区、网店等渠道，同时与其他平台联合推出产品，以扩大品牌知名度。

首先，吉兔坊通过新华书店销售兔儿爷相关产品。北京有30家左右新华书店，吉兔坊已进入其中20家。这些书店会开辟关于北京特色或北京吉祥文化的文创周边台面，销售书本、尺子、拼图、玩具等。如在春节，书店会有一个中国特色的台面，将新年文化跟文具结合，吉兔坊的产品陈列在其中。

其次，吉兔坊通过机场的中信书店销售产品。比如2020年鼠年，吉兔坊在众多机场的书店上架泥塑老鼠，销售国风产品的同时也烘托了机场的过年气氛。

再次，吉兔坊和北京礼物以及北京各大景区均有合作。北京重要景点包括首都博物馆、国家大剧院、美术馆、鸟巢、颐和园等都有吉兔坊的兔儿爷，线下和线上同时经营的北京礼物店也有吉兔坊产品。旅游商品中与现代生活息息相关的文创产品以及小型的兔儿爷销量更好，产品的用途、价格更符合消费者需求。

最后，吉兔坊也通过线上网店销售兔儿爷相关产品，包括天猫旗舰店、淘宝工厂店、京东专卖店以及微信的有赞商城。

除此之外，吉兔坊还与其他平台联合出售兔儿爷相关产品。比如，吉兔坊与瑞丽联合出品，"瑞丽伊人风尚，吉兔坊联合开发"。吉兔坊借助瑞丽的线上销售渠道，可实现一键代发。另外，和携程、南方航空等一些旅游平台合作，发布吉兔坊产品的图片及介绍，通过平台销售产品，由吉兔坊库房发货。合作双方协商分成利润，通过这种方式实现年销售额1000万元，收入较稳定。

2. 非遗衍生产品

吉兔坊的文创产品由公司设计部门主导设计，外包加工生产。吉兔坊的文创产品涉及范围很广，它把中国的吉祥文化、传统文化和现代老百姓的衣食住行联系在一起，把一些符号、色彩、图案、传说和民俗等与装饰品、伴手礼、文具等结合在一起。目前吉兔坊开发了各种各样的非遗衍生产品，比如笔记本、书签、尺子、冰箱贴（如图4-7所示）、钥匙扣、车挂件、拼图等，还推出了特殊节庆活动的礼品套装，比如春节礼盒、中秋礼盒、结婚伴手礼等，其销售非常可观，远高于核心产品的销量。

图 4-7 兔儿爷冰箱贴（图片由笔者拍摄）

五、风筝寻梦

（一）曹氏风筝工艺与风筝寻梦

曹氏风筝工艺是北京市的传统民间风筝艺术，由孔祥泽根据曹雪芹手稿《废艺斋集稿》第二卷《南鹞北鸢考工志》记载的风筝的起放原理、扎糊技法、绘画要领，即扎、糊、绘、放"四艺"研究制作。它题材广泛，种类繁多，融会了深厚的传统文化内涵和民族精神，是大俗大雅制作之结晶。曹氏风筝历史悠久，制作工艺精湛，用"四艺"对风筝制作工艺进行了高度概括，具有观赏性、科学性、娱乐性、健身性；曹氏风筝更是一件值得收藏的艺术品，它有着诗情画意的歌诀，展现着浓郁的京城文化特色，融传统民间文化、南北扎制技术的精华于一体，形成了独特的风格。

曹雪芹留下风筝制作手艺，扶持残疾人和穷人，让那些无以为生的人能有碗饭吃，这深深打动了孔祥泽。20世纪70年代末，插队回来的孔令民协助社队创办风筝厂，70多名员工大部分是残疾人，为弘扬曹先生的思想做了一件实事。

曹氏风筝在非遗代表性项目名录中有3项，其中国家级1项，为传统技艺类，市级非遗1项，为传统美术类，区级非遗1项，为传统技艺类，如表4-5所示。

表4-5 曹氏风筝非遗情况

名称	类别	级别	时间	申报地区或单位
风筝制作技艺（北京风筝制作技艺）	传统技艺	国家级	2011	北京市海淀区
曹氏风筝工艺	传统美术	市级（海淀区）	2006	海淀区文委、海淀区文化馆
曹氏风筝	传统技艺	区级（西城区）	2011	北京刘氏三石斋风筝文化传播中心

2013年，曹氏风筝第四代传承人缪伯刚注册成立北京风筝寻梦文化有限公司，同年，北京风筝寻梦俱乐部在大观园成立，一方面进行曹氏风筝的现场展卖，另一方面打造南北风筝文化的交流平台。

为了让所有的孩子能看得到、摸得着、用得上风筝，风筝寻梦不局限于家族式传承，除了核心产品，主要围绕风筝及其衍生品进行产业化经营，借助商业模式的创新扩大曹氏风筝的品牌知名度，积极走向国际市场，从而为曹氏风筝的传承做出自己的贡献。

（二）风筝寻梦的产业链现状

在保护中传承，在传承中创新，在创新中发展。缪伯刚认为，传承人不应该仅仅负责技艺上的传承，还应当利用科技的手段把曹雪芹先生的每一个画面、每一个故事进行数字化传承。他认为，传承的方式要改变，但是曹氏风筝扶持弱势群体的初心不能变，要一直传承下去。基于该经营理念，风筝寻梦的重点在非遗衍生产品的生产上，包括参观体验产品、文创产品以及研学产品。

1. 参观体验产品

北京风筝寻梦俱乐部由缪伯刚发起，成立于2012年，坐落于风景秀丽的北京大观园怡红院（西城区南菜园护城河畔），为曹雪芹先生笔下《红楼梦》中贾宝玉的住所。北京风筝寻梦俱乐部承接参观体验活动，包括30分钟的曹氏风筝文化分享和70分钟的曹氏风筝手工制作辅导，以及与传承人集体合影留念，参观体验费298元/人（公园门票自理），包括风筝材料费、手工制作培训费、文化分享讲解。授课人是曹氏风筝技艺传承人缪伯刚及其团队成员，学员可带走制作好的风筝作品。

2019年，中国第一个曹雪芹风筝博物馆在宁波奉化缪家村落地（如图4-8所示）。博物馆总建筑面积约800平方米，分上下两层，一楼场馆设有"一心一艺"文创艺术品售卖区、"苗慧园"风筝手工制作体验馆、"常来常往"会客厅和"你好未来"办公区，售卖区陈列各类曹雪芹风筝文创产品，风筝手工制作体验馆内可自己动手绘制风筝。二楼展厅含曹雪芹风筝历史资料、曹雪芹（曹氏）风筝第四代传承人缪伯刚先生简介和事迹、风筝国礼文化、海内外风筝艺术交流活动、中国四大风筝产地艺术作品展示、曹雪芹风筝漫画、书画、相片及各类曹雪芹风筝素材等。曹雪芹风筝博物馆由风筝寻梦和政府合作建立，政府提供政策支持，风筝寻梦提供IP和作品，风筝寻梦和政府各自在博物馆中占据一定比例的股份。

图4-8 曹雪芹风筝博物馆（图片来自网络）

2. 文创产品

风筝寻梦积极开发文创产品，并以外贸市场为主。2021年，风筝寻梦计划全面孵化文创产品，建一个以曹氏风筝为主题的连锁店，即曹雪芹风筝生活馆，开发与曹氏风筝相关的生活必需品。目前，已开发的生活必需品有抱枕、雨伞、书签（如图4-9所示）、丝巾等，这类产品成本不高。针对不同节日，和大企业合作推出非遗文创产品，比如中秋节做月饼文创产品。后续开发的产品依然以实用和实惠为主，兼具艺术性和实用性。

图 4-9　曹雪芹风筝书签（图片来自网络）

3. 研学产品

风筝寻梦主要通过第三方机构开拓研学旅游市场。具体安排为，到北京一般以大观园文化旅游项目为主，游客既可以学习红学知识，又可以体验风筝文化。目前与风筝寻梦合作的第三方机构有 10 余家。此外，风筝寻梦走进校园，比如 2015 年风筝寻梦走进北京航空航天大学，宣传曹雪芹风筝文化。

从风筝寻梦的发展历程可以发现，它在产业链的不同环节上不断地创新，推动了非遗传承与旅游活化。

一是研发设计创新。风筝寻梦有自己专门的设计团队，负责其非遗衍生产品的研发设计。最初，曹氏风筝的原材料使用宣纸，后来因无纺布较易保存，且画出的质感较好，因此目前使用无纺布的居多。再比如，随着科技的发展，曹氏风筝依托科技手段，积极开发了动态风筝等非遗科技产品。

二是生产方式创新。风筝的制作需要多人分工合作。目前，风筝寻梦有自己的工坊，工坊内每人专门负责其中一项工作，如扎竹子、绘画、糊风筝等。因为工坊规模较小，只能生产小批量的风筝，因此大批量的工作一般通过外包的方式，与第三方合作进行。比如当工作量大、产能不够时，会将设计好的图形交给潍坊地区企业代为加工。文创产品的制作主要采用和其他厂商合作的方式进行，一般由风筝寻梦提供 IP，共同决定产品设计创意，再由合作厂商生产制作。

三是品牌营销创新。风筝寻梦采用线上线下相结合的宣传销售方式。在线上经营淘宝店，参与各大电视台采访与纪录片录制；线下经营曹雪芹风筝博物馆、曹雪芹风筝体验馆等，积极举办或参与各大展览，举办风筝艺术专场讲座。此外,风筝寻梦还积极地将产品向国外宣传推广,将曹雪芹风筝代表作品赠送给联合国前秘书长安南、法国前总统萨科齐、澳大利亚前总理陆克文、英国前总统布朗等国际友人,还计划在国外建立曹雪芹风筝生活馆。

六、北京皮影剧团

(一)北京皮影戏与北京皮影剧团

北京皮影戏是中国皮影艺术的瑰宝,是北京地区最古老的剧种之一,自明代传入北京后,以明清时期最为盛行。皮影戏是一门综合艺术,它集说唱、灯光、布景、道具、表演于一体,从剧本创作、灯光音响的配合到表演的技巧,都要让观众从视觉、听觉、触觉乃至味觉中得到感受,而这一切都是幕后的真人操纵假人来实现的。幕后的演员要和屏幕上的人物、动物"人影合一",剧中人物的喜怒哀乐,幕后演员同样要感同身受,演员要做到"我就是它""它就是我"。皮影戏的特点决定它不可能由一个人完成,需要一个团队才能演出完整的戏。如果是大型皮影戏,则需要更多设备,其难度更大。2008年,北京皮影戏被列入国家级非遗代表性项目名录,北京皮影剧团成为传承保护单位。

北京皮影戏在非遗代表性项目名录中有4项,均为传统戏剧类非遗,其中国家级非遗1项,保护单位为北京皮影剧团,市级非遗1项,区级非遗2项,如表4-6所示。

表4-6 北京皮影戏非遗情况

名称	级别	时间	申报地区或单位
皮影戏(北京皮影戏)	国家级	2008	北京市宣武区
北京皮影	市级	2007	北京京都文化投资管理公司
北京皮影戏	区级(西城区)	第一批	—
北京皮影戏(西派)	区级(西城区)	—	北京市朝阳区安贞街道文化服务中心

北京皮影剧团是国家级和北京市市级非遗"北京皮影戏"的传承、保护单位,集皮影戏演出、皮影展览、皮影讲座、培训皮影演员和皮影销售于一身,举办过大型的北京皮影艺术展览。

北京皮影剧团最初是私人路家德顺皮影剧社,后公私合营变为事业单位。剧团成立后,坚持走传统与现代题材并举的道路,排练和演出了许多传统保留剧目,如《孙悟空三打白骨精》《哪吒闹海》《水漫金山寺》等。同时,还创作演出了许多音乐寓言剧、成语故事剧、儿童故事剧,如《龟与鹤》《狐假虎威》《乌鸦与狐狸》等,从而大大丰富了皮影戏所能表现的内容,并在国内外的许多比赛、展演、展览中获奖,先后出访日本、欧美等诸多国家。2019年11月,国家级非物质文化遗产代表性项目保护单位名单公布，北京皮影剧团获得"皮影戏（北京皮影戏）项目"保护单位资格。2020年，事业单位改制企业单位，更名为北京皮影集团有限责任公司。

（二）北京皮影剧团的产业链现状

1. 非遗核心产品

皮影戏包含戏曲和手工艺品两部分，其中皮影戏属于戏剧类非遗，皮影制作属于手工艺。皮影戏的核心产品是利用传统皮影戏表演技巧表演的皮影节目，在白色幕布后面利用光与影，操纵影人配合乐器和曲调，讲述故事。皮影制作的核心产品是采用兽皮，利用传统的影人制作雕刻技艺生产出的产品。传统的表演形式越来越脱离现代社会的主流审美，因此皮影戏的形式需要调整、改进和转型。为此在研发设计环节，北京皮影剧团引入木偶表演手法、策划剪纸剧、使用MIDI音乐……尝试用不同的表现手法来表现传统的皮影戏。北京皮影戏在雕刻等制作技艺上没有变化，但是在图案、原材料等方面会有不断地调整和变化，以适应现代社会的发展。

在皮影戏创作和表演方面，近年来北京皮影剧团创作了许多创新作品，比如《影戏传奇》。2019年7月12—14日，由北京天桥盛世投资集团有限责任公司出品，北京皮影剧团制作，中国话剧金狮奖导演黄凯、尉迟冠行共同导演的创意影戏亲子舞台剧《影戏传奇》登陆中国木偶剧院大剧场，讲述北京皮影戏的前世今生（如图4-10所示）。《影戏传奇》主要讲述了天真顽皮的女孩小小无意间唤醒了两千岁的皮影人"大巴掌"，当灯光照进"大巴掌"的身体，古老的皮影戏邂逅年轻的灵魂，将皮影戏2000余年的发展历史浓缩于70分钟的舞台剧中。

皮影戏较其他戏曲艺术拥有更高的包容性，车船马轿、奇妖怪兽都能上场，飞天入地、隐身变形、喷烟吐火、劈山倒海等都得以通过皮影戏进行演绎。《影戏传奇》将皮影戏艺术和舞台现实真人表演相结合，融合了人影、皮影、纸影、景影等多种光影艺术，除了呈现原汁原味的北京皮影戏《哪吒闹海》《花果山》等经典段落，整部剧还从舞美、音乐和表演等多方面进行创造性的艺术尝试。这部戏的舞美打破了原有皮影舞台长方形幕布的展现形式，创造性地使用了圆形拱门设计，不仅承载着皮影表演和背投的功能，还使舞台剧表演和皮影表演切换自如。整部戏采用了西方音乐剧音乐创作技法和中国传统戏曲音乐素材相结合的创作方式。上演后观众反响良好，剧场上座率好转。

图 4-10　《影戏传奇》（图片来自网络）

在品牌营销方面，北京皮影剧团采用线上线下结合的宣传销售方式。线上在大麦网等平台出售皮影表演门票，参与各大电视台采访与纪录片录制，各大网站对北京皮影戏进行宣传报道；线下积极参与各大展览、庙会，举办皮影体验夏令营、皮影体验亲子互动活动等。

2. 非遗衍生产品

（1）体验产品

为了能让观众深刻感受北京皮影文化，而不是走马观花地观看演出，北京皮影剧团推出了皮影制作体验项目。一般情况下，北京皮影剧团的团员带着8~10件作品，让游客先参观皮影作品，之后再深度体验影人制作和皮影表演。最初用于体验的材料包为40元一套，后来为60~80元一套不等。体验材料包里有颜料以及其他必要的制作工具。体验用的影人是已经刻好的，游客主要完成皮影的着色和装订。在完成一个小作品之后，游客还可以用此表演。整个体验活动需要两个半小时左右，有助于观众很好地了解皮影的台前幕后。体验活动既可以在剧场进行，也可以走出去，在不同的场地进行。

此外，北京皮影剧团结束演出之后，也会安排一项重要的体验活动，即请小观众上台亲自体验做皮影演员的快乐。

（2）文创产品

为了更好地宣传皮影戏，近年来北京皮影剧团在春节期间积极开发了十二生肖的皮影文创产品。如 2021 年，推出四种生肖牛文创产品。目前，皮影文创产品的销售主要以庙会为主，一般在大观园销售。春节是宣传非遗的很好的机会，但庙会的时间比较短，还没有形成稳定长期的销售渠道。

除此之外，北京皮影剧团也积极探索跨界合作，不断推出新的非遗产品，如 2021 年《决战！平安京》联动北京皮影剧团开启国风计划。《决战！平安京》是由网易推出的《阴阳师》IP 公平竞技对战 MOBA 手游，游戏讲述了黑晴明率领阴界式神们与晴明率领式神们在平安京为自己的信念展开决战的故事，玩家可通过扮演式神来参与这场决战。《决战！平安京》全新新春系列皮肤"灯影戏梦"在 2021 年 1 月 29 日—2 月 25 日期间上线，此次平安京与皮影的联动，是美术、设计、创造、演绎上的全方位完美融合，并通过此形式把一种跨越行业的"二次元乐趣"传承下去（如图 4-11 所示）。

图 4-11　《决战平安京》（图片来自网络）

七、牛栏山酒厂

（一）北京二锅头酒传统酿造技艺与牛栏山酒厂

北京二锅头酒传统酿造技艺又称蒸馏酒传统酿造技艺。蒸馏酒酿造是先将谷物、薯类等富含淀粉或糖质的原料制成酒醪（没有过滤的酒）或发酵制成酒醅（浊酒），而后再蒸馏成酒。二锅头作为京酒的代表，已有 800 多年的历史。京师酿酒师蒸酒时，去第一锅"酒头"，弃第三锅"酒尾"，"掐头去尾取中段"，唯取第二锅之贵酿。蒸馏酒呈白色或微黄透明，因而俗称"白酒"，其气味芳香纯正，入口绵甜爽净，酒精含量较高，属烈性酒。

北京二锅头酒传统酿造技艺是北京酿酒技艺的重要代表,它萌芽于元明时期,成型于清代康熙十九年(1680年)。1949年,政府对酒实行专卖,华北酒业专卖公司试验厂接收12家老烧锅,1951年注册"红星"二锅头商标,全面继承了北京二锅头酒酿制技艺。牛栏山为京北古镇,地处燕山之麓,东临潮、白二河汇合处,地下水资源丰富,水质好,适合酿酒。清朝初年,牛栏山酿酒业已十分发达。历经数百年的发展,牛栏山二锅头酒逐渐成为我国北方清香型酒中极具特色的酒品。1952年,在"公利号""富顺成号"等老烧锅的基础上成立了牛栏山酒厂,继续沿用传统酿造技艺生产二锅头酒。

北京二锅头酒传统酿造技艺于2008年被列入国家级非遗代表作项目名录,牛栏山酒厂继承牛栏山酒传统酿造技艺的精髓,守得三百年正宗一脉。北京二锅头酒传统酿造技艺在非遗代表性项目名录中有3项,均为传统技艺类非遗,其中2项为国家级非遗,保护单位为牛栏山酒厂和北京红星股份有限公司,如表4-7所示。

表4-7 北京二锅头酒传统酿造技艺非遗情况表

名称	级别	时间	申报地区或单位
蒸馏酒传统酿造技艺 (北京二锅头酒传统酿造技艺)	国家级	2008	牛栏山酒厂
蒸馏酒传统酿造技艺 (北京二锅头酒传统酿造技艺)	国家级	2008	北京红星股份有限公司
牛栏山二锅头酒酿制技艺	市级	2007	北京市顺义区

为应对传统酿造技艺在现代化进程中面临的挑战,牛栏山酒厂采取了多项措施,保护工艺,传承匠心。从2000年起,牛栏山酒厂为进一步保护传统酿造技艺及其传承人,开展了传承口述史搜集、非遗申报、举办拜师大会等系列工作。2023年10月,北京牛栏山二锅头文化苑正式对外开放,承载了牛栏山酒厂工业旅游和文化传播的重要功能。文化苑的主体建筑为两大博物馆:其一是北京牛栏山二锅头酒文化博物馆,重点展示北京二锅头的地缘文化、工艺传承与品类发展;其二是中国白酒文化博物馆,以中国白酒工艺为切入点,展示博大精深的中国白酒文化。

(二)牛栏山酒厂的产业链现状

1. 非遗核心产品

牛栏山酒厂的非遗核心产品主要指的是采用国家级非遗——北京二锅头酒传统酿造技艺所生产的二锅头酒系列产品。具体来说,牛栏山酒厂的非遗核心产品以"经典二锅头""传统二锅头""百年牛栏山""珍品牛栏山""陈酿牛栏山"等五大系列为主,畅销全国各地并远销海外多个国家和地区,深受广大消费者的青睐,还包括"牛栏山一号系列""牛栏山魁盛号"以及"中国牛系列"产品。

"经典二锅头"系列采用低温冷冻过滤,有效去除酒体中部分大分子物质,清香芬芳,纯正典雅,香气协调、丰满、口感舒适、顺畅、净爽,绵柔细腻,尾味爽净,余味悠长,充分呈现出牛栏山二锅头的独特风格。包装设计以京味皇家文化为创意源泉,通过故宫皇家纹饰等元素的运用,既彰显了皇家气派,也暗喻了其作为二锅头品类代表产品的至尊地位。瓶身设计以宫廷黄瓷为体,搭配中国龙和祥云图案,与包装若合一契,寓意高贵尊荣与吉祥如意。

"传统二锅头"系列香气清雅,入口甜润,口感柔和,清冽甘醇,余味爽净,具有牛栏山二锅头的典型风格,酒体无色透明,清亮透明,饮后舒适度高。包装采用光瓶形式,质朴而不失典雅,纯粹又饱含温度,是牛栏山坚持价值导向、力求消费价值最优化的有力呈现。

"百年牛栏山"系列的酿造工艺改变了传统五粮型白酒的原料配比,酿造出新的五粮型和多粮特陈型调味酒,使口味的绵甜感和酒体的醇厚度得到提升,使淡浓香风格更加典型,香气舒适,适口顺畅,甜爽柔和,酒体顺畅,酒度低而不淡,具有典型的浓香型风格。

"珍品牛栏山"系列在总结传统工艺优势的基础上,将传统酿造与现代生物风味技术相结合,酿造具有"牛酒"典型风味的浓香基酒,利用计算机自动化组合数据的准确性与严谨性,确保产品内在品质的稳定性。

"陈酿牛栏山"系列采用传统的老五甑发酵法和混蒸混烧技艺,酒液透明清澈,入口柔顺甘甜,微涩不辣喉,下肚后有灼烧感,回味绵长,稍有苦感,是酒厂的代表之作。年销量超过10亿瓶,被亲切地称呼为"牛二",是大街小巷随处可见的国民口粮酒。

从产品结构看,超高端酒以"牛栏山魁盛号"为代表,担当着牛栏山在超高端品牌塑造的重任,树立二锅头品类影响力。高档酒以"经典二锅头"系列为代表,定位"正宗二锅头,地道北京味",具有良好的市场认知和极高的消费口碑,是二锅头品类乃至北京地域白酒的典型代表。低档酒以"陈酿牛栏山"为核心,也是目前相对成熟的全国性大单品,扛起了牛栏山营收主力。

2. 非遗衍生产品

随着消费者对产品品质与文化内涵需求的日益增长,牛栏山酒厂积极响应市场变化,通过建造北京牛栏山二锅头文化苑,实现了从单一产品制造向文化品牌塑造的转型升级。目前,牛栏山酒厂以文化苑为核心,打造集参观学习、亲身体验与文化创意于一体的多元化体验空间,开发了参观类、体验类和文创类产品。

(1)参观类产品

文化苑的游客群体多元,既有热衷于酒文化的散客,也有以研学、调研交流为主要目的的团队游客。为了全面满足这一多元化游客群体的需求，文化苑精心打造了双轨并行的讲解服务体系：一方面，提供个性化的人工讲解服务，游客可根据自身兴趣与行程安排，提前预约专业讲解员；另一方面，借助现代科技力量，文化苑推出了"牛酒文化苑"小程序，为游客开启了一场智慧化的自助讲解之旅。通过该小程序，游客只需简单操作，即可随时随地获取详尽的展品信息、历史背景及趣味故事，享受自由灵活、便捷高效的参观体验。

（2）体验类产品

除了传统的观展和听讲解体验，文化苑还引入了丰富的互动环节。游客可以站在工艺流程图展板前，与多媒体互动屏进行互动，直观感受蒸粮、制曲、出甑等酿造过程中的关键环节。此外，还有牛栏山酒厂现代生产流程机械互动墙、牛工厂DIY互动装置，为游客提供亲手参与、创意无限的乐趣空间。在这里，消费者可以发挥想象力，将自己对二锅头文化的理解融入DIY创作中，制作出独一无二的"牛酒"纪念品。

（3）文创类产品

牛栏山酒厂推出了独具特色的品牌IP——NIU2。这一品牌IP融合了品牌文化性、国潮元素和时尚元素，以"工匠牛""创新牛"和"智慧牛"三种形象，生动展现了牛栏山酒厂三代牛酒人的性格特点，传递出老字号品牌的活力与魅力。游客在牛栏山二锅头文化苑的文创店中，可以购买一系列与牛酒相关的文创产品，如牛皮气公仔、工匠牛造型酒、胸针、马克杯、冰箱贴等，将这份独特的文化体验带回家。

八、钧天坊

（一）古琴艺术与钧天坊

古琴艺术体现为一种平置弹弦乐器的独奏艺术形式。古琴又称"琴""七弦琴"，别称"绿绮""丝桐"，相传创始于史前传说时代的伏羲氏和神农氏时期。考古发掘的资料证实，古琴作为一件乐器的形制至迟到汉代已经发展完备，其演奏艺术与风格经历代琴人及文人的创造而不断完善，一直延续。古琴演奏是中国历史上最古老、艺术水准最高，最具民族精神、审美情趣和传统艺术特征的器乐演奏形式。

古琴一般用作纯器乐性的独奏，也有唱、弹兼顾的"琴歌"和与箫、埙等乐器合奏等形式。另外，在古代古琴也参与仪式性的祭祀"雅乐"的演奏。琴曲遗产丰厚，保存的古琴专书和琴谱约170种，有3000余首琴曲谱，许多琴曲的渊源可以追溯到上古。这些琴曲题材广泛，内容丰富，表现离别、痛苦、爱情、喜乐、悲伤、愤慨，以及历史故事、诗情画意、自然风光等。

古琴艺术在非遗代表性项目名录中有2项，均为传统音乐类非遗，其中国家级非遗1项，市级非遗1项，如表4-8所示。

表4-8 古琴非遗情况

名称	级别	时间	申报地区或单位
古琴艺术	国家级	2014	钧天坊
古琴艺术（九嶷派古琴艺术）	市级（朝阳区）	2014	北京市朝阳区

钧天坊创始人王鹏毕业于沈阳音乐学院古琴制作专业，又在中国艺术研究院音乐研究所乐器陈列室修琴过程中师从故宫博物院郑敏中。2001年王鹏在北京大兴区创建"钧天坊"，开始独立斫琴，现建立北京钧天坊古琴艺术研发中心。王鹏先后修复了唐代名琴"九霄环佩"，宋代的"龙吟虎啸"，以及赵孟頫和李清照等人用过的百余张历史名琴。他制作的琴具有广泛的社会影响，成为地方文化品牌。此外，王鹏还创建了钧天琴院，常年坚持古琴教学特别是青少年的教学，已培养500余名学生。同时，王鹏也精于古琴演奏，其音乐作品气息雄浑古朴，手法严谨细腻，风格鲜明。2010年王鹏创办当代以古琴为核心的钧天云和乐团，开创人文空间美学音乐会先河，曾在海内外成功举办多场古琴音乐会，呈现出独特的舞台空间及多元化的视听体验。

钧天坊是一个集古琴研发、传承、教育、演出、设计、研究等功能于一体的古琴文化产业示范基地。它包括非遗传承人工作室、古琴艺术教育机构——钧天琴院，以古琴为核心的专业乐团——钧天云和，生活美学空间设计——钧天空间，古琴专业剧场——耘剧场及其录音棚，琴学文献研究出版——琴学编辑室，音视频创作——钧天印象，以及收藏与社会教育的古琴博物馆等。通过将古琴艺术、传统文化与现代生活美学设计相结合，以展览、讲座、音乐会等形式，钧天坊成功实践了一条非遗与现代生活相融合的保护与传承之路。

钧天坊古琴基地位于北京市大兴区魏善庄前苑上，设有演出小剧场、教室、古琴博物馆等。古琴博物馆是更为立体地了解古琴艺术的地方，博物馆内有历代名琴、古谱典籍、古琴古画展、斫琴展等。在博物馆五库书房——竹里馆，存有珍贵的复制版《四库全书》，其中涉及古琴内容的都附上了标注字条。博物馆的"山居"空间，是可以用于演出与教学的公共文化体验空间。钧天坊将古琴蕴含的文化哲思与当代设计理念进行了很好的融合，用传统文化精神及生活美学空间体现自然和谐的生活美学观。

（二）钧天坊的产业链现状

目前，钧天坊的经营发展以古琴艺术的非遗保护发展为主，通过多渠道多方式传承和弘扬古琴斫制、古琴演奏技艺，将古琴艺术与研学、音乐会、展览、生活美学等相结合,形成了具有一定影响力的古琴品牌。

1. 钧天坊出品

钧天坊出品的具体物质类产品主要有古琴、家具、出版物等。

钧天坊的古琴,根据斫制者的不同,可分为王鹏亲斫琴和钧天琴两大类。在形制上,则细分为传统的经典样式和创新独特的设计样式。其中,传统样式精选自王鹏对传世50余种样式的提炼与精选,最终确定了20余种;而创新样式则多达80余种,均源于王鹏以古法为基础,结合深厚的历史文化底蕴和个人的审美理念而精心创作。无论是王鹏亲斫琴还是钧天琴,都严格遵循王鹏古琴的结构设计和制琴哲学,确保选材上乘、造型典雅、工艺精细。

钧天坊推出的创意家具,深受"琴、书、茶、花、香"这一传统文化精髓的启发,同时融入了现代生活美学的独特视角。这些家具不仅体现了人们对传统文化元素的珍视与追求,更展现了现代人对生活情趣、生活态度和生活方式的向往。通过现代实用家具与传统文化元素的巧妙融合,钧天坊成功地打造了一系列充满生活美学韵味的空间,这不仅是对中国传统文化和非遗在当代生活中的传承与运用,更是对当代文人生活方式与生命态度的深刻诠释。

钧天坊作为一个专注于古琴文化研究与传承的机构,其出版物涵盖了丰富而深邃的琴学内容。这些出版物主要以古琴典籍、琴谱为核心,不仅收录了历代名家的琴学著作,还涵盖了琴曲演奏的详细记谱、琴学理论探讨,以及古琴制作与修复的技艺介绍。这些出版物对于琴学的传承与非遗保护起到了至关重要的作用。它们不仅为古琴学习者提供了宝贵的学习资料,帮助他们更好地理解和掌握古琴的演奏技巧和理论知识,还为古琴文化的传承和弘扬提供了有力的支持。此外,钧天坊的出版物还具有一定的收藏价值。对于古琴爱好者和收藏家来说,这些古籍、琴谱的出版物有极高的文化价值和意义,它们不仅见证了古琴文化的传承与发展,也留下了宝贵的文化遗产。

2. 钧天琴社

钧天琴社以古琴基地为主要依托,以"兴趣"与"生活"理念开展古琴教育活动,开设古琴初级班、名师班等。古琴基地内山水环绕,环境典雅,是修习传统古琴的主要场所,基地内设施主要包含音乐厅、古琴教室、录音棚等。钧天云和音乐厅是钧天坊古琴雅集及高端古琴音乐会的演出场所,不仅在音乐厅的音响、灯光等专业演出硬件设施上配置一流,更在音乐厅整体艺术环境的塑造上融入了独特的美学理念。钧天琴社古琴教室是钧天坊进行古琴教学与师资培训的专业场所,位于琴社教学部二层,环境简洁清雅,宽敞明亮。以传统古典元素和现代化教学设施,共同营造出既富有艺术美感又高效实用的现代古琴教学环境。钧天坊古琴专业录音棚不仅在专业配套设备上臻至完美,其在建筑声学处理方面也经过了专业的声学设计和测试。学员在这里不仅可以了解古琴、学习古琴演奏，也可以感受传统文化、音乐艺术与当代生活的联系，感悟生活美学。

3. 钧天云和乐团

钧天云和作为中国当代以古琴文化为核心的专业乐团，2010年由古琴艺术传承人王鹏创办，由一群热爱中国传统文化、致力于推广古琴艺术及生活美学、实践文化修行的多领域艺术家组成，以视听艺术为载体，呈现蕴含传统文化精神的当代文人生活美学。乐团积极开展各类展演项目，例如"乘物游心——中国古琴艺术与当代生活美学"展演项目相继于宁波、福州、上海、昆明、重庆五地成功举办。其间除展览外，还设有"古琴艺术及生活美学体验课"与"古琴雅集"供观众参与，更相继于五地举办"乘物游心——钧天云和古琴音乐会"。

同时，钧天云和乐团积极开展各类音乐会、音乐剧的创作和演出活动。演出融合多种艺术形式，力求彰显古琴的美感、力量与灵动。例如，在"乐·季"音乐会中，演出团队以春夏秋冬四个季节展开，每个季节三个篇章，以花中皇后月季花与3000年历久弥新的古琴音乐相应，融合大提琴、小提琴、吉他、箫、人声、太极、现代舞和影像等多个元素，突破了东西方音乐艺术的界限。

4. 古琴游学

除了日常的研学课程，钧天坊将古琴艺术与旅游实践相融合，推出了别具一格的"古琴游学"活动。古琴游学活动不仅是对古琴艺术的传承与弘扬，更是对旅游体验的一种全新升级。它巧妙地将古琴艺术中的经典琴谱、琴曲的特色与游学目的地的环境、景点特色相结合，让游客在领略自然风光的同时，也能感受到古琴音乐的独特魅力。以武夷山的研学班为例，钧天坊精心策划了以武夷山天心永乐禅寺为游学目的地的活动。武夷山环境清幽，禅意浓厚，与古琴音乐的宁静致远相得益彰。学员们在学习《普庵咒》《鸥鹭忘机》等经典琴曲时，能够深切地感受到琴曲与自然环境、文化氛围的和谐统一。这种琴融于景、游学共进的特色课程，不仅让学员们对古琴艺术有了更深刻的理解，也让他们对旅游的目的和意义有了全新的认识。古琴游学活动让学员们亲身感受琴曲的意境和情感，沉浸式学习方式能让学习更加深入、有效，同时也促进了旅游业的创新发展，打开一条非遗与旅游融合的新道路。

九、案例小结

（一）现状

1. 非遗旅游活化的差异性较大

通过调研和案例研究发现，非遗特性、市场需求和传承人等因素都会影响非遗产业化程度和旅游活化水平。具体来看，传统美术类、传统技艺类以及传统医药类非遗天生具备商品属性，较容易产业化。非遗曾经是人们生产生活的必需品，比如民间剪纸，村里有红白喜事时，请人剪纸，即使不花钱也要送些东西作为交换，这是手工艺最初的商业价值。因此，这类非遗较容易产业化。但现在很多民间手艺人把自己定位为艺术家，定价很高，不符合大众旅游者的消费水平，导致销量过少，未能够较好地实现旅游活化。究其原因，一方面，这些手艺人没有从市场、消费者角度考虑，未能将手工艺与现代生活结合，从而影响其传承与可持续发展。另一方面，手工艺一个很大的问题就是不能保证产品质量。过去家庭小作坊的生产模式较为灵活，但产品没有统一的质量标准。为解决这一问题，部分非遗企业引进现代工厂标准化管理模式，对产品大小、样式、包装等制定统一的标准，监控全过程质量，从而更好地投入旅游市场。当然，剪纸、泥塑、风筝等本身就与人们的生活息息相关，被老百姓喜闻乐见，因此也更易于被市场所接受。

与此相反，民间文学、传统音乐、传统舞蹈、传统戏剧、曲艺，民俗，以及传统体育、游艺与杂技等，本身的艺术性、观赏性价值相对大于其商品属性，更难以标准化生产，与现代生活距离较远且较难融合，因此不易被市场接受，产业化程度和旅游活化水平普遍较低。

2. 推进非遗核心产品和衍生产品的共同开发

如上所述，非遗核心产品是利用非遗的核心技艺生产出来的产品，蕴含显著且完整的文化价值。非遗衍生产品并不一定直接利用非遗核心技艺，而是通过挖掘利用非遗的相关文化元素开发出的产品，并且受非遗核心产品文化价值扩散的影响。非遗旅游活化应注重传统与现代的关系，同时走"核心产品"与"衍生产品"两条路。

非遗传承至今已有上百年到上千年的历史，原汁原味的非遗与当代社会需求往往会脱节。而且传统的非遗难以大批量生产，产量少，价格高，一般可作为艺术品用于展览、收藏，但从业人员难以靠其生存和发展。调查中发现，虽然非遗在现代语境中面临诸多困难和挑战，但作为一个民族、一个地区的优秀传统文化，传承人或企业不约而同地表示非遗需要坚持、坚守，这也是传承人和企业的社会责任，为此他们将会继续传承并生产非遗核心产品。

不同时代人们的审美观念和消费行为在不断地变化，为了让传统文化更好地融入现代生活，非遗需要不断地创新，需要创造性转型。为此，需要不断地挖掘非遗的文化元素，通过对原材料、包装、销售等方面的创新，开发现代市场所需要的衍生产品。

调查中发现，大多数非遗企业在保障传统的非遗核心产品之外，不断地创新开发适合现代市场的衍生产品。虽然非遗核心产品普遍不能带来利润甚至亏损，但可以保证原汁原味的传统技艺能够流传继承下去，这是企业和传承人的社会责任。而非遗衍生产品相对而言更适合当代，更能迎合消费者的需求，有利于非遗融入现代的生活，让非遗传播更广、融入更深。总而言之，非遗企业可以依靠衍生产品在市场中生存和发展，并且保障非遗核心技艺传承下去，以回报该技艺带给自己的财富。

3. 非遗跨界融合活跃

所谓非遗跨界，是让非遗与其他领域产生碰撞并整合有利的资源，通过创意设计激活非遗发展的活力，促进非遗更好地服务于人们的日常生活。将非物质文化遗产与消费市场、移动互联、品牌管理、IP 管理等诸多领域进行跨界融合，是非遗获得新生的过程，是非遗得以传承和创新发展的有效途径（王家飞，2019）。

（1）非遗企业间合作

众所周知，北京工艺美术行业聚集了大量优秀的非遗企业，不仅有闻名世界的"燕京八绝"，还有众多的民间技艺。近年来，北京工艺美术行业内部非遗企业之间积极地寻求合作，探索开发了系列创新产品。如 2019 年中华人民共和国成立七十周年之际，由两家国家级非遗单位北京市珐琅厂和北京剧装厂首次跨界携手景泰蓝和京绣两大国家级非遗合作，打造新时代国礼《锦绣乾坤》，在 2019 年京交会上作为国礼赠予来华访问的马耳他前总统玛丽·路易斯·科勒略·普雷卡，成为当时盛会中一件耀眼明珠，为中马两国文化交流留下精彩一笔，同时以此作为衍生品实现销售收入 63.5 万元。

在 2017 年的淘宝大集期间，北京市珐琅厂推出了一款跨界融合的礼品——景泰京韵礼盒。这款"夫人礼"是 G20 峰会上被当作国礼赠送各国夫人的高档礼品，经公司与原厂家重新设计，精工细作而成。"夫人礼"包括一款杭州丝绸方巾和景泰蓝天坛造型茶叶罐，方巾图案全部是景泰蓝元素，材料采用百分之百的桑蚕丝；茶叶罐用的是万花图案，小巧精美，两者搭配协调典雅、大气，又不失时尚，既有收藏价值，亦有观赏价值，更具实用价值。又如北京市珐琅厂与龙顺成强强联合，抱团取暖合作高仿清中期北京故宫馆藏家具，其中的景泰蓝部分既有掐丝珐琅，也有画珐琅。景泰蓝还与花丝镶嵌、雕漆等非遗融合，开发了和平尊、吉祥中国漆雕珐琅尊等。总之，跨界是当前产业发展的新趋势，融媒体可以激活非遗的影响力，体验可以促进非遗的聚集效应，使非遗 IP 创造出跨界的无限可能。

(2) 非遗企业与其他领域企业合作

除了非遗企业间的强强联合，非遗企业与其他领域的企业合作也是产业发展的一大趋势。如风筝寻梦和其他企业合作推出中秋节月饼、抱枕、雨伞和丝巾等生活用品，既贴近人民生活，产品成本又不高，以实用和实惠为主，兼具艺术性和实用性。再比如，网易与北京皮影剧团联动开发《决战平安京》游戏英雄皮肤，将传统文化与现代科技融合，让人眼前一亮。

(二) 主要问题

1. 非遗难以适应现代市场需求

调查中传承人普遍反映，过去传承人学会一门手艺，可以靠这门手艺养家糊口，且收入比较稳定。而现在的市场变化快速，手艺人掌握手艺的同时还需要不断地适应和满足市场需求才能生存和发展下去，这是目前非遗所面临的最大的困难和挑战。

2. 非遗行业创新能力较低

传承、创意、创新其实是三个层面的内容，传承是将历史上的杰出创造继承好，创意是运用继承好的手艺进行个性化发挥表达，而创新不仅仅是形式上的创意，还有材料创新、工艺创新、生活应用创新、营销创新等，这三者的融合就是非遗几千年来的发展规律。三者融合是对非遗从业者能力的高要求，"作坊传承派"侧重点是传承，而"学院派"则强调创意与创新。作坊传承在中国经历了数百年的发展，但这种传承在产业化的过程中，普遍创意不足、创新能力较低。学院派注意到这一问题并着重强调创意与创新，但仍然面临生源不足、学生学成后转行、学生有创新但传统技艺不精等一系列问题。从整体上看，非遗行业的创新能力较低，影响其传承与可持续发展。

3. 非遗产业化的局限性较大

目前，还有很多非遗采取家庭手工作坊的模式，多以手工生产为主，其特点是手工痕迹重，做工慢，难以量产，也难以统一规范产品质量，价格高，因此能够产业化的并不多。另外，部分非遗面临着资源稀缺的困境，没有原材料自然无法生产大量的非遗产品。比如国家级非遗料器的生产难度非常大，技术含量非常高，如今这一行业的从业者少，材料稀缺，且成本很高，一旦材料用尽，料器就无法再生产。

4. 非遗产业化程度参差不齐

调查中发现，非遗产业化发展状况参差不齐。有些非遗产业化状况良好，如吉兔坊的兔儿爷能达到全国兔儿爷市场份额的90%以上，在庙会、前门大街以及一些书店,都可以见到吉兔坊兔儿爷的身影。吉兔坊不仅生产兔儿爷这类非遗核心产品,也开发设计出了大量的非遗衍生产品,其产业化发展情况较理想。而有些非遗依然沿袭家庭手工作坊的方式生产非遗核心产品,非遗衍生产品开发匮乏,非遗产业化较为困难。总体来看,非遗在产业化、规模化发展方面还需要突破自身局限,主动融入现代市场,促进非遗企业的转型升级。

第五章 北京非遗旅游活化系统分析

非遗旅游活化是非遗与旅游融合再生产的过程，在这一过程中形成非遗旅游产业链。因此，非遗旅游活化是产业链形成的过程，而产业链的形成就是价值增值的过程。非遗进入旅游市场，其价值不仅体现在经济方面，还体现在文化价值、社会价值等方面，因此，非遗旅游活化是多元价值增值的过程。

本部分主要聚焦非遗旅游产业链，重点分析非遗旅游活化过程中价值增值的环节、机会以及增值方式等。运用微笑曲线理论与价值链分析法，分析非遗旅游的价值增值机会在哪里，如何识别增值机会，价值增值如何实现，增值主体有哪些，从而构建非遗旅游活化的价值增值分析框架。

一、动态演化的三维微笑曲线分析框架

产业链的本质是价值增值链。在非遗旅游活化过程中，价值在各环节的分布并不均衡，并且这种价值分布也在不断地变化，不同的价值创造活动也会带来不同的价值增值效果。本部分以北京市珐琅厂为案例，运用扎根理论构建非遗旅游活化价值增值研究框架。

（一）基于扎根理论的非遗旅游活化价值增值分析

1. 研究方法

本部分通过整理北京市珐琅厂的纵向资料，归纳和梳理出产业链演化历程，将深度访谈和二手资料整理成文字版材料，形成共计9.3万字的文字资料。为了深入把握产业链中隐含的有价值的信息，本研究利用Nvivo11质性分析软件进行文本分析，探寻文字背后隐含的信息，提炼研究框架。

本研究采用单案例研究方法的原因如下：第一，企业的产业链演化过程是长期且复杂的，不同阶段面临不同的影响因素，通过纵向探索性单案例研究，能够基于研究主题识别出企业不同阶段发生的关键事件，便于深入考察不同阶段下产业链价值增值的特征、影响因素及结果，理解背后的因果关系机制（毛基业，

2017）。第二，产业链价值增值的形成机理比较复杂，通过纵向深入的单案例研究，可以深化描述和分析每一阶段不同因素对价值增值的影响机制，从而较为清晰地理解尚未被充分理解的现象（黄江明，2011）。第三，单案例更能深入剖析和说明单个情景，有利于深入挖掘情景化问题，更能产生新见解和新启发，更适合深度分析纵向案例（毛基业，2017）。

采用 Nvivo11 软件进行文本分析的过程如下：首先，将文字资料以 Word 的形式导入 Nvivo11 软件。利用词频统计功能统计高频词，按照词频数从高到低的顺序进行归纳分析，发现高频词主要可划分为三个方向，即产业链环节、非遗价值和利益主体，为下一步的编码奠定基础。其次，按照北京市珐琅厂四个历史阶段将文本材料分成四个部分，分别对每个部分的内容进行编码。接着，利用 Nvivo11 软件对文本材料进行初级编码、主轴编码和范畴聚合：对信息量大的文本逐句提取，对信息量小的文本逐段提取；对仅包含一个维度含义的句子仅编码一次，对包含多个维度含义的句子进行重复编码。形成三级编码体系后，结合本研究的核心问题"产业链价值增值"，运用微笑曲线理论提炼出主要研究维度，最后提出动态演化的三维微笑曲线分析框架。

2. 案例选择

本研究从案例典型性、启示性、可获得性以及理论与案例的适配性几方面考虑，选择北京市珐琅厂作为案例企业，深入探究非遗产业链中价值增值的过程与特征，并进行理论归纳与提炼。

首先从案例的典型性看，其一，北京市珐琅厂是老字号非遗国有企业，具有一定的代表性；其二，北京市珐琅厂成立 68 年，已经拥有较为完整的产业链演化过程，能够展现不同时期不同因素影响下产业链价值增值的特征。从启示性看，北京市珐琅厂经历了多个历史时期，经历了多次重大变革，面对各种各样的内外部环境，企业依然顽强生存，蓬勃发展，对其他非遗企业的转型升级具有启示意义。从可获得性看，本研究团队与北京市珐琅厂建立长期密切关系，对其进行了大量的资料搜集，积累了与研究相关的丰富的数据资料，为案例研究提供了可靠的资料保证。从理论与案例的适配性看，北京市珐琅厂在动荡的环境中生存甚至顽强发展，很大程度上取决于其产业链的不断调整，产业链的演化为企业带来价值增值。

为了充分挖掘产业链价值增值的特征及形成机制，本研究纵向梳理了企业发展的关键历程和关键事件节点。本研究的核心是非遗旅游产业链价值增值，因此以产业发生重大变化的事件为节点进行划分，将珐琅厂产业发展史划分为四个阶段，即市场转型时期（咸丰年间至 1949 年）、出口创汇时期（1950—1980 年）、观光旅游时期（1981—2002 年），以及深度旅游时期（2003 年至今）。

产业发生重大变化的关键事件有：掐丝珐琅技艺自元代传入中国，之后成为皇家独享的技艺，到了咸丰年间掐丝珐琅技艺流入民间，景泰蓝从皇家独享走向市场竞争。1950年景泰蓝作坊合并，景泰蓝从一家一户的小作坊发展到规模更大、产业链更完整的工厂。1981年北京市珐琅厂的出口数量达到巅峰，此前北京市珐琅厂的业务全部集中在出口市场，之后开始关注国内市场，尤其是转向旅游市场。2003年北京市珐琅厂增加了陈列室，开辟了互动体验区域，从观光旅游向深度旅游转变。北京市珐琅厂关键里程碑事件如图5-1所示。

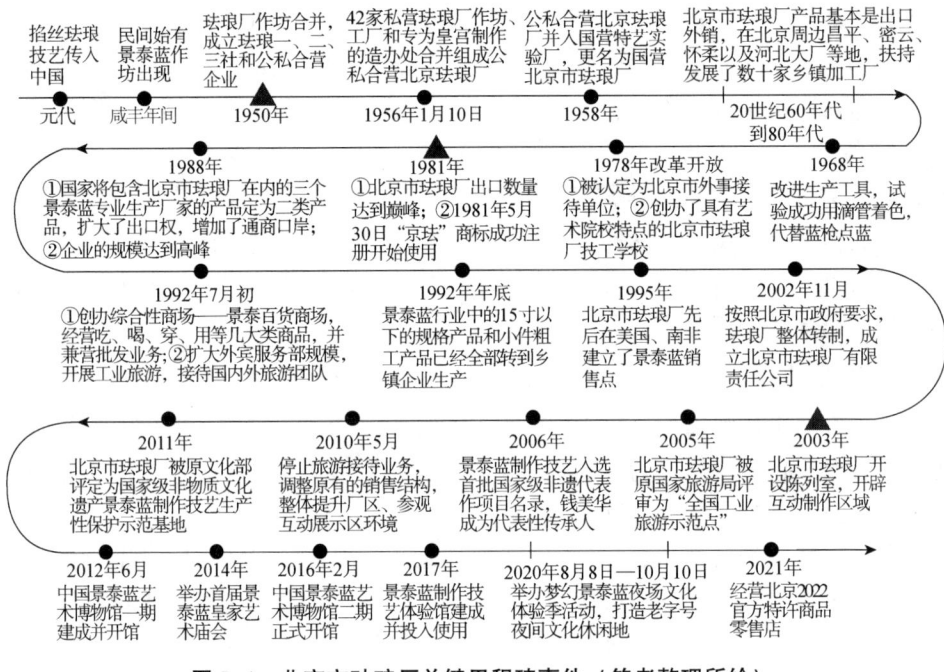

图5-1 北京市珐琅厂关键里程碑事件（笔者整理所绘）

（1）市场转型时期

景泰蓝制作技艺自元代进入中国后一直专供皇室，咸丰年间开始流入民间，出现了一家一户的景泰蓝小作坊。因市场变化加上战乱，这一时期景泰蓝的市场规模小，产量少，作坊基本以单一工艺制作加工为主，也有掌握不同工艺的作坊自发合作经营，初步形成景泰蓝产业链。这一时期景泰蓝的目标客户和生产模式发生重大转变，实现了从皇家专供走向民间的市场转型。但是，因市场转型再加上战乱等因素，景泰蓝行业奄奄一息。

（2）出口创汇时期

中华人民共和国成立后，为挽救这一民族传统工艺，党和政府采取各项政策，给予积极的保护和扶持。1950年，景泰蓝行业将小作坊合并重组成珐琅一、二、三社和公私合营企业。1956年，42家私营景泰蓝作坊、工厂和皇家造办处合并组成公私合营北京珐琅厂，此为北京市珐琅厂的前身。20世纪50年代，新中国百废待兴。而中国的传统手工艺品非常受国际市场的欢迎，而且换汇成本低，换汇率高。20世纪70年代，随着景泰蓝国际市场的不断扩大，北京市珐琅厂生产的景泰蓝几乎全部出口，到20世纪80年代末，其出口占全国景泰蓝出口总量的70%以上，年出口额从建厂初期的20多万美元发展到1000多万美元，1980—1981年，北京市珐琅厂出口创汇达到峰值，产业链迅速发展起来。

（3）观光旅游时期（1981—2002年）

20世纪80年代，随着中国外贸体制的改革，北京市珐琅厂从外贸出口市场转向国内市场。即北京市珐琅厂的景泰蓝产品不再由外贸公司出口，而是企业自主经营直接面向市场，从而导致景泰蓝的出口量锐减。此时，企业及时提出在坚持国际、国内两大市场的同时，要积极开发旅游市场。1978年北京市珐琅厂被认定为北京市外事接待单位，接待了许多国家元首、政要，也多次接待党和国家领导人，厂内外宾服务部专供来厂参观的外宾、华侨购买商品，这一时期的营业面积不足百平方米。1992年，北京市珐琅厂以名厂、名牌、名家、名品的优势，借势造势扩大外宾服务部规模，开展起工业旅游，接待国内外旅游团队。随着旅游市场的不断升温，企业商品部不断扩大，从一个展厅扩大到五个展厅，营业面积达到1800平方米，可同时接待2000多名游客参观、购物，停车场可同时停放大小百余辆车。这一时期北京市珐琅厂的非遗旅游以观光购物为主，年接待游客近80万人次，销售额达到1800万元。

（4）深度旅游时期（2003年至今）

为了提升旅游参观环境，更好地展示企业文化、技艺传承和产品风貌，2003年，北京市珐琅厂创办了国内首家景泰蓝艺术陈列室和四间大师工作室。陈列室介绍了景泰蓝和北京市珐琅厂的发展历程，后逐渐发展为博物馆。在掐丝、点蓝车间开辟游客互动区域，让游客亲手参与制作，后建成独立的体验中心。2005年，北京市珐琅厂被原国家旅游局评审为"全国工业旅游示范点"。2016年2月，中国景泰蓝艺术博物馆正式开馆。2017年，景泰蓝制作技艺体验中心建成并投入使用。旅游者可付费体验掐丝或点蓝工序，由专业的技师进行技术指导，不仅可以体验制作，还可以购买制作后的成品。这一时期，北京市珐琅厂还多方面拓展旅游市场，如举办展会宣传景泰蓝文化。2019年北京市珐琅厂参与举办"京珐景泰蓝艺术臻品展暨非遗文化宣传月"活动、"第54届全国工艺品交易会""深圳文博""艺术中国——北京宫廷非遗技艺精品展走进摩洛哥"等一系列展会。积极利用媒体宣传景泰蓝，2019年参与中央电视台《焦点访谈》栏目、北京电视台《2019过大年》栏目、央视综艺频道《非遗公开课》等。广泛融合线上线下平台，先后在京东、淘宝、寺库、融e购等知名电商平台建立了自己的官方旗舰店，年销售额突破百万元。北京市珐琅厂不断开拓景泰蓝新的应用领域，承接了多项大型室内景泰蓝建筑装饰工程，如 2014 年承接的 APEC 雁栖湖国际会都工程，不仅使北京市珐琅厂的综合技术实力得以全面充分的展示，也使企业的经济效益大幅提升。

3. 数据收集

2020 年开始，研究团队围绕北京市珐琅厂非遗产业链的演化过程及价值增值情况开展了追踪调研。首先，多次对企业相关人员进行半结构化的深度访谈，包括企业高层、中层管理人员和基层员工，再辅以旅行社、游客等外部人员的访谈用以佐证相关信息。访谈结束 24 小时内，及时对访谈内容进行梳理，整理了访谈记录累计达 9.3 万字，形成案例研究所需要的质性资料。其次，研究团队通过企业实践、参与式观察等方式，对企业体验中心、博物馆、销售部、大师工作室、办公室等重点业务部门进行了深入调研。最后，多渠道收集企业二手数据。例如，企业年报、年度总结等内部资料，企业官方网站、新闻报道等，企业管理层、传承人等的公开演讲和采访记录，相关学术论文。具体信息如表 5-1 所示。

表 5-1 数据资料收集方式

资料类型	资料来源	访谈对象（编码）	职业	频次	访谈时间	访谈内容
一手资料	半结构化访谈	YFC-01-M	董事长	1	90 分钟	企业发展历史与现状
		ZLS-01-M	总经理、国家级传承人	1	60 分钟	景泰蓝行业发展历史与现状，企业主要业务
		FZH-02-M	景泰蓝设计师	3	120 分钟	景泰蓝设计流程、设计团队情况
		JYB-03-M	公共服务部部长	4	150 分钟	体验中心、博物馆、企业生产流程等
		JLM-03-M	体验中心点蓝技师 a	6	360 分钟	景泰蓝行业、体验中心历史与现状，景泰蓝大师评定、对技艺、原真性、体验的看法等
		L-03-M	体验中心点蓝技师 b	5	150 分钟	企业、体验中心历史与现状，新工艺景泰蓝开发，对技艺、原真性、体验的看法等
		SBS-03-F	体验中心掐丝技师	4	120 分钟	体验中心体验流程、产品制作流程、费用等
		FY-04-F	销售员 a	5	300 分钟	销售部的历史与现状、产品类型及价格、新工艺景泰蓝的来源及销售情况、北京礼物相关情况

第五章 北京非遗旅游活化系统分析

续表

资料类型	资料来源	访谈对象（编码）	职业	频次	访谈时间	访谈内容
一手资料	半结构化访谈	HXH-04-F	销售员b	3	120分钟	文创产品的设计生产销售、北京礼物相关情况
		SXY-04-F	销售员c	3	90分钟	销售部的工作流程、产品的销售情况
		YHP-05-F	景泰蓝博物馆馆长	2	120分钟	博物馆的历史与现状，非遗旅游发展的历史，对体验的看法
		ZCM-05-F	博物馆讲解员a	1	30分钟	博物馆接待流程、讲解费用等
		ZWX-05-F	博物馆讲解员b	1	30分钟	博物馆的历史
		ZL-06-F	办公室主任	2	15分钟	办公室在企业业务中的角色、职能等
		YK-07-M	游客	5	150分钟	获得旅游信息的渠道，对博物馆、体验中心的看法，对景泰蓝的了解情况
		ZY-08-F	旅行社工作人员	1	15分钟	旅行社与企业旅游合作的历史
	参与式观察	以游客身份参观旅游北京市珐琅厂；作为高校带队老师带15名学生参观体验；企业实习2个月，在体验中心、博物馆、销售部、大师工作室、办公室各部门实习约12天					
二手资料	①企业年报、年度总结等；②景泰蓝博物馆讲解词及博物馆参观配套文字；③企业官方网站、微信公众号等；④董事长、总经理、传承人等公开演讲、采访记录；⑤企业新闻报道、纪录片、宣传片等资料；⑥中英文数据库的学术论文					

4. 数据处理

（1）高频词分析

使用Nvivo11软件"查询"功能，按完全匹配分组运行查询，获得高频词列表。高频词的统计能够反映出在北京市珐琅厂非遗旅游产业链演变过程中社会各界关注的是什么，为下一步研究提供初步的思路。将高频词进行再次筛选，选择单词长度为2以上的单词，删去其中无意义（如没有、所以、进行等）和指向不明（如咱们、这个、自己等）的词，合并"北京"和"北京市"，最终保留频次最高的50个单词，并按照频数从高到低的顺序排列出来，如表5-2所示。

表 5-2　北京市珐琅厂文本最高词频汇总表（节选）

序号	单词	词频	序号	单词	词频
1	景泰蓝	746	26	行业	68
2	北京、北京市	456	27	创作	67
3	珐琅	455	28	品牌	66
4	企业	264	29	销售	66
5	设计	248	30	技术	66
6	产品	203	31	技师	62
7	中国	183	32	出口	56
8	大师	180	33	历史	56
9	艺术	179	34	国家级	51
10	作品	177	35	开发	48
11	制作	171	36	非遗	47
12	工艺	167	37	图案	46
13	公司	160	38	釉料	46
14	工艺美术	151	39	职工	45
15	发展	142	40	荣获	44
16	生产	140	41	旅游	44
17	体验	129	42	国际	44
18	技艺	107	43	宣传	43
19	工作	101	44	色彩	43
20	博物馆	89	45	工程	43
21	装饰	88	46	景泰	42
22	国家	87	47	人员	41
23	创新	77	48	成本	41
24	活动	72	49	政府	40
25	市场	72	50	镀金	38

　　对高频词的梳理和统计，有助于直观地认识研究材料。从表5-2可以看出，北京市珐琅厂非遗旅游产业链演化过程中景泰蓝、北京、珐琅、企业等词的频率较高，这是因为本研究的案例企业为北京市珐琅厂，经营的产品为景泰蓝。结合产业链相关理论和景泰蓝制作技艺的实际情况发现，设计、产品、作品、制作、工艺、生产、体验、市场、品牌、销售等词与产业链环节有关，中国、艺术、发

展、技艺、创新、技术、历史、保护等词与非遗价值有关，大师、公司、国家、技师、职工、客人、政府等词和利益主体有关，高频词主要集中在产业链环节、非遗价值和利益主体三个方面。

（2）初级编码：提炼初始范畴

按照北京市珐琅厂的四个历史阶段，将文本内容划分为四个部分，分别对每个部分进行编码。根据已经确定的产业链环节、非遗价值、利益主体三个方面，对文本材料进行初级编码。

初级编码是对搜集的有关材料、文献或访谈资料依次进行逐句定义和编码，将原始编码材料进行概念化，即用我们自己定义的概念将资料的内容反映呈现出来，接着对这些概念进行组合分类，使这些概念得以更进一步范畴化的过程（马丽，2019）。

本研究采用Nvivo11软件对已经划分历史阶段的文本资料进行初级编码，去掉编码少于两次的概念。通过初级编码规则，得到初始范畴。为显示初级编码过程，以深度旅游时期为例，编码结果如表5-3所示。

表5-3 北京市珐琅厂深度旅游时期代表性初级编码示例

初始范畴	相关原始资料
艺术设计	常院长率领她的设计团队为企业设计了大量的敦煌图案，以古典文化为根本，将敦煌图案与当代设计相融合，把"敦煌美学艺术"融入景泰蓝现代设计作品里，设计开发出数十种带有敦煌文化元素的景泰蓝艺术品
艺术设计	纹样丰富，以蓝色为主，独特、新颖、设计难度大
艺术设计	景泰蓝花架为圆面，高束腰，带托腮，如意式牙、三弯腿、外翻如意云头足
操作难度	景泰蓝又叫"铜胎掐丝珐琅"，也就是在铜的表面进行掰丝、粘丝、点润珐琅彩三到四遍，最后需要打磨、镀金的一种纯手工技艺，这一手工艺的制作过程是十分复杂的，要经过制胎、掐丝、焊丝、点蓝、烧蓝、磨光、镀金等几十道工序，集设计、美术、雕刻、玻璃熔炼为一体，经手工制作而成，体现的是集体智慧的结晶
操作难度	每一次入火，烧活艺人的心都会提到喉咙，因为制品越大烧制的难度就越大，越难以把握、控制，稍有不慎就会前功尽弃
操作难度	珐琅腕表制作工艺尤为繁复，每一个表盘从设计、掐丝、焊丝、点釉、烧制、到手工磨光历时漫长，"京珐"技师们需要在60倍显微镜下用直径0.045毫米的纯金、纯银扁丝掐丝、点釉，完全纯手工制作而成。制作过程中一旦表面变形或釉料出现裂纹，则整只表盘报废。制造掐丝珐琅表盘的成功率非常低，所以成品十分珍贵，每一个表盘都是独一无二的艺术珍品

续表

初始范畴	相关原始资料
销售渠道	第一届景泰蓝老物件淘宝大集被北京晚报头版冠以"撒手没",显示当时抢购景泰蓝老货的火爆场面。16天的大集销售收入1800余万元,创造了历史,是珐琅厂历史上宣传力度最广、规模最大、参与人数最多、效益最高的一次展销活动
	在随后春节举办的第二届景泰蓝皇家艺术庙会上公司首次推出的限量发行版"铜胎掐丝珐琅繁花似锦赏瓶",开门不到半天,之前准备的50只现货便被抢购一空
	2013年我们在市商委和北京市老字号协会的支持下,成立了网上销售机构,首先在京东网开设了自己的官方旗舰店

（3）主轴编码：获取主范畴

本研究通过上述初级编码得出了许多相关的初始范畴,但不同的范畴之间所具有的关系还没有体现出来,为此,进一步开展了主轴编码。例如,将"荣誉称号""销售渠道""服务营销""京珐品牌"等初级编码进行归类发现,它们均反映企业在现代市场中的品牌建构、营销宣传活动,属于产业链中典型的"品牌营销"环节,故梳理出"品牌营销"主轴编码。还是以深度旅游时期为例,通过对初始范畴的抽象、归类和高度凝练,最终得到13个主范畴,分别是"研发设计""生产制作""品牌营销""经济价值""社会价值""文化价值""媒体""企业""社区""传承人等非遗从业者""游客""专家学者""政府",主范畴对应的具体初始范畴如表5-4所示。

表5-4 北京市珐琅厂深度旅游时期主轴编码结果

主范畴	对应初始范畴
研发设计	原材料改进、操作工具改进、艺术设计、应用场景设计
生产制作	制作工序、操作难度、体验操作、生产规模、产品质量
品牌营销	荣誉称号宣传、销售渠道、服务营销、京珐品牌
经济价值	增加税收、公司营业额、增加就业
社会价值	科普教育、民族自豪感、弱势群体帮扶、社会地位
文化价值	技艺传承、文化传播、研学体验（非遗进校园）、艺术创新
媒体	新闻报道、纪录片、文化节目、社交媒体
企业	非遗企业、旅游企业、其他企业
社区	文化浸润、扶贫帮扶
传承人等非遗从业者	从业者人数、从业者能力、从业者待遇

续表

主范畴	对应初始范畴
游客	旅游项目、游客消费额
专家学者	学术调研、科学研究
政府	政策鼓励、监管监督

(4) 范畴聚合：发现核心范畴

对以上得到的主范畴进行进一步的提炼与升华，深入研究主范畴之间存在的关系，进一步确定核心范畴，这是研究框架构建的关键。本研究对四个历史阶段的资料编码，分别形成9、10、11、13个主范畴，共计43个主范畴。具体来讲，"传承人等非遗从业者""政府""企业""专家学者""媒体""社区""游客"等不同利益主体在案例企业产业链的不同阶段出现并发挥着不同作用。为此，研究团队围绕以上利益主体对企业产业链的影响，不断与案例企业对话、探讨，共同把"增值主体"确定为产业链价值增值中的一个核心范畴，最后提炼出非遗活化产业链价值增值的三个核心范畴：增值环节、增值内涵和增值主体。以深度旅游时期为例，范畴聚合结果如表5-5所示。

表5-5 北京市珐琅厂深度旅游时期范畴聚合结果

核心范畴	主范畴
增值环节	研发设计
	生产创作
	品牌营销
增值内涵	经济价值
	社会价值
	文化价值
增值主体	媒体
	企业
	社区
	传承人等非遗从业者
	游客
	专家学者
	政府

5. 研究结果

本研究通过高频词分析和三级编码，最终确定了包含增值环节、增值内涵、增值主体的三大研究维度。其中，增值环节包括研发设计、生产制作和品牌营销三大部分，增值内涵包含经济价值、社会价值和文化价值三个方面，增值主体涉及传承人等非遗从业者、政府、企业等。

每个历史阶段的编码结果如图5-2~图5-5所示。

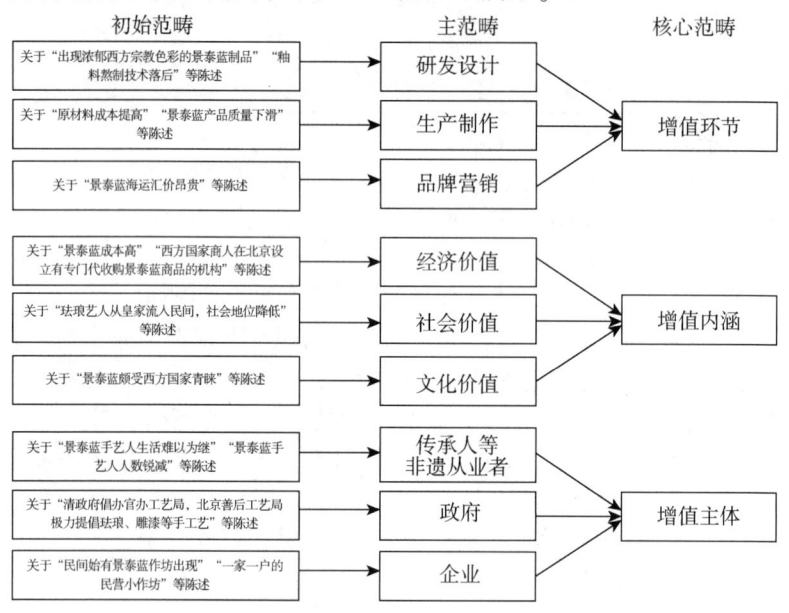

```
初始范畴                                      主范畴              核心范畴

关于"出现浓郁西方宗教色彩的景泰蓝制品""釉      →  研发设计    ┐
料熬制技术落后"等陈述                                         │
关于"原材料成本提高""景泰蓝产品质量下滑"       →  生产制作    ├→  增值环节
等陈述                                                       │
关于"景泰蓝海运汇价昂贵"等陈述                 →  品牌营销    ┘

关于"景泰蓝成本高""西方国家商人在北京设        →  经济价值    ┐
立了专门代购景泰蓝商品的机构"等陈述                           │
关于"珐琅艺人从皇家流入民间，社会地位降低"     →  社会价值    ├→  增值内涵
等陈述                                                       │
关于"景泰蓝颇受西方国家青睐"等陈述             →  文化价值    ┘

关于"景泰蓝手艺人生活难以为继""景泰蓝手        →  传承人等    ┐
艺人人数锐减"等陈述                              非遗从业者  │
关于"清政府倡办官办工艺局，北京劝工艺局        →  政府        ├→  增值主体
极力提倡珐琅、雕漆等手工艺"等陈述                             │
关于"民间始有景泰蓝作坊出现""一家一户的        →  企业        ┘
民营小作坊"等陈述
```

图 5-2　市场转型时期（咸丰年间至1949年）编码结果

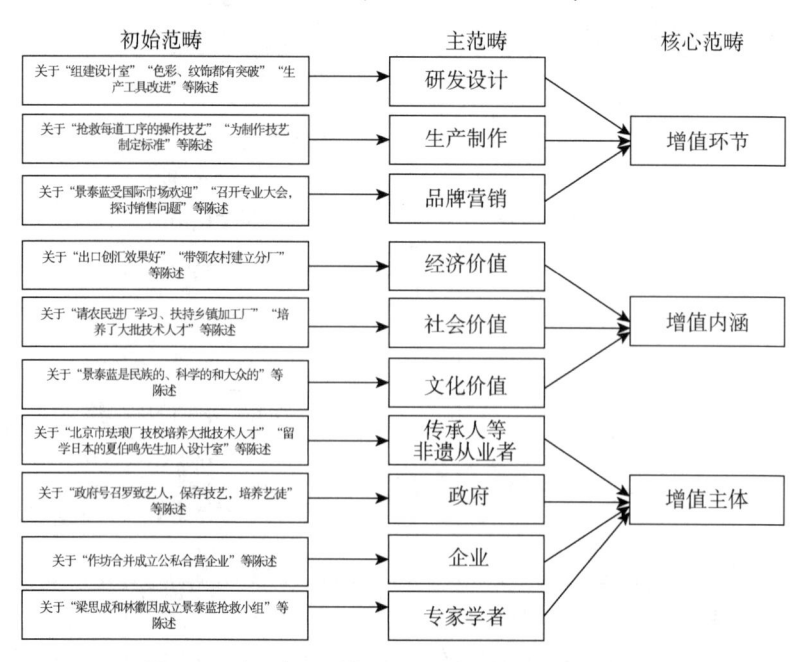

```
初始范畴                                      主范畴              核心范畴

关于"组建设计室""色彩、纹饰都有突破""生       →  研发设计    ┐
产工具改进"等陈述                                            │
关于"抢救每道工序的操作技艺""为制作技艺        →  生产制作    ├→  增值环节
制定标准"等陈述                                              │
关于"景泰蓝受国际市场欢迎""召开专业大会，      →  品牌营销    ┘
探讨销售问题"等陈述

关于"出口创汇效果好""带领农村建立分厂"        →  经济价值    ┐
等陈述                                                       │
关于"请农民进厂学习、扶持乡镇加工厂""培        →  社会价值    ├→  增值内涵
养了大批技术人才"等陈述                                      │
关于"景泰蓝是民族的、科学的和大众的"等         →  文化价值    ┘
陈述

关于"北京市珐琅厂技校培养大批技术人才""留      →  传承人等    ┐
学日本的夏伯鸣先生加入设计室"等陈述              非遗从业者  │
关于"政府号召罗致艺人，保存技艺，培养艺徒"     →  政府        ├→  增值主体
等陈述                                                       │
关于"作坊合并成立公私合营企业"等陈述           →  企业        │
                                                             │
关于"梁思成和林徽因成立景泰蓝抢救小组"等       →  专家学者    ┘
陈述
```

图 5-3　出口创汇时期（1950—1980年）编码结果

· 116 ·

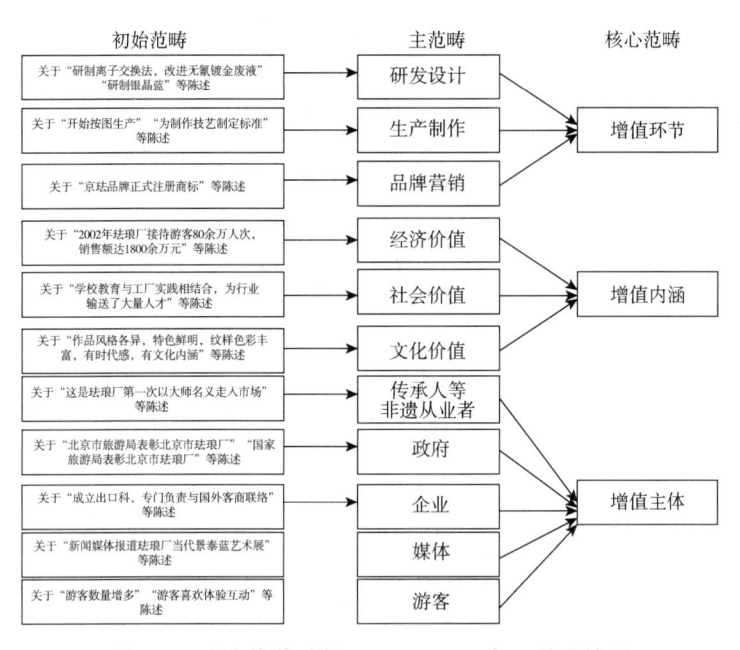

第五章 北京非遗旅游活化系统分析

图 5-4 观光旅游时期（1981—2002年）编码结果

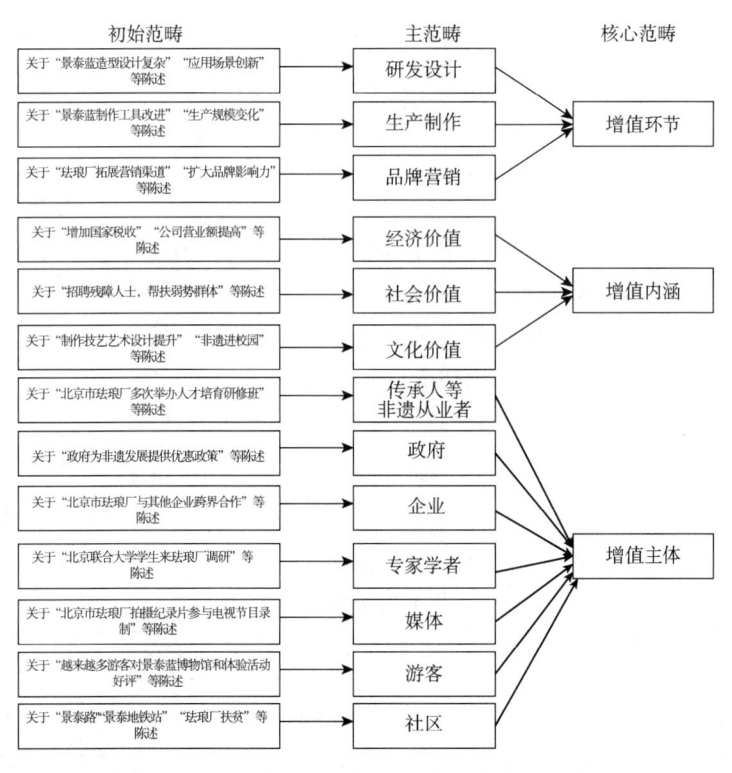

初始范畴	主范畴	核心范畴
关于"研制离子交换法，改进无氰镀金废液""研制银晶蓝"等陈述	研发设计	增值环节
关于"开始按图生产""为制作技艺制定标准"等陈述	生产制作	
关于"京珐品牌正式注册商标"等陈述	品牌营销	
关于"2002年珐琅厂接待游客80余万人次，销售额达1800余万元"等陈述	经济价值	增值内涵
关于"学校教育与工厂实践相结合，为行业输送了大量人才"等陈述	社会价值	
关于"作品风格各异，特色鲜明，纹样色彩丰富，有时代感，有文化内涵"等陈述	文化价值	
关于"这是珐琅厂第一次以大师名义走入市场"等陈述	传承人等非遗从业者	增值主体
关于"北京市旅游局表彰北京市珐琅厂""国家旅游局表彰北京市珐琅厂"等陈述	政府	
关于"成立出口科，专门负责与国外客商联络"等陈述	企业	
关于"新闻媒体报道珐琅厂当代景泰蓝艺术展"等陈述	媒体	
关于"游客数量增多""游客喜欢体验互动"等陈述	游客	

图 5-5 深度旅游时期（2003年至今）编码结果

初始范畴	主范畴	核心范畴
关于"景泰蓝造型设计复杂""应用场景创新"等陈述	研发设计	增值环节
关于"景泰蓝制作工具改进""生产规模变化"等陈述	生产制作	
关于"珐琅厂拓展营销渠道""扩大品牌影响力"等陈述	品牌营销	
关于"增加国家税收""公司营业额提高"等陈述	经济价值	增值内涵
关于"招聘残障人士，帮扶弱势群体"等陈述	社会价值	
关于"制作技艺艺术设计提升""非遗进校园"等陈述	文化价值	
关于"北京市珐琅厂多次举办人才培育研修班"等陈述	传承人等非遗从业者	增值主体
关于"政府为非遗发展提供优惠政策"等陈述	政府	
关于"北京市珐琅厂与其他企业跨界合作"等陈述	企业	
关于"北京联合大学学生来珐琅厂调研"等陈述	专家学者	
关于"北京市珐琅厂拍摄纪录片参与电视节目录制"等陈述	媒体	
关于"越来越多游客对景泰蓝博物馆和体验活动好评"等陈述	游客	
关于"景泰路""景泰地铁站""珐琅扶贫"等陈述	社区	

6. 三维非遗旅游产业链微笑曲线

通过数据分析发现，在北京市珐琅厂非遗活化产业链的形成与发展过程中，不同的利益主体发挥了重要影响，参与主体越多，产业链越复杂，非遗活化越深度。下面从增值环节、增值内涵、增值主体三个维度分析。

（1）增值环节分析

由于每个时期选取的目标文本的内容不同，为了数据的科学化与标准化，本研究用各节点所对应的覆盖率表示关注程度。通过 NVivo11 软件自动产生的覆盖率数据，得出不同时期三个环节在非遗旅游产业链发展过程中的重要程度，用折线图表示三个环节对应数值的相对大小，从而绘制出三个环节受重视程度的趋势变化，数值如表 5-6 所示。

表 5-6 增值环节编码覆盖率变化

时期	研发设计	生产创作	品牌营销	相对大小
咸丰年间至 1949 年	35.56%	35.56%	28.89%	
1950—1980 年	48.61%	38.10%	22.22%	
1981—2002 年	32.91%	13.59%	53.50%	
2003 年至今	23.68%	23.62%	54.54%	

通过比较四幅折线图发现，折线图的形状逐渐从开口向下变为开口向上，表明两端环节即研发设计和品牌营销环节越来越受重视。研究显示，北京市珐琅厂的产业链包括上游的研发设计、中游的生产制作，以及下游的品牌营销三大环节，每个环节上的价值增值空间有较大的差异。案例数据表明，在研发设计和品牌营销两端环节上蕴藏较大的增值空间。

（2）增值内涵分析

通过 NVivo11 软件自动产生的覆盖率数据，得出不同时期三种价值在非遗旅游产业链发展过程中的重要程度。用折线图表示三种价值对应数值的相对大小，从而绘制出三种价值受重视程度的趋势变化，数值如表 5-7 所示。

表 5-7 增值内涵编码覆盖率变化

时期	经济价值	社会价值	文化价值	相对大小
咸丰年间至 1949 年	60.00%	20.00%	37.14%	

续表

时期	经济价值	社会价值	文化价值	相对大小
1950—1980 年	41.32%	13.88%	47.00%	∨
1981—2002 年	41.64%	22.55%	40.00%	∨
2003 年至今	19.07%	30.77%	67.68%	╱

编码结果显示，社会各界对北京市珐琅厂的关注不只是财务层面的利润、净资产或总资产报酬率等。除了这些其他研究中常见的经济价值，原始资料中还有大量关于景泰蓝文化传播、民族自豪感、弱势群体帮扶、社会凝聚力等方面的文化价值和社会价值。不同于一般产品，非遗价值不能以单一的财务价值来衡量，而应以财务和非财务价值总和为衡量依据，其中非财务价值包括文化价值和社会价值。

通过比较四幅折线图发现，折线图的左端逐渐降低，右侧逐渐升高，中间始终处在较低水平，表明经济价值受关注的程度逐渐降低。案例数据显示，北京市珐琅厂逐渐意识到文化价值的重要性，此外，社会价值的关注程度也有所提高。

（3）增值主体分析

通过 NVivo11 软件对文字资料进行编码发现，与利益主体相关的文本内容占了很大比重，不同时期都出现了不同类型的利益主体。表 5-8 反映了不同时期出现的利益主体，利益主体的种类和非遗旅游产业链的复杂程度正向相关，表明北京市珐琅厂非遗旅游产业发展过程中利益主体不断多元化。利益主体是产业链价值增值的重要影响因素，为了更全面、深入地研究北京市珐琅厂非遗旅游产业链，本研究将增值主体作为新的维度加入微笑曲线研究框架中。

表 5-8　增值主体编码变化

时期	传承人等非遗从业者	政府	企业	专家学者	游客	媒体	社区
咸丰年间至 1949 年	√	√	√				
1950—1980 年	√	√	√	√			
1981—2002 年	√	√	√		√	√	
2003 年至今	√	√	√	√	√	√	√

比较不同时期利益主体的数量发现，产业链的演变伴随着利益主体的增加，非遗旅游产业链趋于成熟的过程亦是利益主体趋于复杂的过程。研究发现，不同

利益主体的加入，为非遗的发展带来了更多的可能性，提升了多方面的价值，也增加了价值增值空间，各利益主体共同推动非遗旅游产业链的发展。

（二）基于三维微笑曲线的非遗旅游产业链价值增值

基于前文提炼出的增值环节、增值内涵、增值主体三个维度，本研究构建三维非遗旅游产业链微笑曲线。其中，价值增值环节包含研发设计、生产制作、品牌营销三大环节；价值增值内涵不同于其他产业仅考虑经济价值，根据编码结果，将非遗价值界定为包含经济、文化、社会价值等的综合价值。价值增值环节加上价值增值内涵，构成传统的二维微笑曲线。非遗旅游活化是一场社会群体文化经济行为，不同行业和身份的人各司其职，共同推动非遗旅游活化，因此，在传统二维的基础上加入价值增值主体，从而提出三维微笑曲线。当增值主体从单一主体变为多主体后，各业务环节上的价值都实现增值，如图5-6所示。

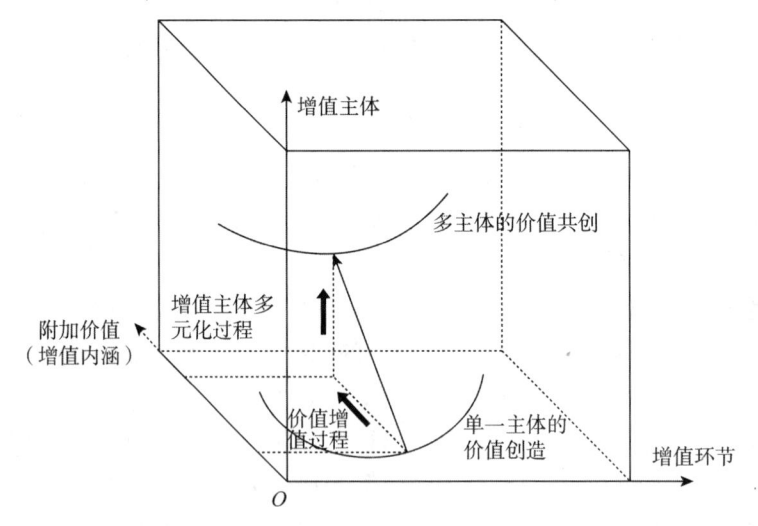

图5-6 三维非遗旅游产业链微笑曲线

（三）基于动态演化的非遗旅游产业链价值增值

北京市珐琅厂的非遗旅游产品众多，分为核心产品和衍生产品两大类。其中常规产品的价格一般较高，利润空间较大，相比较而言，文创产品的价格较低，利润空间较小，部分价格如表5-9所示。根据受访者YFC-01-M、JYB-03-M的访谈和实地调研发现，2021年前后北京市珐琅厂非遗旅游产品利润比例估算为：非遗旅游核心产品的利润占90%（其中常规产品占80%，定制类产品占10%），非遗旅游衍生产品的利润占10%（其中文创产品占2%，参观体验类产品占8%）。可见，北京市珐琅厂的主要经济来源是非遗旅游核心产品。

表 5-9　北京市珐琅厂部分旅游产品价格表

常规产品	价格	文创产品	价格	体验产品	价格
掐丝珐琅大吉葫芦	48000/只	杯垫（4个一套）	100/套	博物馆讲解	200/次
铜胎掐丝珐琅周器叠瓶	15900/只	保温杯	179/个	体验掐丝	200/次
繁花似锦瓶	5980/只	胸针	25/只	体验点蓝	100/次
铜胎掐丝珐琅吉祥如意罐	1980/套	景泰蓝小挂件	15/个	参观	免费

虽然这两类产品的价值创造都包含研发设计、生产制作和品牌营销环节，但二者创造的价值有所不同，其价值分布不均衡且动态变化，导致二者的微笑曲线也会呈现不同的特点。

1. 非遗旅游核心产品价值增值分析

北京市珐琅厂非遗旅游核心产品的制作技艺已经有600余年历史，建厂也有60余年，其文化价值很高。如今，景泰蓝的制作技艺、业务流程及生产模式等较为成熟，企业在生产环节上通过节约成本或提高工作效率，提高经济价值的空间并不大。相反，随着现代市场的迅速变化，研发设计和品牌营销环节的增值空间很大。近年来，企业通过研发设计适合现代消费者的图样纹饰，完善景泰蓝产品的售后服务，打造"京珐"品牌，加强景泰蓝产品的营销等方式，使非遗价值在这两个环节上均有较大幅度的增值，最终形成了正向的微笑曲线。

2. 非遗旅游衍生产品价值增值分析

非遗衍生产品主要是进入旅游、文化市场以后逐渐开发出来的，如非遗体验、非遗进校园、中国景泰蓝艺术博物馆、非遗展会、非遗文创产品等。目前，衍生产品并不是企业盈利的主要来源，它是为了更好地宣传景泰蓝文化，树立企业形象，有助于非遗核心产品创造更多的利润。非遗衍生产品的生产环节最受消费者的欢迎，最能让消费者感受景泰蓝文化，也是带来大量经济效益的环节。因此，在非遗衍生产品的三大环节中，生产环节的增值空间更大，其微笑曲线为中间高、两边低的反向微笑曲线。

3. 非遗旅游价值增值的动态演化

非遗旅游核心产品与非遗旅游衍生产品价值增值的叠加不是静态"1+1"的过程，是动态叠加的过程。从北京市珐琅厂的现状以及历史演变来看，非遗旅游产业链价值增值演化过程是非遗旅游核心产品的正向微笑曲线逐步叠加非遗旅游衍生产品的反向微笑曲线，最终形成更为平滑的正向微笑曲线，如图5-7所示。

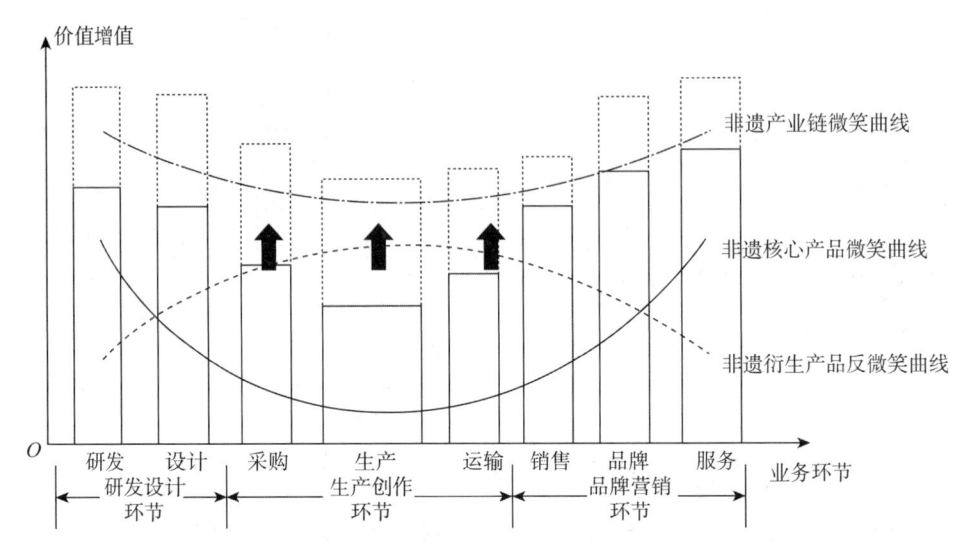

图 5-7　动态演化的非遗旅游产业链微笑曲线

二、非遗旅游多元价值增值

如前所述，非遗价值不仅体现在财务方面的经济价值，还体现在非财务方面的文化价值和社会价值，因此，既要保护、传承传统文化的核心价值，又要让非遗融入现代生活，提高非遗的综合价值。例如，在北京市珐琅厂非遗旅游发展的历史进程中，其价值形态和价值内涵在不断地演变，从传承人各自经营的家庭小作坊到众多利益主体参与的大公司，原先相对单一的价值演变为当代丰富的多元价值，从而成为包含文化、经济和社会等高附加值的文化品牌。

（一）文化价值是活化的核心内涵

非遗是在特定的人文地理环境、时代背景的产物，是一个国家或地方的生产生活方式和文化传统，是各个区域确立文化身份的识别标志，具有丰富多彩的文化形式和寓意深刻的文化内涵，包括历史价值、象征价值、精神价值、审美价值等，是当代社会重要的文化资源，对文化多样性有重要贡献。它是各种以非物质形态存在的、与群众生活密切相关、群众喜闻乐见的传统文化表现形式，可以丰富国民的日常文化生活，使人开阔视野，陶冶情操，增长民族传统文化的知识，满足精神文化多样化的需求，进而提高国民整体文化素质；还可以对青少年进行爱国主义教育。其令人着迷的魅力，引得无数专家学者深入钻研，无数消费者膜拜欣赏。因此，文化价值是任何一类非遗最核心的价值，也是其最富有吸引力的地方。如何在有效保护非遗文化价值的基础上，通过合理利用实现其经济价值，使其成为不断增值的文化资本，是当代一个重要的挑战。

非遗不同于一般商品，在其开发中必须明确核心内涵。如吉兔坊除了传统的泥塑产品，还开发各种各样的文创产品，如书签、冰箱贴、笔记本、尺子、保温杯等，这些非遗衍生产品的核心还是北京兔儿爷泥塑文化。如果没有泥塑文化的支撑，衍生产品将失去主线，缺失文化价值，吉兔坊也将变成创新设计公司。因此，非遗衍生产品的开发应将非遗与现代生活用品融合，更贴近现代人的消费习惯，这样才有助于非遗的传播发扬，有利于提升国民文化自信。

（二）经济价值是活化的重要动力

经济价值是能用经济指标进行衡量的价值，是非遗能够进入现代市场实现活化的重要动力。非遗具有稀缺性，社会各界希冀通过非遗的利用与市场开发，丰富现代产品的市场，形成多元化、个性化的产品体系，提升文化竞争力，塑造非遗企业富有创造性的新颖形象。在非遗的利用与市场开发中，既要提升非遗产品的文化品位，又要实现"雅俗共赏"，扩大非遗产品的市场占有率，从而获得更多的经济利益，提高非遗收入，进而可以带动相关的就业市场，扩大就业机会。最重要的是，传承人的生存、生活问题由此得以改善，保障其生活质量，这是实现其他价值的重要基础。但是，在非遗经济价值的开发过程中，必须把保护和传承放在首位，在此前提下合理利用开发非遗资源。当然，我们也应注意，并不是所有非遗都具有经济价值和商品属性，如民间文学类非遗更适合通过文字、影像、数字等方式，记录、保存、展示其文化价值。

如北京工艺美术行业积极服务世园会和冬奥会，北京几十位大师和国家级、市级传承人的200多件代表作品入驻世园会生活体验馆，展览期间举办了30余场互动大讲堂。与此同时，工艺美术行业企业积极开发世园会相关文创产品，取得了良好的经济效益。非遗产品蕴含的巨大经济价值，使越来越多的目光聚焦在非遗行业，越来越多的企业愿意参与到非遗产业化的行列中来，有利于非遗从业者生活的改善，也有利于非遗的传播与发扬，非遗的经济价值成为非遗旅游活化的重要动力。

（三）社会价值是活化的责任担当

非遗旅游活化具有促进社会、人类发展的价值。非遗的社会价值是通过市场上的优质服务来满足社会需求，从而对社会发展做出贡献。宝贵的非遗财富是一个民族的骄傲，通过非遗的广泛传承与发展，可增强国民的民族荣辱感，成为社会的凝聚力，在很大程度上促进社会治安的改善，形成积极的社会促进因素；非遗促进了各民族、各地区之间的社会文化交流和渗透，消除隔阂，增进了解和相互尊重，有助于社会和谐；非遗与现代化、全球化结合起来，促进优秀传统文化与现代文化的和谐发展，促使文化复兴与创新文化，对社会文化的进步产生了积极作用。总的来讲，非遗资源的合理利用与科学开发，可实现社会效益的最大化和经济效益的最优化。

非遗走出国门也是文化交流的重要组成部分。国礼往来于各民族和各国家之间，在国家间的互动中扮演了重要的角色。赠送"国礼"不仅是表达友好感情的重要手段，也是中国软实力的重要组成部分。在当前国家间交往中，"国礼"的选择不仅要具有本国特色，也要符合国际惯例。为此，我国礼宾人员结合中国传统技艺来制作工艺品，不仅能向世界展示中国非遗，又符合国际礼仪惯例。例如，中国非遗沈绣制作的人物绣像先后五次作为"国礼"馈赠给俄罗斯总统普京、美国前总统奥巴马、比利时国王菲利普等外国元首；2015年10月习近平主席访英，赠送给英国王室一幅1.18米长的苏绣《英国女王》，引发全场惊叹。由此可以看出，传统非遗在当代社会仍承担着重要的社会责任。

目前，越来越多的非遗推出了相关体验活动，这对非遗的传播发扬起到了积极作用。2019年北京市珐琅厂的体验中心建成后，先后接待了政府部门、企事业单位、院校及个人270余批次，共计2.5万余人次；举办12场读书会活动，向广大市民宣传普及景泰蓝文化及知识；为国窖1573、李宁公司等企事业单位定制专属景泰蓝制作体验活动，在企业团队建设中进一步弘扬传统文化；承接第七届北京孔庙国子监国学文化节、"一带一路"地区交流团等对外文化交流活动，接待来自20余个国家和地区的客人，为景泰蓝历史及文化传播起到很好的宣传作用。北京市珐琅厂通过这些非遗体验活动，让大家感受到老字号企业非遗技艺新的服务，同时也提升了企业的影响力和销售额。

三、非遗旅游价值增值环节与机会

本部分依据产业链增值理论，剖析在非遗旅游活化过程中的产品设计环节、生产环节、营销与品牌打造环节等产业现状，运用微笑曲线理论分析价值增值过程中的关键环节，并在附加价值较大的环节探寻价值增值机会。同时从产品增值、环节增值、规模增值、品牌增值等角度对非遗旅游活化的价值机会进行分析，分析当前非遗旅游产业链增值困难的主要特征与成因，梳理总结其背后存在的影响价值创造的深层次因果逻辑。

（一）非遗旅游价值增值环节

不同于一般产品的微笑曲线，非遗附加价值不能以单一的财务价值的高低作为衡量依据，而应以财务和非财务价值总和为衡量依据，其中非财务价值包括文化价值和社会价值。因此，非遗旅游价值增值不能只强调财务层面的利润、净资产或总资产报酬率的增长，还应关注传统文化传播、国民文化素养提升、文化自信、社会凝聚力提升等方面综合文化、社会效益的贡献。虽然非遗的门类复杂，涉及面很广，但其生产链条基本上包括上游的研发设计、中游的生产创作以及下游的品牌营销等环节，而每个环节上的价值增值空间会有差异。

1. 研发设计环节

研发设计是产业链的起始环节，对后续生产创作和品牌营销产生重要影响。研发设计反映了设计者对非遗产品注入的思想，体现了非遗的灵魂，展现了非遗活化的文化价值和社会价值。因此，重视并创新研发设计，不仅可以拓宽非遗的应用领域，使非遗更能够融入当代人的日常生活，而且让非遗产品在跟随时代勇于创新的同时，保留非遗的原真性，留住非遗技艺，创造经济效益的同时实现文化价值和社会价值的增值。

以北京工艺美术行业为例，目前工艺美术行业主要抓住创意设计和市场营销两大环节。如北京工美集团技术中心是北京市级的研发设计中心，核心团队的平均年龄为30岁；北京工美集团的北京工美艺术研究院，主要从事艺术研究。再如北京市珐琅厂鼓励设计师的研发创新，积极实现跨界融合，尝试开发文创产品，并大力发展体验、研学、博物馆等业务。此外，公司在承接中国宋庆龄青少年科技文化交流中心鹿鸣馆的景泰蓝装饰工程中，积极寻求外部设计团队。由于公司的设计能力有限，因此聘请了常沙娜先生的学生，即北京林业大学教授高阳，由她率领她的学生一起，以古丝绸之路上的敦煌壁画与龟兹壁画为主题进行创新设计。

2. 生产创作环节

生产创作是产业链的中间环节，非遗只有不断地生产创作，才能传承非遗，在产业链的价值增值中发挥重要的作用。非遗核心技艺发展至今已基本定型，与其他环节相比，生产创作环节的发展已经较为成熟，经济价值增值的空间相对小。但是，在现代市场环境中，非遗也会受到各种因素的影响，其生产经营将会遇到一定的困境。如北京市环保政策要求，生产制造企业的工厂要外迁，如今有些非遗企业已整体搬迁，有些非遗企业外迁其生产车间，在京只保留研发设计、销售和营销等部分，这些导致企业经营成本的增加。在这一政策下，北京的生态环境得以有效地保护，但部分非遗企业的迁出，也对北京非遗的活化产生了较大的影响。

3. 品牌营销环节

当前非遗旅游在发展中还有较大的提升空间，尤其在品牌营销方面需要进一步推动。案例分析表明，品牌营销通过不断开拓新的市场，提升文化价值和社会价值，从而更好地实现经济价值增值。非遗是中华民族的瑰宝，民族自豪感的唤起在于人与人之间的融通、情与情相连、心与心互动。在品牌营销环节，非遗企业与民众在相互的感触、刺激、互动、回音与共鸣中，一个"情感共同体"得以形成，民众与非遗企业在情感融通中，树立文化自信。非遗企业的品牌营销是以情动人，依靠情感的流变获取感染性的魅力。当然，非遗的品牌营销对人才的要求较高，既要兼顾非遗与营销两方面的知识，又要具备创新能力，用现代营销手段、情动机制，对非遗这一特殊产品进行创新性的宣传推广。与此同时，在非遗的品牌营销过程中应充分利用科技手段，通过线上线下相结合的方式，不断提高非遗品牌的影响力。

综上所述，非遗的价值增值在每个环节上都产生，但其增值空间并不均衡。在漫长的历史发展中，非遗的生产工艺、创作艺术已基本定型和成熟，但是与现代市场对接过程中，其产品设计、销售渠道与营销活动却难以适应现代消费者的需求，其经济价值难以实现。目前，非遗旅游价值增值的分布特征为，在生产创作环节上的经济价值增值空间相对较小，在研发设计和销售、服务、品牌等产业链的两端上有较大的增值空间，形成了非遗的微笑曲线。因此，如何针对现代消费者的需求，通过创意设计和现代营销方式，构建当代社会中的非遗品牌，提升其经济价值、文化价值与社会价值，是非遗旅游价值增值的关键所在。

（二）非遗旅游价值增值机会

在现代社会，非遗产业链的价值增值必须从产业链的全局上统筹考虑，在全链条、全环节上实现价值增值。为此，应迎合现代消费者的多种需求，实现产品增值；拥抱现代技术，实现技术增值；对接现代消费习惯，打造非遗品牌，实现营销增值；促进非遗与其他产业的融合，创新非遗活化模式，实现模式增值。以北京市珐琅厂为例：公司将传统的家庭小作坊整合成大企业，将精通不同工序的工匠聚集在一起，对生产技术、生产工具等进行创新，实现技术增值；迎合消费者的需求，提供旅游参观服务，生产制作旅游产品。迎合国家需求，制作景泰蓝国礼，实现产品增值；不断拓宽经营范围，承接装饰工程，不断尝试景泰蓝制作技艺与花丝镶嵌、铜雕技艺等技艺的融合，实现模式增值；跟随时代潮流，做直播，发抖音，参与各种展销活动，对接当代消费者的消费习惯，实现营销增值。

1. 产品增值

非遗需要迎合现代消费者的新需求，通过创意设计，创新研发非遗产品，挖掘非遗的附加价值，实现产品增值。产品增值包括有形产品增值和无形产品增值，有形产品是指以实物形式存在的产品，包括传统非遗产品和非遗衍生产品，无形产品是指展会、体验、参观等服务产品。

在有形产品方面，北京市珐琅厂不仅生产传统的景泰蓝器皿，还开发了各种各样的非遗旅游商品，例如四季杯垫、保温杯、抱枕、钥匙扣、冰箱贴、胸针、书签、首饰等。此外，北京市珐琅厂还主持设计生产了多个国礼、民礼、大型活动纪念品、装饰工程等。

在无形产品方面，北京市珐琅厂经常举办庙会以及淘宝大集，参与人数众多，销售额可观；成立中国首座公益性景泰蓝艺术博物馆及体验制作中心，为东城区和南城区域文化提供了一个新的文化体验、科普教育场所。总而言之，北京市珐琅厂面向现代消费者的新需求，通过创意设计，创新研发非遗产品，使传统的景泰蓝更贴近大众生活，充分挖掘非遗的附加价值，实现了产品增值。

2. 环节增值

非遗在旅游活化过程中，在不同的环节上都可以创造价值。具体来看，在研发设计环节，开发定制类产品；在生产环节，通过生产技术或工具的改进实现价值增值，通过非遗博物馆、非遗体验等，开展品牌营销。

以北京泥塑兔儿爷为例：北京传统的兔儿爷制作工艺烦琐，工序多，耗时长，这样的生产周期很难适应市场，为此，吉兔坊在生产环节保留古老纯手工制作外，改用更新的工艺材料，在泥土中加入棉絮，以增加黏结性，避免泥塑开裂。同时，吉兔坊借鉴工厂的标准化生产方式，创新性地把各个流程细分，不同的工人专门负责不同的工序，以此保障产品质量和工作效率。尽管吉兔坊的泥塑依然全部手工完成，但生产效率明显提高，产量扩大，2010年实现了手工艺的小批量的生产。可见，吉兔坊通过生产环节的改进，极大提高了兔儿爷的产量和质量，实现了环节增值。

3. 规模增值

非遗的销售和营销手段必须贴近现代市场，对接现代消费者的消费习惯，运用线上线下融合的营销策略打造非遗品牌，实现规模增值。北京同仁堂集团是全国中药行业著名的老字号，横跨现代制药业、零售药业和医疗服务等板块。而知嘛健康作为其旗下北京同仁堂健康药业的子公司，担负北京同仁堂集团的大健康类所有产业。知嘛健康的问世标志着百年老字号同仁堂，正式迈向全新零售业务的商业模式。它以"零号店"为孵化资源池，提供产品、经营和数字化层面上的赋能，满足不同合作方差异化需求，形成线上线下标准和小微门店的快速复制，实现全国线上线下融合模式的万店裂变。北京同仁堂集团正积极采用现代管理方式，顺应年轻市场，迎合当下消费者的消费习惯，融合线上与线下市场，实现规模增值。

4. 品牌增值

非遗本身就是一张名片，可深度挖掘非遗的文化内涵，利用市场营销、媒体传播等多种方式扩大品牌知名度、影响力，实现品牌效应的最大化。

（1）多栖发展

曹氏风筝工艺是北京市的传统民间风筝艺术，风筝寻梦围绕风筝及其衍生品进行产业化经营，借助现代商业模式扩大曹氏风筝的品牌知名度，并不断走向国际市场，为曹氏风筝的传承做出自己的努力。例如，中国第一个曹雪芹乡村风筝博物馆包括风筝主题公园、放飞场地、民宿、采摘园、农家院和茶社等一系列内容；在武当山孵化4500平方米的曹雪芹风筝生活馆；重视文创产品的开发，探索做一个以曹氏风筝为主题的连锁店，开发与曹氏风筝相关的生活必需品。2000年，风筝寻梦注册了"京都曹氏风筝"商标，之后陆续完成茶馆、印刷商品、书签及陶艺瓷器等商标注册。

（2）品牌传播

文化是品牌的核心内涵，企业可利用现代营销手段为品牌打响声誉，实现品牌增值。如北京市珐琅厂创建"京珐"品牌，荣获第九届北京影响力最具影响力十大品牌的荣誉。公司通过品牌讲述国家瑰宝景泰蓝的传承故事，"京珐"品牌也被30余家电视台、网络媒体和纸媒大力宣传和报道，这对弘扬景泰蓝文化、扩大"京珐"品牌知名度起到了积极的促进作用。

四、非遗旅游价值增值方式

利益相关者理论作为目前在管理学和经济学等领域广为接受的一种理论，最早由西方学者提出。20世纪80年代中期，"股东至上主义"被打破，分化出股东中心理论和利益相关者理论。利益相关者理论认为，企业应是利益相关者的企业，包括股东在内的所有利益相关者都对企业的生存和发展注入了一定的专用性投资，同时也分担了企业的一定经营风险或是为企业的经营活动付出了代价，因而都应该拥有企业的所有权（付俊文，2006）。随着理论的发展，利益相关者理论应用于更多的领域。国内外专家学者认为，利益相关者是基于实现同一个目标而聚在一起的个体或群体，为了实现目标，他们投入物质资料、人力资源和金钱等，过程中也存在一定的风险（蔡炯，2009）。因此，利益相关者理论不仅注重要素投入，同时也注重各主体之间的关联性（吴飞美，2022）。

非遗旅游产业的发展是一项系统工程，需要中央和地方各级政府、传承人、非遗企业及社会公众的共同努力，各主体不同的利益诉求必然导致利益博弈。不同利益相关者显示出各自不同的特点和作用，彼此之间形成复杂的利益关系。

（一）非遗旅游价值增值主体

如前所述，非遗在旅游活化过程中必然涉及不同的利益主体，推动多元的价值增值。

1. 传承人等非遗从业者

传承人等非遗从业者是直接参与非遗传承、使非遗能够沿袭的个人或群体（团体），是非遗最重要的活态载体。传承人等非遗从业者是整个利益主体圈的核心，其他利益主体都是围绕着传承人发生各种各样的经济或社会的关系。非遗的存在与传承是以传承人等非遗从业者为依托，如果他们消失，原真性的非遗也就不复存在。因而，非遗保护传承与活化利用的重点和核心是传承人等非遗从业者。

我国拥有 5000 多年的悠久历史和灿烂文明，在这片土地上那些勤劳勇敢的民间艺人们用独具匠心的构思、纤巧灵动的双手留下了中华民族独有的剪纸艺术、绢花艺术、皮影制作与表演艺术等非遗。在我国，非遗项目代表性传承人是指经国务院文化行政部门认定的，承担国家级非遗名录项目传承保护责任，具有公认的代表性、权威性与影响力的传承人。2019 年 11 月 12 日，文化和旅游部部务会议审议通过，自 2020 年 3 月 1 日起施行的《国家级非物质文化遗产代表性传承人认定与管理办法》规定，符合下列条件的公民可以申请或者被推荐为国家级非遗项目代表性传承人：

①长期从事该项非物质文化遗产传承实践，熟练掌握其传承的国家级非物质文化遗产代表性项目知识和核心技艺；

②在特定领域内具有代表性，并在一定区域内具有较大影响；

③在该项非物质文化遗产的传承中具有重要作用，积极开展传承活动，培养后继人才；

④爱国敬业，遵纪守法，德艺双馨。

从事非物质文化遗产资料收集、整理和研究的人员，不得认定为国家级非物质文化遗产代表性传承人。

在非遗的旅游活化过程中，最核心的旅游资源是技艺，而技艺是由传承人拥有和传承的。因此，如何培养传承人，建立长效的传承人培养机制，对旅游市场的开发非常重要。传承人作为一个社会人或社会群体，在这个利益主体圈中，其首要的利益诉求是基本的生存，并在此基础上追求人生的更高目标，如传承人类宝贵的文化遗产、实现个人的社会价值等。在社会经济飞速发展的今天，科学技术日益发达，人们的物质生活得到极大满足，而非遗的传承却面临着严峻的现实。首先，传承人普遍生活在社会基层，经济地位和社会地位都比较低。这种状况使得对非遗感兴趣或有志传承者望而却步，传承便难以持续下去，文化传承与人的生存之间产生了不可调和的冲突与矛盾。其次，大多数活态传承人年事已高，许多技艺濒临消亡，会造成非遗不可弥补的损失。再次，非遗进入旅游市场的过程中，传承人最大的优势是拥有一技之长，这种技艺作为潜在的生产力，只有开发得当才会转变为极富价值的旅游资源，并成为现实的生产力，并能保证传承人获得较好的经济收入。

2. 政府

政府是指以国务院为中心的各级行政机关，能够为非遗旅游活化提供政策支持、资金扶助和法律保障。政府具有政治职能、经济职能、文化职能及社会职能。在非遗保护工作中，政府的职能主要集中在以下四个方面：建立健全完善的法律体系；建立健全完善的政策体系；建立健全完善的基金运作体系；建立健全完善的组织管理及宣传体系。这四大体系的建立，是政府有效组织、规划、建立我国非遗保护体系的基础。

非遗的保护之所以需要政府行为，是因为政府能够具有超越当前经济利益的调控能力，能够将保护放在开发利用之上。政府在非遗保护与传承中的特殊地位，决定了在整个非遗旅游产品开发过程中，这一利益主体将起着非常关键的作用。首先，政府是非遗的界定者，由各级政府来界定不同类型非遗的等级，给予传承人社会地位和荣誉，确定传承人的重要责任；其次，政府是保护工作中强有力的推动者和监督者，他们义不容辞地承担非遗的保护工作，同时加强对非遗开发的监督与控制，保证文化遗产健康、有序地传承。

非遗旅游作为政府拉动经济增长的重要战略，被各地政府广泛推行。就我国具体情况来讲，非遗主要留存在广大的偏远农村和民族地区，在这些地区，政府的日常行政工作与非遗旅游的开发是互相促进、相得益彰的。政府可以借助已有的工作基础推动非遗旅游发展，而且通过非遗旅游的创新性发展，推动在广大农村和民族地区的各项工作。例如在保护传统文化、发展非遗文艺表演形式、更新农民传统观念、旅游扶贫工程等多个方面，政府日常行政工作的各项任务都与非遗旅游开发存在一致性。将政府的日常工作与保护非遗结合起来，可以节约人力、物力、财力。

当然，政府作为利益相关者，在非遗旅游活动中存在特殊利益诉求，这可能与保护、传承非遗产生一些矛盾。政府不是一个抽象的概念组合，而是各级政府人员主体意识与行为模式的具体体现。在现行的干部制度和经济奖惩中，政绩、升职和经济利益等往往影响着政府人员的角色扮演。反映在非遗保护中，政府人员对非遗的保护和开发，施行着各种管理者的方法和手段，均以政绩为导向，保护成败均在其手中。在我国，与文化遗产有关的政府职能部门按纵向层级进行划分，可分为中央、省、市、县等各级政府的行政主管部门。其中各级政府是文化遗产所有者的实质性代表，在国家的政策制度规范内，行使对文化遗产公共资源的管理权，通过非遗旅游的开发和经营，可以带动当地经济和区域相关产业的蓬勃发展。但地方政府作为一个独立的组织，也有自身的利益诉求（如财政收入、政治业绩等）。政府的利益诉求归纳起来主要有：一是通过非遗旅游活动的开展，增加财政收入；二是通过非遗旅游的发展促进当地经济发展，带动区域相关产业形成规模，产生集群效应；三是通过开发利用非遗旅游资源，增加更多的就业岗位，缓解当地的就业压力；四是增加宣传本地的渠道，另辟蹊径提高当地的知名度。

保护非遗是一项公共文化事业，政府主导是政府理所当然地履行公共事务管理职能，是政府文化职能的具体体现。没有政府的政策支持和资金扶助，非遗就不可能得到妥善保护；如果远离了政府主导性力量，现代工业文明下的非遗将会更快地消亡。

党的二十大报告明确提出，推进文化自信自强，铸就社会主义文化新辉煌。健全现代文化产业体系和市场体系，实施重大文化产业项目带动战略。加大文物和文化遗产保护力度，加强城乡建设中历史文化保护传承，建好用好国家文化公园。所以，保护好非遗是政府履行公共职能的时代要求，各级政府要在非遗旅游活动中整合各方面的利益诉求，调动和协调各方力量，平衡各种关系，使各利益相关者共同参与非遗旅游开发和非遗保护传承，这是政府义不容辞的任务与职责。

3. 企业

企业是开发促进非遗保护的经济主体，是以旅游资源为依托，以有形的空间设备、资源和无形的服务效用为手段，在旅游服务领域中进行独立经营核算的经济单位。非遗一旦与旅游市场相结合，必然会吸引大量的文旅企业进入这一市场，从而形成企业与传承人之间复杂的商品经济联系。

企业作为经济利益主体，其利益诉求必然是自身经济利益的最大化，当然，也有一些企业具有较强的社会责任，会追求经济利益和社会利益的统一。但是无论如何，经济利益是这一利益主体最鲜明的利益诉求。

企业是旅游业的主体，要把非遗转化为旅游资源，实现其市场价值，从经济效益上鼓励传承人自觉维护非遗，充分展示自己的历史传承，必须有相关旅游企业的参与和支持。非遗需要进行市场化运作，非遗的开发有助于我国特色经济的形成，为经济发展创造新的增长点。通过对非遗的商业开发，可以为我国发展民族特色经济奠定基础，不仅可以孵化和培育出一些具有中国特色的文化新产业，而且能够辐射其他产业，推动国民经济的整体发展。在挖掘非遗精华、弘扬民族传统文化、产生良好社会效益的同时，还应该通过各种形式的非遗项目的展演，进一步丰富和壮大国民休闲经济与产业。而对于旅游企业来说，他们最大的优势在于能够洞悉市场动态，具有一定的经济实力，更重要的是懂得如何开发和经营非遗旅游产品。他们通过将非遗旅游资源与民间资本结合，开发成旅游产品，再进行销售，最后在非遗旅游的经营收益中分取利润。许多企业耗费巨资投入非遗项目，正是看中了非遗深厚文化内涵背后潜藏的巨大盈利能力，对非遗旅游的经营前景有较好的预期。但是长期以来，民间资本在开发非遗旅游项目乃至进入整个旅游业的途径依然狭窄。鉴于此，2012年7月，原国家旅游局发布《关于鼓励和引导民间资本投资旅游业的实施意见》，明确我国将向民间资本全方位开放旅游业，鼓励民间资本进入从风景名胜、海岛海洋旅游开发到旅游装备制造、旅游公共服务在内的所有旅游服务业链条。这极大放宽民间资本渗入范围，为民间资本扎根非遗旅游业提供了政策空间，并引起非遗旅游投资热潮持续不断。2021年9月16日，文化和旅游部产业发展司发布《文化和旅游部办公厅关于进一步加强政策宣传落实 支持文化和旅游企业发展的通知》，鼓励文化和旅游企业"上线""上云"，与社交电商、网络直播、短视频等在线新经济结合，开展内容创作、产品展示、传播消费等环节合作，培育壮大文化和旅游消费新产品、新业态、新模式。支持文化和旅游企业发展线上演播、沉浸式体验、交互体验等新型业态。进一步优化营商环境，深化"放管服"改革，适应文化和旅游新业态、新模式的发展需要，创新监管机制、优化服务方式，激发市场主体活力。为了突出旅游产品的独特性，提高竞争能力，企业需要不断地创新，开发高品质的、有深厚文化底蕴的旅游产品，而非遗正好可以很好地满足这一需要，这是未来旅游市场的重要发展趋势。

当然应冷静地思考如何科学而理性地开发非遗项目。因为在非遗旅游快速发展的过程中，非遗旅游活化也出现了许多问题，对非遗旅游的可持续发展构成了一定的威胁与破坏。企业在追求经济效益最大化时，经常会有急功近利甚至利欲熏心的行为，为迎合游客猎奇心理而对非遗进行无序、过度开发，不重视对文化和生态环境的保护。对于公共产品的非遗而言，过度的市场化势必会带来很多弊端。过度的商业包装容易破坏非遗的原真性，致使非遗舞台化、商品化和庸俗化，独特性和多样性遭到冲击，存在的文化环境遭到削弱和破坏。有些非遗实际上已经沦为一种仪式的展演，失去了民俗生活所具有的历史感。现有的非遗旅游在开发过程中项目庸俗化现象严重，只注重表层娱乐性，文化真实性大大减弱。企业的经济利益诉求往往导致过多地关注消费者的需求，而忽略了文化遗产保护传承的特殊性；对非遗过度的商业开发，容易使遗产失去文化的原真性，在市场开发中遗失自己的文化特性，从而造成新一轮的传统文化遗产的破坏。因此，如何提高企业的社会责任感，正确地引导他们兼顾经济利益与社会利益，是非遗旅游活化中一大难题。

但是如果一味地回避商业开发，在资金缺乏条件下，企业作为利益相关者在其实施保护和开发过程中难免出现积极性不高甚至遇到阻力的情形。为了使非遗保持经久不衰的魅力以招徕更多的客源，非遗旅游企业在理性行为决策下，应该关注对非遗旅游资源的保护，以实现长期利益。社区居民对企业支持或反对的态度，对非遗旅游项目的顺利开发也具有很大程度的影响，因此，改善和维持良好的非遗旅游环境，同样是企业的利益诉求之一。另外，单方面地指责民间资本的介入和商业开发是破坏非遗的罪魁祸首，并不能从根本上解决问题；我们更应该关注的是非遗的保护与开发的合理模式,即如何利用现有的条件,科学合理地整合各种资源来保护非遗。

4. 消费者

在旅游市场,旅游者即消费者是非遗旅游产品的需求方,也是产品的最终检验者。能否满足他们的需求,得到市场的认可,将决定产品发展的生命力。因此,在整个产业链中消费者至关重要。

作为消费者,为了了解和欣赏到非遗旅游资源的独特价值,为获得期望的物质、精神和文化等方面的愉悦体验,他们追求非遗旅游体验的质量和满意度。区别于其他利益相关者利益诉求的经济性,非遗旅游消费者的利益诉求是非经济性的。具体来说,往往表现在购买有当地特色、有较强的纪念性特征、物美价廉和体验性强的旅游产品。当然,通过旅游参观、游览与购物,了解本地区特有的传统文化,从而获得文化的认同感或探究异质文化,也是重要的诉求之一。但是,旅游者构成的多样性导致需求的多样性,不同经济收入、不同国家、不同民族、不同年龄、不同性别、不同职业、不同文化修养的人都有其特定要求,而这些因素的组合,使得这些需求的多样性达到惊人的程度,这必然增加满足他们需求的难度。

从理论上讲,旅游消费者行为是由旅游者的心理过程和心理特征所决定的,因而分析和把握旅游者的心理过程和心理特征,即可预测和掌握旅游者的消费行为。但在实践中,由于人们的心理过程是一个"黑箱",无法对其进行客观的分析和研究,因而就必须多角度深入分析和推断消费者行为。

对非遗旅游产品的消费是旅游者自愿的行为,也是被"诱导"的行为,各种偶然的因素都可能引起其消费心理的变化。对大部分旅游者而言,旅游产品(包括非遗旅游产品)的购买目的常常并不十分明确,一切都是随机应变的,往往取决于具体时间、地点、环境、气氛以及旅游者的情绪等多种因素。专家学者从心理学、消费者行为学、经济学等多角度研究了旅游者购物行为模式,认为消费者在购买旅游产品时受市场营销、环境因素、参照群体、个人因素、心理因素等方面的影响。这为非遗旅游消费者行为的研究建立深厚扎实的理论基础,有利于非遗旅游中的消费者分析与市场细分,有助于界定不同地域文化背景的旅游消费者,并对满足其需求的市场开发和产品促销推广提供了有益的思路。

美国的行为科学家弗雷德里克·赫茨伯格(Fredrick Herzberg)提出双因素理论(Two Factor Theory),又称为激励保健理论(Motivator-Hygiene Theory)。双因素理论认为,引起人们动机的因素主要有两个:一是保健因素,二是激励因素。只有激励因素才能够给人们带来满意感,而保健因素只能消除人们的不满,但不会带来满意感。因此,满足了消费者的旅游需求,可能仅仅使消费者"没有不满意"，不一定会提高旅游者的满意度，反而可能对非遗的原真性造成无可挽回的破坏。这对企业"为了满足游客需要"而提出的各种开发改造非遗的理由提出了挑战，因为有时根本不知道游客需要什么。对于非遗这类高度稀缺、不可再生的资源，管理者应该适当地限制游客需要，引导游客需要，而非一味地满足游客需要。

非遗作为特殊的旅游产品，通过进入现代市场获得新生是开发的重要目标。但更为重要的是，应该清醒地认识到非遗是各族人民世代相承、与群众生活密切相关的各种传统文化表现形式和文化空间。非遗既是历史发展的见证，又是珍贵的、具有重要价值的文化资源。我国各族人民在长期生产生活实践中创造的丰富多彩的非遗，是中华民族智慧与文明的结晶，是联结民族情感的纽带和维系国家统一的基础。让更多的本民族和其他民族的人们全面、深入地了解这种优秀的传统文化，自觉、积极地投入这种文化遗产的传承与保护中，这才是最根本的目标。因此，消费者必须以平等心态鉴赏这一人类璀璨的文化明珠，自觉保护非遗，通过体验或购物等消费方式，为文化多样性的生态环境做出自己的贡献。

5. 专家学者

近年来中国专家学者在非遗保护与活化过程中发挥了非常重要的作用。大多数专家学者从尊重人类文明成果、捍卫多样性的文化生态出发，希望悠久的文化传统能够被继承，使文化尽可能呈现多样化的态势，世界文化得以可持续发展。但我们也不得不承认，专家学者作为一种外来文化的携带者，也会将一些尚不成熟的想法影响给当地社区，使原本自然的传承在传播过程中发生某种变异。因此，专家学者在非遗保护与活化方面应把握好角色定位问题。一方面，专家学者参与民族文化的保护工作责无旁贷；另一方面，学术研究的根本目的是求真，客观冷静的研究是保护的基础，因而专家学者应对非遗保护和活化提供多方面的智力支持。

我国成立的各级民族民间文化保护专家委员会、非遗保护专家委员会，性质上与国外同类组织相同或相近，但权力和影响却十分有限。显然，与发达国家相比，专家学者对传统文化保护工作的介入程度远远不够，这和政府对知识界的认识有关，也和专家学者习惯于做象牙宝塔式的研究有关。实际上，对非遗的调查研究以及实施保护，在象牙宝塔里是不可能完成的。与文献、典籍不同，非遗是一种以口传身授为特征的活态文化遗产，只有走出象牙宝塔，走向田野，才能获得鲜活的第一手材料。当前高度重视非遗保护的大背景，正为学术研究提供了重要的契机。

保护一定要以研究为前提，专家学者大量的前期成果，是制定政策、实施保护的重要依据。从这个意义上说，专家学者对非遗的研究就是保护的一个部分。当前，专家学者对非遗保护所提供的智力支持，至少包含以下五个方面：

第一，推进非遗保护的基础理论研究。正如专家学者所指出的，非遗的保护牵涉到一系列的矛盾，诸如保护与开发之间的悖论。其中最为关键的是：非遗的灵魂是原真性，如何既保护原汁原味的非遗形态，又保证传承人和当地社区居民向现代化生活方式迈进？这一理论问题亟待专家学者解决。而在当前，专家学者自己也处在困惑中。这再一次提示我们，作为保护前提的理论研究工作的重要性，以及专家学者在保护工作中的地位。

第二，推进对非遗的教育传承。非遗拥有一套完整的知识体系，但是在当前教育中，关于非遗的教育却被严重忽略。因而，更新教学内容、调整课程体系、改进教学方法，使非遗走进大中小学的课堂，是专家学者面临的又一任务。就大学而言，无论从专科、本科还是研究生教育，都需要教育家和专家学者进行非遗的普及宣传教育，这不仅可以让学生们懂得本民族的艺术，更有利于培养学生们对本民族文化的认知和认同感，从而树立起民族自尊心和民族自豪感。推进非遗的教育传承，应当是教育改革的重要组成部分，对此专家学者任重道远。

第三，把田野调查与非遗的普查结合起来。学术性的田野调查比行政部门主持的普查更深入、更专业，因此，应鼓励和加强专家学者的田野调查。当某一专项的田野调查完成后，该项目的普查工作也就水到渠成。

第四，在申报、认证、保护诸环节发挥作用。在申报、认证和实施保护的每一环节，专家学者的声音都可能起着关键作用。专家学者所拥有的知识资源、智能资源、研究积累、理论眼光，都可以在非遗研究领域绽放智慧的火花。专家学者的参与可以使非遗的保护带上浓重的学术色彩，尽可能抹去功利性；可以帮助政府部门提高保护水平，最大限度地减少盲目性；可以提高保护民族遗产的世界性意义，淡化单纯的民族主义和国粹主义色彩。

第五，作为传承人与政府之间的中介，学术研究的根本目的是求真，即追求事物的真相和客观真理。客观冷静的研究，可以使专家学者避免充当政府的文化工具，也可以避免充当传承人的文化工具。只有专家学者才能在政府与传承人之间充当客观中介，可以对社区居民予以引导，对政府谏言。

总之，非遗保护与活化是一个专业性和学术性很强的课题，要在实践基础上进行理论研究和学科建设的思考，才能制定落实可操作性的保护对策和措施，处理保护、抢救、研究过程中出现的复杂矛盾，使传统文化在新时期文化建设中发挥更大作用。然而现在我国还有很多地区做不到非遗的全面普查，也就很难建立健全文化遗产保护方面的理论，因此专家学者对非遗理论研究要走出象牙塔，要深入调查、研究、宣传，只有在田野调查的基础上总结经验，才能获得具有学术价值的内容。

6. 其他

在非遗的旅游开发过程中，还有社区、媒体和民间社团等特殊的利益相关主体。这些利益主体一般具有较强的社会责任感，以推动非遗的保护与传承为重要责任，运用舆论的影响力，积极倡导全社会密切关注非遗，使保护非遗深入人心，从而起到积极的作用。可以说，这些利益主体的利益诉求与政府大体相似，可以成为社会监督的中坚力量，阻止过度的商业开发和庸俗化现象的出现。

（1）社区

社区居民在非遗保护与活化中应是积极参与的主体。社区是指聚居在一定地域内的人们组成的社会生活共同体。这些社会共同体所反映出来的有关人的行为方式、社会习俗、生活方式、价值观念、思维定向、地域心态等文化现象的总和构成社区文化，其中就包括了各种各样的非物质文化和绝技绝活等。非物质文化形态就是民间、基层、社区和人民群众在长期的日常生产、生活的实践中产生、发展、传承而来的，同时，它们也是社区大众文化艺术生活的重要组成部分。非遗旅游也是在社区之间展开的旅游活动，可以说社区是非遗旅游发展的依托，没有社区的健康发展，就没有旅游业的可持续发展。

我国很多地区的旅游业就是由于忽视社区因素及当地居民的要求和相关利益，没有与社区建立起合作伙伴关系，而造成社区环境污染乃至恶化，经济秩序混乱乃至失控，文化传统扭曲乃至丧失。所以，不能忽视社区对非遗的保护与传承所发挥的重要作用。作为非遗保护与传承的大土壤，社区往往既是文化遗产的重要传承人，又是广泛的受众群体。公众参与的广度和深度将会增加文化存在的空间区域，扩大传承主体范围，使这种文化在人的自身繁衍中不断地加以传承。同时，非遗的民族性特点从本质上也要求，社区居民在保护与传承过程中能够积极、广泛、全面地参与。因此，社区在非遗传承中起到重要的作用，也在利益相关主体圈中占有不可或缺的地位。

非遗旅游的开发与社区群体存在非常紧密的联系。非遗旅游开发会给社区群体带来不同的影响：一是积极影响，非遗旅游的开发能促进当地的经济发展，改善当地群体的生活条件，完善基础设施，创造新的就业机会，促进当地与外界的文化、经济等多方面的交流，居民素质得到提高，民族文化得到保护和发展。二是消极影响，发展非遗旅游会有形无形地打扰居民原有的生产生活方式，如物价的上涨、生活环境的污染、噪声的产生、生活空间的拥挤、不同文化之间的碰撞等。这就会引发社区、传承人、开发商等不同利益相关主体之间纷繁复杂的利益纠缠。

总体来说，社区群体的利益诉求主要表现在四个方面：一是改善和提高自身生活水平和生活质量；二是维护当地文化和传统，受到外来游客的理解和尊重；三是参与到旅游经营活动中，分配到旅游收入；四是增加就业岗位，为本地经济提供获益的机会。

（2）媒体

保护非遗除了需要来自政府方面的政策保证、资金支持和统筹管理，还需要打开另一条路，即积极调动传媒的力量，加强宣传教育，唤醒民众的文化自觉，保护传承丰富多彩的非遗。

目前，肩负着传播非遗任务的主要媒体有报纸、杂志、广播、电视、互联网等。此外，还有户外媒体，如路牌灯箱的广告位等也在为宣传非遗贡献力量。在科学技术日新月异的当代，随着科学技术的飞速发展，逐渐衍生出新媒体。新媒体是新的技术支撑体系下出现的媒体形态，如数字杂志、数字报纸、数字广播、手机短信、移动电视、网络、桌面视窗、数字电视、数字电影、触摸媒体等。相对于报刊、户外、广播、电视四大传统意义上的媒体，新媒体被形象地称为"第五媒体"。例如：IPTV、电子杂志等。它们在传播宣传非遗的过程中异军突起，在传达民族文化多样性方面起到越来越重要的宣传教育作用。

媒体参与非遗保护是媒体的职责所在，是历史赋予媒体的文化传承责任。在国务院办公厅《关于加强我国非物质文化遗产保护工作的意见》的规定中明确提出，"鼓励和支持新闻出版、广播、电视、互联网等媒体对非遗及其保护工作进行宣传展示，普及保护知识，培养保护意识，努力在全社会形成共识，营造保护非遗的良好氛围"。因此作为参与主体之一，媒体理应义不容辞地发挥自身优势投入非遗保护工作和优秀文化传承的行列中来，非遗保护现状也需要媒体加大参与力度，积极发挥作用。

（3）民间社团

民间社团即主要开展公益性或互益性活动，独立于政党体系之外的民间非营利组织，一般包括社会团体、民办非企业单位和基金会等团体组织。民间社团是多元社会治理主体体系的构成主体之一。在非遗保护主体体系中，由于非遗独特的多元性，涉及范围极其广泛，自身体系庞杂，加之不同地域之间民俗性差异，难以用统一的政策性措施来对其进行保护。因此，仅仅依靠政府来保护是难以面面俱到的，而生于民间、长于民间的民间社团，在保护非遗方面具有天然的优越性。

民间社团的特点具体表现在四个方面，即民间性、独立性、公益性和专业性。民间社团大多是社会成员为着某一特定的共同目的而自愿地组成，组织目标的同一性要求这些成员必须具备一定的专业知识技能。组成人员的专业性使得民间社团本身具有一定的专业性，民间社团的这一特征使其在非遗保护中发挥了类似专家学者的智力支持作用。因此，充分发挥各种民间社团的作用，是当今许多发达国家保护非遗的一个重要途径。

随着工业化、城市化进程的加快，弥足珍贵的非遗处于急剧消亡的境地，最大限度地发挥民间社团的独特作用，已经迫在眉睫。只有通过改进非遗演化的内生机制，培育和壮大广域覆盖的以传承非遗为宗旨的民间社团，创造形成各级政府自上而下的制度性保护与全社会自下而上的民间社团保护有机结合的社会文化环境，才能逐步从根本上扭转文化生态脱节、保护工作难以健康发展的不利局面，促进非遗保护事业的可持续发展。

（二）单一主体的价值提供到多元主体的价值共创

近年来，作为营销管理的核心内容，价值创造的研究视角从价值的单独创造向共同创造转变。价值共创是价值创造主体通过服务交换和资源整合而共同创造价值的动态过程，随着价值共创研究的发展，价值的内涵也不断拓展，除了传统研究中的使用价值、交换价值等，还包括体验价值、情境价值、社会情境价值和文化情境价值等（简兆权，2016）。随着非遗进入新的市场环境，价值创造的主体和增值活动发生了根本性的变化，利益相关者越来越多元化。不同利益主体能够提供的价值和利益诉求如表5-10所示。

表5-10 利益相关者的价值提供和利益诉求

利益主体	价值提供	利益诉求
传承人等非遗从业者	传承人等非遗从业者拥有非遗核心技艺，是非遗传承的主角	首要利益诉求是基本的生存，并在此基础上追求人生的更高的目标
政府	政府拥有超越当前经济利益的调控能力，能够将保护放在开发利用之上	在现行的干部制度和奖惩中，政绩、升职和经济利益等往往左右和引导着政府人员的角色扮演
企业	企业有资金和实力把非遗转化为旅游资源并进行市场化运作	首要追求自身经济利益的最大化；社会责任较强的企业，会追求经济利益和社会利益的统一
消费者	消费者是非遗旅游产品的需求方，也是最终检验者	最核心的利益诉求是非遗旅游体验的质量和满意度
专家学者	保护一定要以研究为前提，专家学者大量的前期成果，是制定政策、实施保护的重要依据	走出象牙宝塔，走向田野，获得鲜活的第一手非遗材料，推动非遗研究
社区	社区作为非遗保护和传承的大土壤，是非遗旅游发展的依托	社区希望提高生活质量，维护当地文化，提高经济收入
媒体	媒体可以调动传媒的力量，增强宣传教育，唤醒民众文化自觉	需要宣传优秀传统文化，增强文化自信，而非遗是很好的素材

第五章 北京非遗旅游活化系统分析

续表

利益主体	价值提供	利益诉求
民间社团	民间社团成员具有专业性，在保护非遗方面具有天然的优越性，同时弥补政府保护行为的不足	需要场所、物资等，发展社团成员的兴趣，需要其他利益主体的重视和帮助，以壮大社团

从价值提供角度看，传承人拥有非遗核心技艺；消费者对非遗旅游产品有强烈的需求；社区提供土壤，守护非遗原真性；企业提供资金，实现市场化运作；专家学者根据科学理论，为非遗旅游活化献策献计；政府与民间社团相辅相成，从宏观调控视角为非遗旅游活化保驾护航；媒体发挥传播职能，宣传非遗知识，唤醒文化自觉。各方利益主体各司其职，有助于科学地活化非遗，充分挖掘非遗的文化、经济、社会价值，实现非遗价值最大化。总的来讲，各方利益主体发挥自己的优势，贡献自己的力量，满足自己的诉求，实现非遗旅游活化的价值共创。

从利益诉求角度看，每个利益主体都有自己的核心诉求，有的更关注非遗旅游活化的文化价值，关注旅游活化是否破坏非遗的原真性，比如传承人；有的更关注经济价值，关注如何实现非遗产业化，如何拓展非遗市场，比如企业；有的更关注社会价值，希望非遗旅游活化起到宣传教育作用，关注民众的文化自觉是否被唤起，比如媒体。各方利益主体的诉求不同，并不代表他们之间不能合作。市场上的非遗产品多种多样，传承人更擅长传统的非遗核心产品，企业等利益相关者希望产出更多非遗衍生产品，两类产品均有市场，相辅相成，共同推动非遗旅游活化。

图 5-8 中 X 轴为非遗产品类型，从负向到正向是核心产品-衍生产品；Y 轴是非遗价值增值方式，从负向到正向是单一主体-多主体跨界合作。

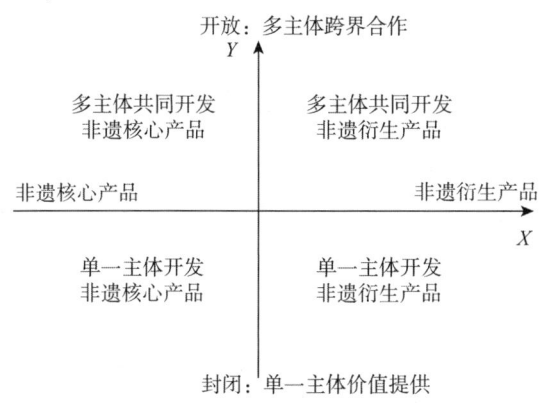

图 5-8 非遗旅游价值共创图

第一象限为多主体共同开发非遗衍生产品，即政府、媒体、企业、传承人等利益主体共同参与到非遗衍生产品的开发中，从而实现多元的价值增值。衍生产品具有成本低，价格相对低，并与现代生活结合更密切等特点，因此衍生产品的市场比核心产品更加广阔，其经济价值增值更为明显。衍生产品通过非遗文化元素的挖掘，开发现代消费者喜闻乐见的文化产品，因此任何非遗都有开发衍生产品的可能性，是非宜产型非遗可探索的开发方式。多主体开发衍生产品是当前非遗活化的发展趋势，例如风筝寻梦与传承人、政府、乡村、媒体、社区、消费者等合作开发非遗旅游产品，建立曹雪芹乡村风筝博物馆、曹雪芹乡村风筝生活馆等。

第二象限为多主体共同开发非遗核心产品，传承人、政府、学者、企业等利益主体聚焦非遗核心产品，助力非遗的传承与保护，社会各界对非遗核心产品的关注极大提高了非遗的文化价值。核心产品的开发需要众多利益主体的共同努力，这也是非遗活化中必须坚守的方向。例如北京皮影剧团与传承人、媒体、消费者、政府等合作创作经典皮影戏剧，从而实现非遗的保护与传承。

第三象限为单一主体开发非遗核心产品，主要指传承人专注于核心产品的生产创作。传承人开发非遗核心产品，有助于非遗技艺和艺术的钻研，但传承人的力量单薄，难以关注非遗活化的多元价值。单一主体开发核心产品的情况常见于贫困地区或濒危非遗项目，例如绢花传承人依托小作坊生产传统绢花。

第四象限为单一主体开发非遗衍生产品，主要指文旅企业专注于非遗衍生产品的开发。这类文旅企业更擅长将非遗元素运用到其他领域，实现非遗与其他领域的跨界融合，对非遗的传播和生活化应用起到了推动作用，例如近年来国产动画电影将越来越多的非遗元素融入动画，赋予了传统文化全新的表达方式。

第六章 北京非遗旅游活化影响因素与内在机理

本章基于产业链增值理论,首先在分析第四章中案例资料与相关文献的基础上,识别并构建影响非遗旅游活化水平因素的四维结构体系,确定指标与权重;其次在第五章分析产业链增值机会的基础上,分析推动产业链增值的关键影响因素之间相互作用的内外部推动力,内外部推动力共同作用推动非遗旅游产业链模式,共同构成非遗旅游活化的内在机理。

一、产业链增值视角下非遗旅游活化影响因素研究

(一)构建指标体系的基本原则

活化因素的选取直接关系到非遗旅游活化水平结果的准确性和真实性,应遵循科学性、整体性、一致性及可操作性等原则。

1. 科学性

在非遗旅游活化水平指标体系构建过程中,一方面,由于非遗具有脆弱性、唯一性和不可再生性的特点,所以应选取把保护传承放在首位,兼顾经济效益、社会效益、文化效益等方面的可持续发展指标。另一方面,所选取的指标都是以实际影响非遗旅游活化的主要因素为着力点,确立的指标都是能通过观察、测试、评议等方式得出明确结论的定量或定性指标,指标体系能较为客观和真实地反映所研究的内容,并以统计学的相关理论为基础,对收集的相关数据运用统计软件进行整理分析。

2. 整体性

在指标体系构建的过程中,一方面考虑非遗旅游活化过程中涉及政治、经济、文化等多个领域,从利益主体来看,涉及政府、传承人、社区、企业和专家学者等多方群体。另一方面,从非遗旅游产业链增值的视角,梳理包括产业

链内外部的影响因素，从而使指标体系更具有综合性，形成一个完整的评价系统。

3. 一致性

在评价指标选取的过程中，根据所选取统计方法的特点来合理地选取指标。运用层次分析法来构建非遗旅游活化水平指标体系时，选取具有代表性的因素分解为目标层、准则层和指标层。在选择时尽量减少指标间的耦合和重复现象，将每个指标间的相关性影响降至最小。

4. 可操作性

在非遗旅游活化水平指标体系中，在基本保证评价结果的客观性、全面性的条件下，选取的各指标尽可能概念明确、简化、微观性强，尽可能考虑数据的易获性和可采集性，且所需数据信息来源可靠，各指标具有现实可操作性。

（二）基于产业链增值视角的非遗旅游活化影响因素分析框架

非遗旅游活化是非遗在旅游市场生产—消费—再生产的过程，非遗要实现资源到产品、产品到市场的价值增值过程，必须融入产业链各个环节（黄益军，2015）。因此，从产业链增值视角识别影响非遗旅游活化的因素具有重要意义，也可以更有的放矢地提出产业链增值路径优化的策略。

层次分析法是将一个复杂的多目标决策问题看作一个系统，通过定量与定性分析结合，首先将被评价对象按优劣进行排序，根据排序的先后顺序进行评价与选择。一般将待处理的问题分为三个层次：目标层、准则层、指标层。上层因素对下层因素具有支配作用，并根据一定的准则或约束条件，对相同层的不同因素进行互相比较，并依据定量化形成矩阵。通过对不同矩阵最大化特征值的判断，得出对该因素的对应权重，利用定量的指标、思路、办法使得决策的过程形成模型。

本研究在构建非遗旅游活化水平影响因素四维结构体系的基础上，通过分析各个影响因素分指标与非遗活化水平之间的关联，辨析出贯穿非遗的资源潜质、开发主体、开发环节和开发环境的关键影响因素。最后，通过对影响非遗旅游活化水平的各个关键因素进行辨析，描述出每项关键影响因素的细分指标与表达内容，构建非遗旅游活化水平影响因素的指标体系。考虑到数据可获取性，构建评价体系的过程中选择德尔菲法来确定指标与权重，即专家对各种因素的影响程度进行打分，筛选并估算各因素的价值，为构建关键影响因素指标体系奠定基础。因此，本研究从产业链增值的角度，提出创新性的评价指标体系，具体包括以下四个方面，各类因素之间的结构关系如图 6-1 所示。

第六章 北京非遗旅游活化影响因素与内在机理

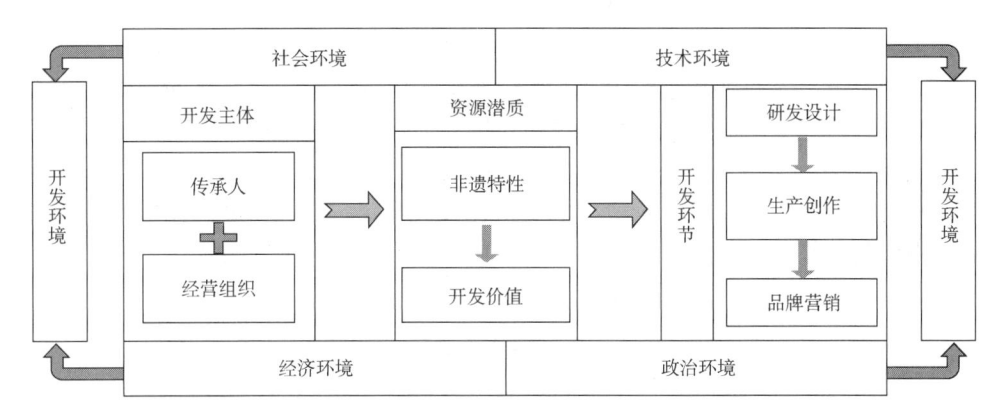

图 6-1 非遗旅游活化影响因素理论框架

1. 资源潜质：非遗特性和开发价值

非遗包含众多门类，非遗保护级别、知名度和类别等特性都会影响其产业化及活化程度。非遗的潜在价值是旅游市场开发的重要评判标准。作为一类文化旅游资源，文化价值是每一项非遗最核心的吸引力。当独具特色的文化资本进入旅游市场时，非遗所包含的经济价值将不断被挖掘，成为活化的重要驱动力。非遗的特殊性决定，它不仅能够促进社会文化交流，还能够营造热爱传统文化的社会氛围，增进不同地区、民族之间的了解，促进社会和谐。可见，非遗的旅游价值不仅体现在经济方面，还体现在文化价值和社会意义方面。因此，既要保护与传承传统文化的核心价值，也要利用遗产形态的变异性，以期不断丰富非遗的综合价值。

2. 开发主体：传承人和经营组织

根据波特的价值链理论，人力资源在价值创造过程中占据着重要地位，因此，开发主体是非遗旅游产业链增值的重要因素。传承人是非遗最重要的活态载体，承担着非遗保护与传承的责任；同时，他们又是旅游市场开发的重要主体，其精湛的技艺技巧、深厚的文化底蕴及拥有的市场开发能力均将影响非遗旅游活化水平。目前，在非遗旅游发展过程中，价值创造正由传承人的单一主体转变为多主体的价值共创。随着非遗的知名度和社会影响力不断提高，企业、社区、民间社团和政府等利益主体纷纷加入非遗旅游活化中，他们通过协同调动和配置资源形成合力，实现非遗旅游价值共创。在这一过程中，不同利益主体的资源调配情况、相关经营组织的性质及组织模式的创新，自当会对非遗旅游活化水平产生重要的影响。

3. 开发环节：研发设计、生产创作、品牌营销

价值增值是产业链的核心，其在产业链各环节的分布不仅很不均衡，而且也在不停变化（李平，2006）。微笑曲线理论强调，不仅要掌握价值在各环节的分

布特征，而且要在附加价值较大的环节思考价值增值的良策（施振荣，1996）。非遗旅游产业链是将非遗资源引入旅游产业中，这就需要同一产业或不同产业的企业之间为生产非遗旅游产品相互协作，包括上游的研发设计、中游的生产创作以及下游的品牌营销三大环节，从而有利于价值增值系统的建立。研究表明，非遗旅游产业链每个环节上的价值增值空间有较大差异，因此，更需要研究非遗旅游产业链价值增值的特征，并辨识影响各环节价值增值的主要因素。

4. 开发环境：经济、政治、社会、技术

宏观环境分析法（PEST）是分析影响产业或组织发展外部因素的有效方法，它可以从Political（政治）、Economic（经济）、Social（社会）、Technological（技术）四个方面，系统地分析非遗旅游活化的影响因素。随着市场环境的变化以及各利益主体需求的多元化，非遗活化面临的机遇与挑战共存。因此本研究运用PEST模型分析非遗旅游产业链发展面临的宏观环境，辨识其主要影响因素，以期更好地推动非遗产业化，促进非遗旅游产业链的增值。

（三）非遗旅游活化影响因素类型

基于前面影响非遗旅游活化水平的分析框架的构建研究，本研究将评价指标体系确立为资源潜质、开发主体、开发环节与开发环境等四个目标层。为了深入了解非遗旅游活化的现状，基于访谈文本，参考相关文献，梳理影响非遗旅游活化的目标层、准则层，提炼指标层的细分指标，构建影响非遗旅游活化水平的三层指标体系，最终共提炼出48项指标。以开发环节为例，部分指标来源如表6-1所示。非遗旅游活化过程中既有物质类产品，也有非物质类产品，其价值增值的环节是一致的（张书凝，2023），只是在同一环节上影响因素会有不同。因此，本研究在提炼指标时，将物质类和非物质类产品置入同一指标体系综合考虑，绝大部分指标属于通用性指标，个别指标兼顾物质类产品和非物质类产品的差异性。

表6-1 开发环节部分指标来源

准则层	指标来源	指标层
研发设计	风筝寻梦未来与民政局合作，生产"比翼双飞"的书签，在各个节气推出相关文创产品	创意设计水平
	风筝寻梦的设计团队只有五六个人，规模比较大的工作采用第三方外包的合作方式	研发团队
	从业人员平均年龄相对偏大，学历水平较低，对产业链增值模式的认识具有局限性（丁冬，2020）。乱针绣的从业人员大多将乱针绣作为谋生手艺，缺乏美术绘画功底（王笙渐，2020）	

续表

准则层	指标来源	指标层
生产创作	自然界中可利用的原材料减少（胡丽艳，2015），如火麻种植的传统在政策环境的压力下逐渐消失，依赖于火麻而发展的傈僳麻纺织技艺也逐渐衰退（熊郁枝，2020）。曹氏风筝工艺采用无纺布，比原来的宣纸等材料易保存，画出来质感也好	非遗原材料供应
	兔儿爷做文创类的企业很少，没有形成产品体系；曹氏风筝工艺开发风筝的主题公园、放飞场地、民宿、采摘园、农家院和茶社等系列品牌产品，大大促进了风筝技艺的发展	产品结构
	小农户松散的组织模式，使得一系列质量存在问题的产品流入市场，形成隐患（丁冬，2020）。兔儿爷的家庭作坊形式的缺点是不能保证质量和批次	产品质量
	完成一些非遗产品需要数个月甚至是数年时间，产能低效（邹文兵，2019）。曹氏风筝的老传承人画一个风筝需要一个月，兔儿爷的上色需要一个星期	产品可持续、生产可能性
品牌营销	很多非遗所在地区是农村甚至山区，与外界的交流不够，造成区域经济发展的相对滞后（胡丽艳，2015）。傈僳麻纺织技艺所在地水沟头寨由于交通通信不便与外界交互较少，处于技艺失传边界（熊郁枝，2020）	交通便利程度
	风筝寻梦、吉兔坊、北京同仁堂集团的销售渠道包括线上的电商和线下的实体店，如兔儿爷在淘宝有天猫旗舰店和工厂店，在京东有专卖店，在微信有赞商城可以下单	销售渠道多样性
	吉兔坊与携程、南方航空等旅游平台以及首博、颐和园等北京的景点合作；北京同仁堂集团与国旅、青旅等旅行社合作；北京市珐琅厂与北海公园、北京饭店等国企合作	旅游渠道
	吉兔坊会去中小学举办不同形式的非遗活动；风筝寻梦在宁波盖起了中国第一个曹雪芹乡村风筝博物馆；北京同仁堂集团将相关产品引入北京大兴社区	社会服务

由于评价指标数量繁多，评价指标体系复杂，因此，在每个维度下设置具体的准则层、指标层和具体题项，以建立一个层次分明、可操作性强的非遗旅游活化影响因素评价指标体系，具体内容如表6-2所示。

表 6-2 非遗旅游活化影响因素分类

目标层	准则层	指标层	题项
资源潜质	非遗特性	非遗保护级别	政府认定的非遗等级（国家级/省级/市级/县级）
		知名度	现代社会对非遗的认知度
		类别	非遗不同类别（曲艺、传统技艺等）
	开发价值	文化价值	非遗悠久的历史文化
			非遗独特的地域文化
			非遗现代的时尚文化
		经济价值	非遗创造经济收益、增加就业机会的能力
			非遗所在区域形成聚集性的非遗产业链或生产规模
		社会价值	非遗增强民族荣辱感，提高社会凝聚力
			非遗维持和谐人际关系，维护社会秩序
开发主体	传承人	传承人特征	传承人的年龄
			传承人的学历
			政府认定的传承人称号
			非遗传承的不同方式（家族传承/师徒传承/工厂传承等）
		传承人市场开发能力	传承人对市场了解程度
			传承人对资源拥有状况和整合能力
			传承人的创新能力
	经营组织	组织性质	非遗单位的属性（企业、事业单位等）和所有制形式（国营、私营等）
		资源配置	非遗产业涉及的不同利益相关者（传承人、企业、学校等）合作状况
			非遗跨行业合作涉及领域（旅游、动漫、教育等）
		组织模式	非遗多方合作的新型经营组织创新模式（如产、学、研合作）

续表

目标层	准则层	指标层	题项
开发环节	研发设计	创意设计水平	传统文化与当代生活融合设计能力
		技术创新水平	非遗工艺、原材料等技术研发水平
		产业融合水平	文旅融合创新研发
	生产创作	非遗原材料供应	原材料减少或消失、原材料创新
		产品结构	非遗能否开发系列化产品、产品线的广度深度
		产品类型	除了非遗核心产品,能否开发出衍生产品(如博物馆、体验、研学等)
		产品特性	能否开发成具有实用性、便捷性、纪念性旅游产品
		产品质量	非遗规模生产过程保证质量稳定
		产品规模化生产可能性	非遗规模化生产满足大众旅游市场需求
		产品可持续生产可能性	持续稳定生产非遗产品
		产品价格体系	非遗旅游产品价格适合大众旅游者的消费水平
	品牌营销	交通便利程度	非遗所在地的可进入性强、交通方便
		流通过程中的损耗率	产品在流通中损坏程度(易碎等)
		销售渠道多样性	线上、线下不同销售渠道
		旅游渠道	旅行社、景区等不同旅游渠道
		广告宣传	面向旅游市场进行非遗宣传推广
		网络传播促销	官网、直播、短视频等方式进行网络促销
		品牌构建	打造自主非遗品牌,开展品牌营销
		品牌管理	跟其他企业品牌合作开展营销
		社会服务	非遗通过进校园、进社区、进乡村等方式宣传推广
		旅游服务	非遗提供博物馆讲解、体验服务、展览等旅游服务

续表

目标层	准则层	指标层	题项
开发环境	政治	政策法规	政府出台资金、培训等扶持政策和环境等限制政策
		市场环境管理	政府对非遗旅游市场的监管
	经济	经济发展水平	非遗所在区域经济发展水平
		经济结构	非遗所在区域产业结构
		旅游市场发展	非遗旅游市场需求（消费偏好、消费方式）
			非遗旅游市场规模和发展情况
			文旅融合发展
		市场竞争	非遗市场竞争者的数量
			市场投资环境
	社会	社会文化程度	人口教育水平等文化程度
		社会关注度	人们对非遗的关注程度
		文化认同度	人们对非遗的认同程度
	技术	产品生产	利用科技创新非遗产品
		宣传推广	利用现代科技做非遗的数字化展示与推广

（四）非遗旅游活化水平指标体系与模型的构建

在对非遗旅游的活化水平进行评价时，活化指标往往是从多个维度进行选取，对于整个体系的作用机理和贡献程度也有所差别，即拥有不同的指标权重系数。层次分析法是确定权重系数常用的方法之一，但是，这种方法往往具有较强的主观性。为避免主观而造成研究上的相对偏差，需要对客观现实进行更确切的判断，咨询行业内的资深专家意见就显得尤为重要。因此，本研究将德尔菲法和层次分析法相结合，结合非遗活化影响因素运行机理，采用主客观结合、定性评价和定量评价相结合的方式，构建出 Delphi-AHP 模型。运用层次分析法构建非遗旅游活化水平评价指标体系，以专家打分为基础测算指标权重，计算出各因素在非遗旅游活化水平体系中的相对权重数值，以力求实现指标体系的科学性和可操作性，并提出有实际应用性和可操作性的非遗旅游活化评价赋分标准。具体操作过程如下：

第一步，通过单独发送和回收专家问卷的方式，保证专家之间的打分结果相互之间不受影响，以保证专家意见的独立性。将专家发回的打分表数据进行整理和汇总，计算出各指标的平均得分。

第二步，利用各项指标的得分，构建判断矩阵，推导计算各层次的权重。

第六章　北京非遗旅游活化影响因素与内在机理

第三步，对所得出的结果进行具体分析，为寻找非遗旅游活化的对策提供参考。

1. 德尔菲法的使用

德尔菲法是指在一些专业性较强或者研究问题数据可测性较差时，通过各种方式询问相关专家建议的方法。一般通过问卷调查的形式，向专家提出建议后对其进行收集、整理、分析和总结，之后采用一些定量和定性的分析方法对收集整理的信息进行估算，经过反复研究和对反馈信息的处理，得到与目标要求相符合的权重。本研究邀请了非遗专业领域的相关专家，专家以自身知识结构及行业经验综合考量每一个评价指标上所选因素的影响程度，在表格中对各项指标进行打分，分值为0～10分。分值越高，表示指标对非遗活化的影响水平越高，反之亦然。通过专家判断中出现频次较高的意见，列出层次分析判断矩阵，在通过一致性检验后，逐一确定各个指标所得的权重值，实证检验并确认非遗旅游活化的一级指标四维结构。专家组成与非遗领域有密切关联，涵盖了非遗企业、传承人、政府和从事非遗研究的专家学者四大类型。这些专家不仅对非遗研究有着丰富的知识储备和理解，并且具有相应的实践经验，因此，在研究中专家的意见具有较强的参考价值。首先，在筛选非遗旅游活化的影响要素时，研究团队充分收集和采纳了专家意见；其次，在确定评价指标时采用了预打分的形式收集专家意见；最后，根据预打分结果向专家发放问卷进行调查。通过与专家的沟通与意见交流，充分听取和总结不同专家的意见，保证研究过程的权威性和科学性。

2. 指标体系的构建

德尔菲法问卷评价指标的选取是根据评价指标体系构建的指导思想和原则，并充分借鉴前人的研究成果和专家意见完成的，如表6-3所示。

表6-3　专家打分表

序号	影响因素	题项	分值
1	非遗保护级别	政府认定的非遗等级（国家级/省级/市级/县级）对非遗旅游活化的影响	
2	非遗知名度	现代社会对非遗的认知度对非遗旅游活化的影响	
3	非遗类别	非遗不同类别（曲艺、传统技艺等）对非遗旅游活化的影响	
4	文化价值	非遗悠久的历史文化对非遗旅游活化的影响	
5		非遗独特的地域文化对非遗旅游活化的影响	
6		非遗现代的时尚文化对非遗旅游活化的影响	

续表

序号	影响因素	题项	分值
7	经济价值	非遗创造经济收益、增加就业机会的能力对非遗旅游活化的影响	
8		非遗所在区域形成聚集性的非遗产业链或生产规模对非遗旅游活化的影响	
9	社会价值	非遗增强民族荣辱感、提高社会凝聚力作用对非遗旅游活化的影响	
10		非遗对维持和谐人际关系、维护社会秩序的作用对非遗旅游活化的影响	
11	传承人特征	传承人的年龄对非遗旅游活化的影响	
12		传承人的学历对非遗旅游活化的影响	
13		政府认定的传承人称号对非遗旅游活化的影响	
14		非遗传承的不同方式（家族传承、师徒传承、工厂传承等）对非遗旅游活化的影响	
15	传承人的市场开发能力	传承人对市场了解程度对非遗旅游活化的影响	
16		传承人对资源拥有状况和整合能力对非遗旅游活化的影响	
17		传承人的创新能力对非遗旅游活化的影响	
18	组织性质	非遗单位的属性（企业、事业单位等）和所有制形式（国营、私营等）对非遗旅游活化的影响	
19	资源配置	非遗产业涉及的不同利益相关者（传承人、企业、学校等）合作状况对非遗旅游活化的影响	
20		非遗跨行业合作涉及领域（旅游、动漫、教育等）对非遗旅游活化的影响	
21	组织模式	非遗多方合作的新型经营组织创新模式（如产学研合作）对非遗旅游活化的影响	
22	创意设计水平	传统文化与当代生活融合设计能力对非遗旅游活化的影响	
23	技术创新水平	非遗工艺、原材料等技术研发水平对非遗旅游活化的影响	
24	产业融合水平	文旅融合创新研发对非遗旅游活化的影响	

第六章 北京非遗旅游活化影响因素与内在机理

续表

序号	影响因素	题项	分值
25	非遗从业人员	研发团队规模对非遗旅游活化的影响	
26	非遗从业人员	人员学历、经验等对非遗旅游活化的影响	
27	非遗原材料供应	原材料减少或消失、原材料创新对非遗旅游活化的影响	
28	产品结构	非遗能否开发系列化产品对非遗旅游活化的影响	
29	产品类型	除了非遗核心产品，能否开发出衍生产品对非遗旅游活化的影响（如博物馆、体验、研学等）	
30	产品特性	能否开发成具有实用性、便捷性、纪念性旅游产品对非遗旅游活化的影响	
31	产品质量	非遗规模生产过程保证质量稳定对非遗旅游活化的影响	
32	产品规模化生产可能性	非遗规模化生产满足大众旅游市场需求对非遗旅游活化的影响	
33	产品可持续生产可能性	持续稳定生产非遗产品对非遗旅游活化的影响	
34	产品价格体系	非遗旅游产品价格适合大众旅游者的消费水平对非遗旅游活化的影响	
35	交通便利程度	非遗所在地的可进入性强、交通方便对非遗旅游活化的影响	
36	流通过程中的损耗率	产品在流通中损坏程度（易碎等）对非遗旅游活化的影响	
37	流通效率与物件周转率	快递物流情况对非遗旅游活化的影响	
38	销售渠道多样性	线上、线下不同销售渠道对非遗旅游活化的影响	
39	旅游渠道	旅行社、景区等不同旅游渠道对非遗旅游活化的影响	
40	广告宣传	面向旅游市场进行非遗宣传推广对非遗旅游活化的影响	
41	网络传播促销	官网、直播、短视频等方式进行网络促销对非遗旅游活化的影响	
42	品牌构建	打造自主非遗品牌、开展品牌营销对非遗旅游活化的影响	
43	品牌管理	跟其他企业品牌合作开展营销对非遗旅游活化的影响	

续表

序号	影响因素	题项	分值
44	社会服务	非遗通过进校园、进社区、进乡村等方式宣传推广对非遗旅游活化的影响	
45	旅游服务	非遗提供博物馆讲解、体验服务、展览等旅游服务对非遗旅游活化的影响	
46	政策法规	政府出台资金、培训等扶持政策和环境等限制政策对非遗旅游活化的影响	
47	市场环境管理	政府对非遗旅游市场的监管对非遗旅游活化的影响	
48	经济发展水平	非遗所在区域经济发展水平对非遗旅游活化的影响	
49	经济结构	非遗所在区域产业结构对非遗旅游活化的影响	
50	旅游市场发展	非遗旅游市场需求（消费偏好、消费方式）对非遗旅游活化的影响	
51		非遗旅游市场规模和发展情况对非遗旅游活化的影响	
52		文旅融合发展对非遗旅游活化的影响	
53	市场竞争	非遗市场竞争者的数量对非遗旅游活化的影响	
54		市场投资环境对非遗旅游活化的影响	
55	社会文化程度	人口教育水平等文化程度对非遗旅游活化的影响	
56	社会关注度	人们对非遗的关注程度对非遗旅游活化的影响	
57	文化认同度	人们对非遗的认同程度对非遗旅游活化的影响	
58	科技水平	利用科技创新非遗产品对非遗旅游活化的影响	
59		利用现代科技做非遗的数字化展示与推广对非遗旅游活化的影响	

本研究采用德尔菲法，邀请非遗领域的企业人员、传承人和学者共6位专家进行预评价。根据专家意见（张希月，2016；Choi A S，2010），对不合理的指标进行删除、修正和完善，确定了非遗旅游活化水平的指标体系，共包含4项目标层、11项准则层和43项指标层，具体如图6-2所示。根据第一轮的指标筛选，重新设计问卷并正式开展专家打分。第二轮共邀请25位专家，包括非遗企业人员、传承人、专家学者和政府人员，剔除信息不完整的无效问卷，最终收回有效问卷24份。

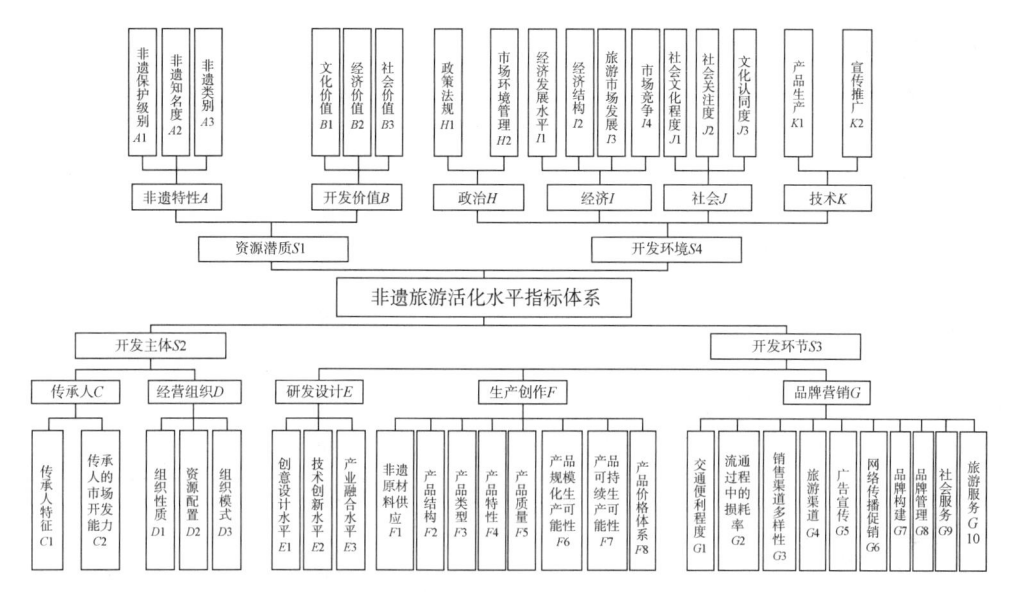

第六章 北京非遗旅游活化影响因素与内在机理

图 6-2 非遗旅游活化水平指标体系

3. 评价模型的构建

（1）判断矩阵构建

判断矩阵是对活化指标进行相对重要度计算以及层次单排序的依据，表示针对上一层中某指标在下一层次中与其有关指标之间相对重要度的比较。在专家打分的基础上，采用 1-9 标度法（如表 6-4 所示）判断各活化指标的相对重要程度。

表 6-4　1-9 标度标准表

标度	含义
1	表示两个因素相比，具有同样重要性
3	表示两个因素相比，一个因素比另一个因素稍微重要
5	表示两个因素相比，一个因素比另一个因素明显重要
7	表示两个因素相比，一个因素比另一个因素强烈重要
9	表示两个因素相比，一个因素比另一个因素极端重要
2, 4, 6, 8	上述两相邻判断的中值
倒数	因素 i 与 j 比较的判断 S_{ij}，则因素 j 与 i 比较的判断 $S_{ij} = \dfrac{1}{S_{ij}}$

根据专家反馈的信息，整体指标的平均值集中在 6.500~8.458 的区间，评判趋势集中，并不会出现一个指标比另一个指标极端重要的情况。因此，将标度的选取范围控制到 1（同样重要）~6（明显重要与强烈重要的中值），根据每项活

化指标的平均值差值划分差距评判范围（如表6-5所示），以此作为构建各层级之间的判断矩阵的依据。

表6-5　活化指标间差距的标度选取范围

差值	0	0~0.4	0.4~0.8	0.8~1.2	1.2~1.6	1.6~2.0
标度	1	2	3	4	5	6

根据以上矩阵构建方法对三个层级的因素指标构建判断矩阵。因其每一层级的判断矩阵数量较多，不便全部展示，故每一层级选取了一个矩阵作为示例矩阵进行展示。

目标层一级活化因素重要度判断矩阵如表6-6所示。

表6-6　目标层一级活化因素重要度判断矩阵

S	资源潜质 S1	开发主体 S2	开发环节 S3	开发环境 S4
资源潜质 S1	1（S_{ij}）	3	2	2
开发主体 S2	1/3	1	1/2	1/2
开发环节 S3	1/2	2	1	2
开发环境 S4	1/2	2	1/2	1

判断矩阵需要满足如下几个条件：①对角线元素为1，即 $S_{ij}=1$，$i=j=1$，2，…，n；②右上角元素与左下角元素互为倒数，即 $S_{ij}=1/S_{ji}$，$i=j=1$，2，…，n；③元素优先传递的次序关系，即 $S_{ij}=S_{ik}/S_{jk}$，i，j，$k=1$，2，…，n，$i\neq j$。

准则层活化因素重要度判断矩阵如表6-7所示。

表6-7　准则层活化因素重要度判断矩阵

开发环节 S3	研发设计 E	生产创作 F	品牌营销 G
研发设计 E	1（$S3_{ij}$）	2	3
生产创作 F	1/2	1	2
品牌营销 G	1/3	1/2	1

其中 $S3_{ij}$ 与 S_{ij} 取值与指代含义相同，构建原理与上级矩阵相同。

指标层活化因素重要度判断矩阵如表6-8所示。

表6-8　指标层活化因素重要度判断矩阵

生产创作 F	非遗原材料供应 F1	产品结构 F2	产品类型 F3	产品特性 F4	产品质量 F5	产品规模化生产可能性 F6	产品可持续生产可能性 F7	产品价格体系 F8
非遗原材料供应 F1	1（F_{ij}）	1/2	1/4	1/5	1/5	1/3	1/4	1/4

续表

生产创作 F	非遗原材料供应 F1	产品结构 F2	产品类型 F3	产品特性 F4	产品质量 F5	产品规模化生产可能性 F6	产品可持续生产可能性 F7	产品价格体系 F8
产品结构 F2	2	1	1/3	1/4	1/4	1/2	1/3	1/3
产品类型 F3	4	3	1	1/3	1/2	2	1/2	1/2
产品特性 F4	5	4	3	1	2	4	3	3
产品质量 F5	5	4	2	1/2	1	3	2	1/2
产品规模化生产可能性 F6	3	2	1/2	1/4	1/3	1	1/2	1/3
产品可持续生产可能性 F7	4	3	2	1/3	1/2	2	1	1/2
产品价格体系 F8	4	3	2	1/3	1/2	3	2	1

其中 F_{ij} 与 S_{ij} 取值与指代含义相同，构建原理与上级矩阵相同。

通过建立三个层级各因素指标相对重要关系，构建判断矩阵，以待进行权重计算。

（2）指标权重的计算

根据构建的判断矩阵，可以进行层次单排序与层次总排序的权重计算。

层次单排序：根据判断矩阵计算对于上一层某因素而言本层次与之有联系的因素的重要性次序的权重。在矩阵运算中表现为求最大特征值对应的特征向量。这里采用方根法计算准则层的因素相对于目标层的层次单排序。

各个活化指标的权重向量为：

$$\overline{\omega} = (\overline{\omega}_1, \overline{\omega}_2 \cdots, \overline{\omega}_n)^T; \quad \overline{\omega}_i = \sqrt[n]{\prod_{j=1}^{n} S_{ij}}$$

对 $\overline{\omega}$ 进行归一化处理后，得：

$$\omega = (\omega_1, \omega_2, \cdots, \omega_n)^T; \quad \omega_i = \frac{\overline{\omega}_i}{\sum_{j=1}^{n} \overline{\omega}_i}$$

计算矩阵的最大特征值：

$$\lambda_{\max} = \sum_{j=1}^{n} \frac{(A\omega)_i}{n\omega_i}$$

式中：A 为判断矩阵；$(A\omega)_i$ 表示 $A\omega$ 的第 i 个元素。

层次总排序：为了得到层次结构中每一层次的所有因素相对于总目标的层次总排序，需要将计算出来的层次单排序再次进行计算。

已知准则层活化指标对目标层活化指标的层次单排序为：

$$\omega' = (\omega'_1, \omega'_2, \cdots, \omega'_n)^T$$

已知指标层活化指标对准则层活化指标的层次单排序为：

$$\omega_j = (\omega_{1j}, \omega_{2j}, \cdots, \omega_{nj})^T$$

则指标层活化指标对目标层的层次总排序为：

$$\omega_j = \sum_{j=1}^{m} \omega'_j \times \omega_{ij}, \ i = 1, 2, \cdots, n$$

$$\omega = (\omega_1, \omega_2, \cdots, \omega_n)$$

式中：n 表示准则层有 n 个元素。

本研究首先运用层次单排序的方法分别求得目标层、准则层、指标层的权重，再运用层次总排序的方法求得指标层相对于目标层的最终权重。

(3) 一致性检验

由于判断矩阵的构建主要基于主观评判结果，难免会出现误差，因此，为了增加判断矩阵合理性、权重计算的精准性，需要对矩阵进行一致性检验。故采用美国 A. L. Saaty 教授提出的一致性方法，计算公式如下：

$$CR = \frac{CI}{RI} = \frac{\lambda_{max} - n}{RI(n-1)}$$

式中：CI 为一致性指标；RI 为平均随机一致性指标（按表 6-9 RI 固定取值），即随机修正系数；λ_{max} 为判断矩阵 S 的最大特征值；n 为判断矩阵的阶数；CR 为判断矩阵的一致性比例。一般认为当 CR < 0.1 时，判断矩阵具有可以接受的一致性，否则就需要对判断矩阵进行修正和调整。

表 6-9　RI 值表

阶数（n）	1	2	3	4	5	6	7	8	9	10
RI	0	0	0.58	0.90	1.12	1.24	1.32	1.41	1.45	1.49

通过对目标层、准则层、指标层三个层次的各判断矩阵计算，CR 值均小于 0.1，均通过了一致性检验。

如上文所述，本研究求得指标层相对于目标层的最终权重。运用层次单排序的方法分别求得目标层、准则层、指标层的权重，再运用层次总排序的方法得出非遗旅游活化各指标权重，如表 6-10 所示。

第六章 北京非遗旅游活化影响因素与内在机理

表 6-10 非遗旅游活化水平影响因素权重

目标层	一级权重	准则层	二级权重	指标层	三级权重
资源潜质 S1	0.41680	非遗特性 A	0.20840	非遗保护级别 A1	0.10222
				非遗知名度 A2	0.06500
				非遗类别 A3	0.04118
		开发价值 B	0.20840	文化价值 B1	0.04118
				经济价值 B2	0.10222
				社会价值 B3	0.06500
开发主体 S2	0.12094	传承人 C	0.08063	传承人特征 C1	0.01613
				传承人的市场开发能力 C2	0.06450
		经营组织 D	0.04031	组织性质 D1	0.00571
				资源配置 D2	0.01346
				组织模式 D3	0.02115
开发环节 S3	0.26948	研发设计 E	0.14524	创意设计水平 E1	0.08830
				技术创新水平 E2	0.01742
				产业融合水平 E3	0.03952
		生产创作 F	0.08011	非遗原材料供应 F1	0.00269
				产品结构 F2	0.00395
				产品类型 F3	0.00836
				产品特性 F4	0.02372
				产品质量 F5	0.01378
				产品规模化生产可能性 F6	0.00559
				产品可持续生产可能性 F7	0.00978
				产品价格体系 F8	0.01224
		品牌营销 G	0.04414	交通便利程度 G1	0.00292
				流通过程中的损耗率 G2	0.00103
				销售渠道多样性 G3	0.00347
				旅游渠道 G4	0.00162
				广告宣传 G5	0.00621
				网络传播促销 G6	0.00704
				品牌构建 G7	0.01154
				品牌管理 G8	0.00229
				社会服务 G9	0.00419
				旅游服务 G10	0.00383

续表

目标层	一级权重	准则层	二级权重	指标层	三级权重
开发环境 S4	0.19278	政治 H	0.08387	政策法规 H1	0.06710
				市场环境管理 H2	0.01677
		经济 I	0.02036	经济发展水平 I1	0.00555
				经济结构 I2	0.00367
				旅游市场发展 I3	0.00936
				市场竞争 I4	0.00178
		社会 J	0.05961	社会文化程度 J1	0.00976
				社会关注度 J2	0.03213
				文化认同度 J3	0.01772
		技术 K	0.02893	产品生产 K1	0.00964
				宣传推广 K2	0.01929

(4) 评价模型展示

本研究将德尔菲法和层次分析法相结合，采用主客观结合、定性和定量评价相结合的方式，构建影响非遗旅游活化水平的 $Delphi-AHP$ 模型。在实际使用过程中，通过对某一非遗项目的指标进行赋分即可得到该非遗的旅游活化水平，活化水平的大小可反映该非遗项目适合旅游活化的程度。其评价模型为：

$$Y = \sum_{i=1}^{n} X_i \cdot \omega_i$$

式中：Y 代表非遗旅游活化水平；X_i 代表活化因素 i 的得分；ω_i 代表活化指标 i 的权重。

（五）非遗旅游活化水平模型实证分析

1. 案例选取

北京市珐琅厂是中国景泰蓝行业中唯一的一家中华老字号，是生产经营景泰蓝最具权威的专业企业。作为典型的非遗国有企业，成立 69 年以来已形成较成熟的非遗旅游产业链，有清晰的产业链演化过程，能够展现不同时期不同因素影响下产业链价值增值的特征。因此，该案例具有典型性和较强的适配性。

2. 景泰蓝制作技艺非遗旅游活化水平测评

本研究邀请 7 位熟悉北京市珐琅厂景泰蓝制作技艺的专家，按评价指标体系的指标一一打分，结果如表 6-11 所示。

表6-11　北京市珐琅厂景泰蓝制作技艺旅游活化水平相关数据

指标层 X_i	均值 μ_i	标准差 σ_i	指标层 X_i	均值 μ_i	标准差 σ_i
非遗保护级别 A1	93.29	6.69	交通便利程度 G1	88.86	13.17
非遗知名度 A2	89.00	6.35	流通过程中的损耗率 G2	71.29	20.08
非遗类别 A3	76.86	28.36	销售渠道多样性 G3	82.14	13.05
文化价值 B1	81.00	20.38	旅游渠道 G4	76.00	14.55
经济价值 B2	81.14	16.60	广告宣传 G5	79.57	18.27
社会价值 B3	76.14	24.48	网络传播促销 G6	85.29	10.96
传承人特征 C1	78.95	20.44	品牌构建 G7	88.71	9.39
传承人市场开发能力 C2	87.00	12.92	品牌管理 G8	84.43	15.61
组织性质 D1	77.71	26.71	社会服务 G9	83.86	13.34
资源配置 D2	81.50	21.18	旅游服务 G10	84.86	11.74
组织模式 D3	80.57	23.09	政策法规 H1	84.71	11.91
创意设计水平 E1	85.71	15.85	市场环境管理 H2	80.43	16.25
技术创新水平 E2	84.29	18.48	经济发展水平 I1	87.29	6.47
产业融合水平 E3	87.29	12.30	经济结构 I2	72.14	24.76
非遗原材料供应 F1	82.86	11.91	旅游市场发展 I3	84.29	17.07
产品结构 F2	76.00	16.40	市场竞争 I4	81.14	14.44
产品类型 F3	82.86	15.63	社会文化程度 J1	81.00	17.20
产品特性 F4	85.29	9.44	社会关注度 J2	84.86	11.14
产品质量 F5	86.71	12.03	文化认同度 J3	85.86	11.49
产品规模化生产可能性 F6	83.29	12.09	产品生产 K1	85.29	7.40
产品可持续生产可能性 F7	86.71	8.05	宣传推广 K2	86.14	8.95
产品价格体系 F8	84.29	14.74			

标准差的大小可反映出不同专家对同一指标态度的差异性。如非遗类别（$\sigma_{A3}=28.36$）、组织性质（$\sigma_{D1}=26.71$）、经济结构（$\sigma_{I2}=24.76$）等指标的标准差较大，说明专家在景泰蓝制作技艺易产业化属性、北京市珐琅厂的国企属性及北京市旅游发展情况和条件对活化水平的影响程度等评价上存在较大的差异。而非遗知名度（$\sigma_{A2}=6.35$）、非遗保护级别（$\sigma_{A1}=6.69$）、经济发展水平（$\sigma_{I1}=6.47$）等指标的标准差较小，说明专家在景泰蓝较高的知名度和影响力、国家级的非遗保护级别及北京市的高经济发展水平对活化水平的影响程度方面评价较为一致。

从数据结果看，这些指标分为评价具有一致性、中性和可讨论性三类，构成指标多样化，有利于加强指标体系的稳定性和抗干扰的能力。

稳健性分析是考察评价指标与评价结果相对稳定程度的一种方法（钟晓芳，2009），稳定系数即为改变因素的变化量与为之产生的结果的变化量的比值。通常稳定程度越高，系统抗干扰能力越强，评价结果更为科学。基于指标的设计原则，兼具全面性和特殊性的指标体系，能够减少由于评估者不同而对同一评估对象的评估结果产生的差异。换言之，评价体系中不仅需要具有态度趋于共识的相关指标，也需要具有态度持中性以及较为不同的相关指标，不同性质的指标构成了指标体系的多样性。

为探讨模型的稳健性，本研究采用分层回归方法，逐层新增自变量来验证其对评估结果的影响大小，以证实多性质指标的方法具有统计学意义。具体步骤为：

① 根据评价模型得出，活化水平指标（自变量）与评价结果（因变量）呈线性关系，且自变量对因变量有正相关的影响。② 按照标准差 $\sigma_i \leqslant 10$；$10 < \sigma_i < 20$；$\sigma_i \geqslant 20$ 对全体指标进行三类分层划分，将非遗旅游活化水平结果作为因变量，在 $10 < \sigma_i < 20$ 范围内的中性评价指标作为控制变量，在 $\sigma_i \leqslant 10$ 范围内的一致性的指标和 $\sigma_i \geqslant 20$ 的具有可讨论性的指标作为二层变量和三层自变量。③ 因分层之后的指标体系仍然庞大，故从每个层级按照与之关联程度高、有强特征代表性为判断标准，抽取两个指标变量作为代表性变量投入模型，每个层级指标依次投入，其指标变量的数量在每次投入后依次叠加，形成新的模型，其模型建立的过程为（张莎，2010）：

高层级模型：$Y_{ij} = \beta_{0j} + \beta_{1j} X \beta_{1ij} + \varepsilon_{ij}$，$\varepsilon_{ij} \sim (0, \sigma^2)$

底层级模型：$\begin{cases} \beta_{0j} = \gamma_{00} + \gamma_{01} Z_{1j} + \mu_{0j} \\ \beta_{1j} = \gamma_{10} + \gamma_{11} Z_{1j} + \mu_{1j} \end{cases}$

组合模型可得：$Y_{ij} = \gamma_{00} + \gamma_{10} X_{ij} + \gamma_{01} Z_{1j} + \gamma_{11} Z_{1ij} + \mu_{0j} + \mu_{1j} X_{1ij} + \varepsilon_{ij}$

其中 Y_{ij} 为被解释变量；Y_{1ij} 为高层级上的解释变量；Z_{1j} 为底层级上的解释变量；ε_{ij} 为残差项；每个层级都有不同的常数项 β_{0j} 和不同的斜率项 β_{1j}，它们都是 Z_{1j} 的函数，$\mu_{1j}\mu_{0j}$ 是在底层级的随机误差项。

④ 将其主要数据输入 SPSS statistics 22 软件，回归分析得出表 6-12 所示结果。

表 6-12 分层回归迭代分析结果

模型	R^2	F 值	ΔR^2	P
1	0.277	18.682	0.277	0.000

第六章　北京非遗旅游活化影响因素与内在机理

续表

模型	R^2	F 值	ΔR^2	P
2	0.499	61.203	0.222	0.000
3	0.761	164.152	0.262	0.000

因变量（Y）：非遗旅游活化水平评估值
控制层：非遗类别 $A3$、组织性质 $D1$
第一层：非遗类别 $A3$、组织性质 $D1$、非遗保护级别 $A1$、非遗知名度 $A2$
第二层：非遗类别 $A3$、组织性质 $D1$、非遗保护级别 $A1$、非遗知名度 $A2$、旅游市场发展 $I3$、社会文化程度 $J1$

从以上结果可以看出，三个模型中的 P 值均远远小于0.05，通过显著性检验，因此模型成立。可决系数 R^2 分别为0.277、0.499、0.761，模型的拟合优度渐次提高。综合以上分析可以看出，随着不同性质变量的加入，能够增加模型的合理性，降低有偏估计，使其更加客观科学。

本研究通过两种方式对北京市珐琅厂非遗旅游活化水平进行评价。根据非遗旅游活化水平评价模型，得出北京市珐琅厂景泰蓝制作技艺非遗旅游活化水平为84.43分。与此同时，专家对北京市珐琅厂非遗旅游活化总体水平进行打分，均值为89.43分，标准差为 $\sigma_{总}=2.5$，标准差较小，说明专家学者对北京市珐琅厂活化水平的总体评价趋于一致。以上两种方式获得的非遗旅游活化水平差值仅为5分，差距较小，说明评价模型结果与实际情况基本一致。因此，本研究中非遗旅游活化水平影响因素指标体系与构建的相应模型是合理的、稳定的，具有可行性和可操作性。

（六）非遗旅游活化关键影响因素分析

如图6-3所示，上述模型指标层中43项活化因素，按权重最低的指标为对比标准，计算各项指标权重值的标准差。根据离散程度标准差划分为 [0, 0.015)、[0.015, 0.065)、[0.065, +∞) 三个层级，确定指标权重分割值为0.01500和0.06500。结果显示，权重值在0.06500以上的有7项，0.01500~0.06500之间的有11项，0.01500以下的有25项。下面重点对四大因素中获得较高权重值的指标项进行具体分析，如图6-4所示。

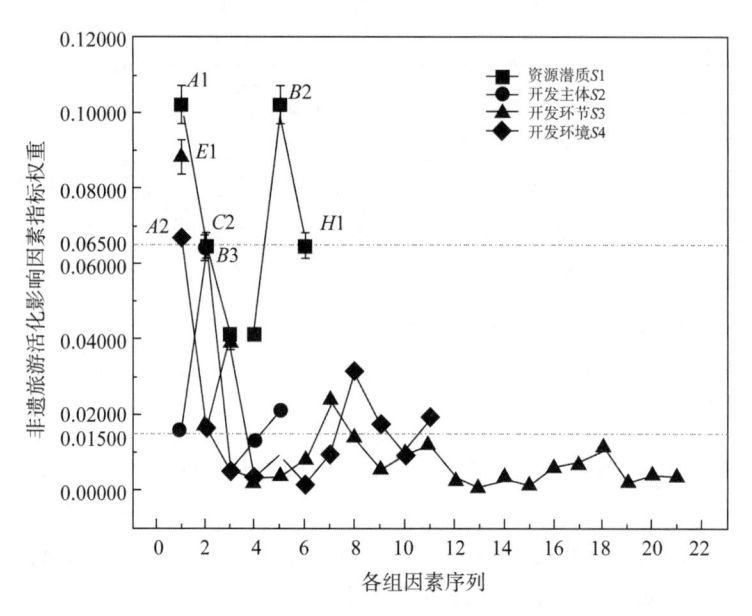

图 6-3 非遗旅游活化影响因素权重比较

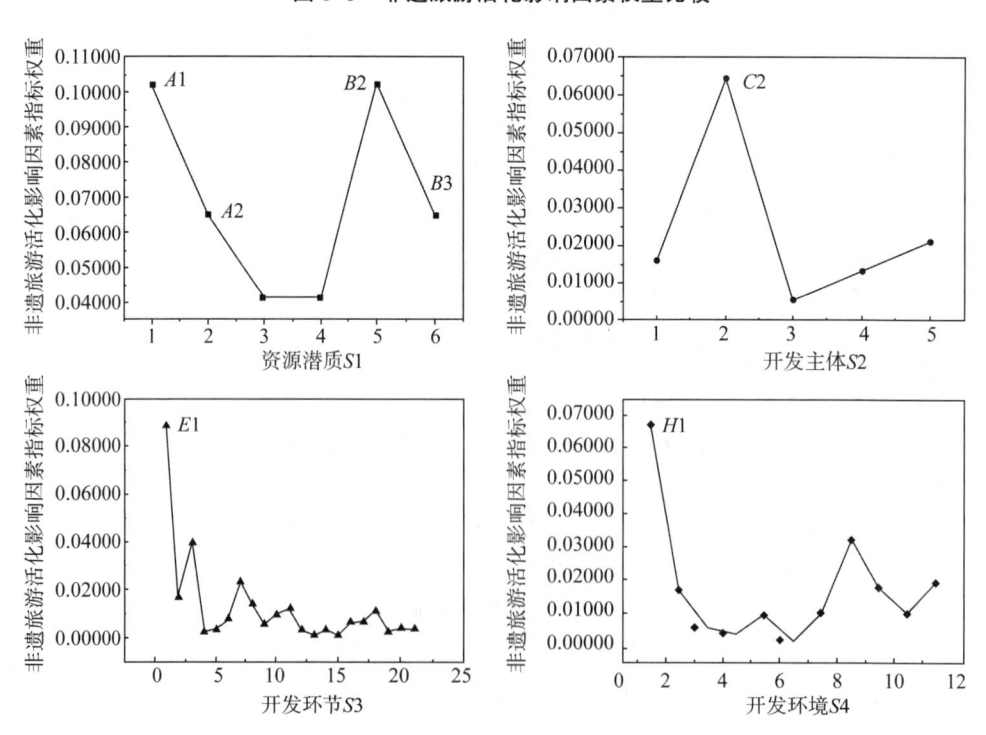

图 6-4 目标层下非遗旅游活化影响因素展示

1. 就资源潜质而言

就非遗的存在而言，非遗资源其实就是人类文化遗产的非物质性存在，如依据《中华人民共和国非物质文化遗产法》，非遗活化就是将该法所界定的六类内容尽可能地以物质化和展演化的形式体现出来。如果从我国现实的活化途径来考察，除了当代传承人对各种传承文化艺术的展演和对传统礼仪节俗模拟复制，当前旅游关注的非遗活化的主体，主要仍然集中于对民众历史生活的展演和在传统生产生活中各种生产生活器物的制作（包括利用非遗元素制作的某些文创产品），以期能够亲眼得见或亲手把玩这些被当代民俗学称为"活化石"的非物质文化遗产的物质性衍生物。故而，非遗潜质的不同特性和其蕴含的价值也就成为非遗旅游活化的主要依托，非遗旅游活化的路径和开发方式也就不能不依赖于资源潜质。目前，在非遗旅游活化各因素所占权重中，资源潜质在指标层四大因素的权重级里最高，高达0.41680。在其下层的6个指标中，非遗保护级别和经济价值的权重均为0.10222；非遗知名度和社会价值权重为0.06500，可见它们都是影响非遗旅游活化水平的重要因素。

2. 就开发主体而言

从前面的分析中不难看出，在非遗旅游活化的进程中，作为开发主体的传承人和经营组织是将资源潜质引至开发环节的核心动能，其权重值为0.12094。在开发主体中，虽然经营组织也发挥着巨大的作用，但是相比之下，传承人对资源潜质的把握、资源整合的技巧、市场的独特理解，以及其由技艺萌生的创新意识、所推进的对市场的开拓等，不失为推动非遗进入现代消费市场的主力。正是基于传承人是非遗旅游活化中最重要的利益相关主体，故其市场开发能力的权重达到了0.06450。

3. 就开发环节而言

非遗旅游产品的生产经营包含研发设计、生产创作和品牌营销三大环节，如就其研发设计、生产创作、品牌营销三者的影响合力来看，其权重可达0.26948。与较为稳定成熟的生产创作相比，非遗旅游产品的研发设计和品牌营销更为薄弱，因此其增值的空间更大。但在本研究中却发现，研发设计（尤其是其下的创意设计水平）的重要性却明显地超过了生产创作和品牌营销。创意研发设计是产业链的起始环节，只有通过创意设计开发出创新的非遗旅游产品，实现非物质性遗产向物质性产品的转化，才能满足旅游市场需求。从表6-10中可以发现，创意设计水平权重为0.08830，的确是影响活化的重要因素。但目前，非遗的旅游活化利用过程中存在着简单化、庸俗化、雷同化的倾向，市场上充斥着诸多低层次、简单复制、粗制滥造的非遗产品，不利于非遗的保护传承与活化发展。

4. 就开发环境而言

开发环境是非遗生存和发展的重要外部因素，其在非遗旅游活化影响因素中所占权重为 0.19278。在其下层的 11 个指标因素中，政策法规的权重为 0.06710，远高于其他 10 个环境因素。非遗是珍贵的中华优秀传统文化，因此，我国政府将非遗保护作为重要文化战略来推动。为此，国家制定了《中华人民共和国非物质文化遗产法》，建立四级非遗代表性项目名录体系，通过相关法规文件大力支持和推动非遗与旅游的融合，目前已经打造了一批高品质的非遗旅游相关景区、特色小镇、度假区。由此可见，政府对非遗旅游发展的支持力度及创造的政策环境，对非遗旅游产业的发展的确产生了重要影响。

目标层指标按权重高低排序，依次为资源潜质（0.41680）、开发环节（0.26948）、开发环境（0.19278）和开发主体（0.12094）。如图 6-5 所示，相应的影响力较高的 7 项具体指标中，资源潜质包含 4 项指标，开发主体、开发环节和开发环境各有 1 项指标。综上，资源潜质是产生旅游吸引力并开展非遗旅游活动的基础，因此影响力远远高于其他三个维度，包含的关键指标最多，对非遗旅游活化水平更为重要。但总体而言，每个维度中均涉及非遗旅游活化的关键因素，因此，在推动非遗旅游的发展过程中，更应加强对 7 项关键影响因素的关注与投入。

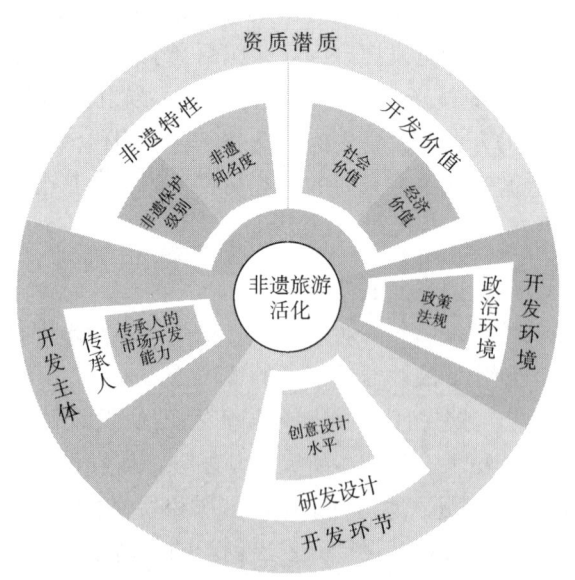

图 6-5 非遗旅游活化关键影响因素

（七）非遗旅游活化关键影响因素案例分析

为进一步分析前面研究成果中的关键因素如何影响非遗旅游活化，2022 年 4

月，研究团队实地调研了北京市延庆、密云、顺义等三个郊区的10个非遗项目，访谈情况如表6-13所示。

表6-13 典型案例访谈情况

访谈对象（编码）	访谈对象身份	非遗项目	非遗门类	访谈日期	访谈时长
NCG-JY-M	区级传承人，北京吉祥八宝葫芦手工艺品产销专业合作社理事长、北京市顺义区八宝葫芦文化创意产业促进会会长	火绘葫芦	传统技艺	2022年4月26日	2小时
HYJ-JY-M	区级传承人，北京市良山珐琅厂经理	景泰蓝制作技艺	传统技艺	2022年4月26日	1.5小时
ZY-WX-F	顺义区张镇人民政府	张镇灶王爷传说	民间文学	2022年4月26日	1.5小时
HYL-JY-F	区级传承人，北京妫水人家农业发展有限公司经理	贺氏酱猪脸技艺	传统技艺	2022年4月27日	2.7小时
WYR-JY-M	区级传承人，"梧桐印记"工作室负责人	绳结编织技艺	传统技艺	2022年4月27日	1.25小时
GSP-JY-F	区级传承人	葫芦烙画	传统技艺	2022年4月27日	1.2小时
ZHP-JY-F	区级传承人，北京山缘民间传统手工艺品有限公司创始人、北京云艺手工艺品专业合作社发起人	玲珑枕制作技艺	传统技艺	2022年4月29日	2小时
XLY-JY-F	区级传承人	风筝制作技艺	传统技艺	2022年4月29日	1.2小时
SJD-JY-F	区级传承人，北京珈涤文化交流有限公司董事长	剪纸技艺	传统技艺	2022年4月29日	1.2小时
LGL-JY-F	区级传承人，北京吴家铺密云三烧餐饮管理有限公司法定代表人	密云三烧烧饼制作技艺	传统技艺	2022年4月29日	1.4小时

1. 北京乡村非遗旅游活化现状

（1）非遗级别和知名度普遍低

北京市非遗数量众多，但国家级、市级的非遗主要集中在城四区，郊区的非遗主要以区级为主。在本次调研的非遗中，除顺义区的火绘葫芦和张镇灶王爷传说是市级非遗外，其他均为区级项目，访谈对象也均为区级传承人。相对而言，区级非遗项目的知名度不如市级和国家级项目。传承人普遍反映，社会对民间工艺的了解不够，社会关注度不高，甚至在北京市范围内知名度都很低，更不用说在国内国外，导致非遗项目不具备市场影响力，效益低，总体发展艰难。

（2）传承人带动村民致富

在本次调查的 10 个非遗项目中，除了张镇灶王爷传说主要由政府推动，其他非遗均由传承人带领当地或附近村民进行非遗传承与开发。随着政府对非遗越来越重视，对传承人的关注与支持越来越多，不少乡村传承人通过不懈努力，获得了诸多社会荣誉，社会地位也逐渐提高，作为乡村能人的作用逐渐凸显。如火绘葫芦传承人被评为"北京市高级农村实用人才"，入选 2021 年度乡村文化和旅游能人支持项目，同时，他还是顺义区政协委员、北京市劳动模范。玲珑枕制作技艺传承人因带动农村妇女、残障人士发家致富，被中央组织部和农业农村部共同评定为"农村高层实用人才"，2018 年被授予北京市三八红旗勋章，同时，她还是密云区政协委员、密云区无党派民主人士、密云区民协副主席。密云三烧烧饼传承人获得全国五一劳动奖章、北京市三八红旗手奖章，也是中共北京市第十一次党代会代表、密云区政协常委、密云区私营个体协会党委委员等。随着传承人的社会地位不断提高，其社会资源也不断增加，这对其非遗活化有较大的促进作用。

从访谈中得知，大部分传承人是当地人，只有少部分人是从外地到北京工作后，逐渐在当地传承和发展家族技艺，并申请成为区级传承人。这些传承人以中年人为主，有干劲、有情怀，愿意带动当地人走上致富之路。如火绘葫芦传承人自成立北京吉祥八宝葫芦手工艺品产销专业合作社以来，带动了 200 余名农民走上致富之路，成为乡村能人带动的楷模和典范，吉祥八宝合作社也被评为"全国农民合作社示范社""北京市农民合作社示范社"。北京市良山珐琅厂经过 20 多年的发展，打造出了一个能留住人的人才发展模式，即招募在生产基地附近 10 千米以内居住的家庭主妇，探索出"小时工作计薪+产量提成"模式。另外，贺氏酱猪脸技艺、玲珑枕制作技艺和绳结编织技艺等传承人也带动当地或邻近乡镇的村民，尤其是老人、妇女、残疾人，实现居家或就近就业。

（3）积极探索非遗产品创新

传统非遗进入现代市场，创新是必由之路。为此，不仅要开拓新的市场，还要不断地创新非遗产品。

目前，乡村传承人围绕非遗核心技艺开发了系列创新产品。如玲珑枕传承人针对不同年龄段、不同需求的顾客，设计出了不同大小、高度、花色、样式的玲珑枕，如孝亲枕、夫妻龙凤枕、儿童枕、旅行枕、中药枕、颈椎调理枕等；根据枕头的高矮长短分成入寝的枕头、抱枕、罗汉床上的罗汉枕和财源滚滚（拐枕），既可以起到保健的作用，又具有很强的实用性。玲珑枕造型独特、图案讲究，具有浓烈文化内涵的审美价值和文化艺术价值，现已成为中式家居寝具的文化亮点。

近年来，在顺义区张镇政府的积极推动下，灶王文化 IP 得到开发，相继推出了 50 余款灶王文化特色文创衍生品，每年创造超过 150 万元的经济价值。火绘葫芦开发了葫芦种植、参观游览、火绘葫芦体验等相关衍生产品。玲珑枕依靠其技艺开发很多手工制作的小工艺品，如玲珑枕挂件、沙包、鼠标腕枕、健身球、葫芦香包、零钱包、钥匙坠等，还根据体验者的爱好和需求提供手工艺品体验。

（4）开拓线上线下销售渠道

目前，非遗线下销售渠道主要有三种。一是参加政府举办的非遗展销会，非遗进校园、进社区，这是绝大部分非遗采用的渠道。二是非遗与旅游融合，通过非遗进民宿、进景区，或联合旅行社开拓旅游市场。如绳结编织技艺与 30 多个景区开展长期合作，线下售卖绳结产品，形成了"绳结+文创"的线下销售模式，尤其是在节假日期间销售情况良好，最高年销售量可达百万元。三是传承人开设非遗工作室或非遗体验店，如绳结编织技艺在永宁古城的"梧桐印记"工作室、葫芦烙画工作室。新冠疫情期间，旅游业严重受挫，游客量骤减，部分传承人无奈从景区中逐渐退出，工作室也受到影响，有些传承人被迫撤掉实体体验店。

在互联网时代，传统非遗触网是必然趋势。调研中传承人表示，线上店铺、直播是很好的销售渠道，认为对消费者了解非遗是一种很好的方式。但不少传承人受时间、精力以及个人网络营销能力限制，还未能开拓线上渠道。只有少数传承人已尝试在淘宝开店铺，并坚持做直播。如今玲珑枕销售中 50%依赖线上，30%依靠线下体验店，另有 20%依靠老顾客定制。开店以来，店铺粉丝量超过 6000 人，淘宝店日营业额最高时可达 8000 元。贺氏酱猪脸技艺有"石光长城民宿"公众号，通过微店进行销售，并通过美团、途家和携程出售其民宿产品。火绘葫芦通过线上线下双渠道开展非遗宣传和普及，开设抖音账号，拍摄小情景剧，并在线下开展校园文化大讲堂。

(5) 少数非遗有自创品牌

目前,大部分传承人还没有品牌意识,只有少数非遗有自己的品牌。其中最为典型的,是由政府打造的灶王文化品牌。从 2017 年举办首届北京·顺义张镇灶王文化节以来,已经举办九届,打造了可吃、可看、可购、可玩、可享的一站式文化大集,不仅将灶王文化和老北京非遗通过一系列活动进行展示、弘扬,打造具有顺义区特色的"灶王"新春吉祥文化品牌,还整合旅游、非遗等京味元素,联结市场,带动消费,促进了顺义地区民俗旅游的发展,产生了良好的社会反响和一定的经济效益。还有一种是传承人自己创建的非遗品牌。贺氏酱猪脸技艺第四代传承人创建了"妫水人家"餐饮品牌,2015 年她回乡创业,在北京延庆的石峡村创建了四合院餐厅,而作为餐厅"长城石烹宴"主菜的"石烹猪脸"吸引了众多追寻美味的食客。

(6) 非遗产业链逐渐形成

以产业化促进非遗保护与传承,逐渐成为社会共识。本次调研的 10 个乡村非遗项目中,仅有 4 个非遗在积极推动产业化,并初具产业链的特征。如北京市良山珐琅厂从一家手工制胎作坊,发展成集景泰蓝设计、生产制作、工艺展示、精品鉴赏、科普教育、文化传播于一体的文化产业园区,创办景泰蓝艺术馆、制作技艺展示区、景泰蓝体验区、工艺美术图书馆,全面展示景泰蓝的历史沿革和传承发展、开拓创新的历史脉络。再如,酱猪脸非遗依托石峡村资源,开设非遗餐饮、民宿、咖啡店、酒坊、茶坊、油坊,还配备图书馆等,已形成自己的产业链,服务项目比较齐全。

调研中发现,大部分传承人在从事非遗工作之前,都从事过其他行业的工作,后来基于对非遗的满腔热情与热爱,返乡投入非遗传承与开发的工作中,开始了文化创业。从访谈中了解到,传承人之前的从业经历对非遗创业有重要的影响。例如,贺氏酱猪脸技艺和密云三烧烧饼技艺传承人都有多年从事餐饮行业的丰富经历,这对后来创办非遗企业和非遗产业化发展起到重要的作用。

2. 非遗旅游活化中存在的主要问题

(1) 知名度普遍不高,资源整合力度受限

一般情况下,非遗级别越高、品质越高,越能引起大众广泛的关注;知名度越高,越容易获得政府支持,介入的社会资源也会越多,非遗活化条件相对会越好。本次调研的非遗项目中 80% 属于区级非遗,传承人均为区级,非遗项目和传承人的知名度普遍低。访谈中大部分传承人反映,消费者对民间工艺的了解不够,不了解其魅力,因不了解,也就没有人喜欢它,自然就没有销售,市场效益低,很难继续坚持下去。

(2) 非遗的文化价值挖掘不深

作为文化资源，文化价值是每一项非遗最核心的吸引力。当独具特色的文化资本进入现代市场的过程中，非遗所包含的经济价值将不断被挖掘，成为非遗活化的重要驱动力。非遗的价值不仅体现在经济方面，还体现在文化和社会方面。因此，既要保护与传承传统文化的核心价值，又要利用遗产的变异性，不断增加非遗的综合价值。目前，乡村非遗虽已被评为区级或市级项目，但总体来看文化价值挖掘不够，未能作为文化资本转化为有市场价值的文化产品，经济效益和社会效益较低，直接影响了非遗的可持续发展。

(3) 传承人市场开发能力有待提高

传承人是非遗活化中最核心的主体，其综合能力关系到非遗开发水平，尤其是传承人的市场开发能力对其影响显著。新冠疫情对中国经济的影响是全方位的，因乡村旅游受较大影响，原先依赖旅游景区、民宿等旅游渠道的非遗产品，不得不开拓新的电商平台寻找发展之路。新冠疫情发生以后，有些传承人开始以淘宝直播卖货方式为主销售产品，但在淘宝店经营中，存在部分产品没有照片，即使上传的照片也不美观，或没有讲解，直播方式简单，难以吸引消费者等诸多问题。不少传承人反映，非遗的线上销售和新媒体营销是必然趋势，并且很有兴趣尝试。但因个人能力、时间和精力等因素，还未使用电商平台，即使尝试还处在初级阶段，效果并不理想。

(4) 创意设计水平有待提升

目前在非遗产品的生产经营中，研发设计和品牌营销两个环节相对薄弱。景泰蓝制作技艺传承人认为，良山珐琅厂能延续到现在，最重要的原因是企业研发力度大，通过不断研发参观、体验类等产品，让消费者了解他们的手艺，并且与他们互动，感受匠人的精神，很好地激发了购买欲望。传承人也普遍认为研发设计很重要，并且在努力创新开拓，但现实中产品简单化、雷同化情况较严重，缺乏创新产品，创意设计水平低下。例如，非遗体验是传承人和消费者较认可的文化体验和宣传的方式，但是目前非遗体验项目较少，体验方式较单一，文化挖掘不够，消费者的体验满意度不高。

(5) 非遗与旅游融合度不够

作为优秀的文化遗产，非遗成为重要的旅游资源，通过与旅游的融合重新迸发出新的活力，旅游开发已成为非遗活化的重要方式。非遗与旅游融合使非遗进入现代市场，从而促进非遗的保护和传承；非遗旅游进一步提升旅游品质，提高旅游产业综合效益。目前乡村非遗通过进景区、进民宿、非遗研学等方式，不断尝试与旅游融合，但是大部分非遗与旅游的融合情况并不乐观。一方面，虽然有些非遗已进入景区，但因景区流量、传承人人力成本等诸多因素，被迫从景区退出；另一方面，大部分非遗与旅游的联结较少，未能真正地把非遗资源融入旅游产品开发中。

（6）对政府的依赖性较大

政治、经济、社会、技术是影响非遗发展的主要外部环境。随着市场环境的变化以及各利益主体需求的多元化，非遗面临的机遇与挑战共存。访谈中传承人一致表示，政府对非遗的资金支持与政策倾斜对其发展至关重要。本次调研的非遗大部分为区级，中央及北京市的政策支持很难覆盖到区级层面。传承人反映，区政府对非遗的支持主要停留在授予头衔、设立非遗单位等方面，缺乏资金、人力、场地、宣传等方面的支持，使非遗传承和发展面临很大的困境。

3. 北京乡村非遗旅游活化建议

（1）以传承人为核心培育乡村能人

在非遗高质量传承发展中，传承人是最为关键的主体。如上所述，传承人的市场开发能力和创意设计水平对非遗发展有重要影响。因此，应尽快培育一支以传承人为核心的乡村能人队伍，以乡村能人带动村民致富和非遗产业链的发展。一方面，乡村传承人走出去，推荐其参加传承人研修培训计划，或到北京高校或职业院校研修，着重提升创意研发和品牌营销水平，加强乡村传承人综合能力的培养，以适应非遗产业化发展的需要。另一方面，乡村能人引进来，鼓励文化和旅游从业者、相关院校毕业生、返乡创业人员投入乡村非遗发展中，培育新型职业非遗队伍。

（2）以非遗为核心打造乡村文化生活景观

非遗来源于乡村的生产生活，并且以乡村为基础传承发展，因此，每项非遗都烙上了深刻的乡土印记，与乡土社会有着千丝万缕的联系。非遗可持续发展必须扎根于乡村，并展示最有乡土气息的生活场景。为此，依托现有的非遗工坊、非遗工作室等生产空间，深入挖掘当地文化，通过传承人与村民的共同参与，打造一个集传承空间、生产空间、展示空间与生活空间于一体的乡村文化生活景观，让人们沉浸式感受和享受乡村非遗的魅力。

（3）以工作站为基础构建非遗合作共同体

非遗发展是一场社会群体共同参与的文化经济行为，尤其是目前传承人整体水平不高，短期内难以适应市场发展的情况下，更需要社会资源的介入，即通过与企业、政府、学校、社区等的合作共同促进非遗发展。为此，以乡镇为单位，依托乡村主要非遗资源，整合北京市各种社会资源，共建产、学、研、培一体的非遗工作站，共同助力非遗产业化发展。此外，对实力相对弱的乡村非遗而言，单打独斗难以生存和发展，只有区级非遗之间、区级与市级及国家级非遗之间抱团取暖，构建非遗合作共同体，互帮互助，非遗才能持续发展下去。

(4) 以产业融合为契机推动非遗产业链发展

非遗融入现代市场，应推动非遗"六次产业化"经营（1×2×3），加强乡村非遗与一、二、三产业的相互延伸与融合，形成生产、加工、销售、服务一体化的完整产业链，使非遗创造出来的价值更多地在乡村内部循环。为此，发挥"非遗+"效应，大力延伸非遗产业链条，推动非遗与旅游、农业、工业、教育、影视等行业跨界合作，形成"非遗+"的新业态，如非遗旅游、非遗文创、非遗动漫、非遗影视等，构建非遗与其他产业共建格局，通过延伸非遗产业链和产业间形成的整体效应或集群效应来提升更多的附加值。

(5) 以产业化为目的构建非遗政策支持体系

目前，政府对乡村非遗的支持主要有，对传承人的认定、中小学社会大课堂、爱国主义教育基地等认定，提供宣传推广平台等，主要偏重非遗保护与传承方面。为实现非遗高质量传承发展，下一步应该以乡村非遗产业化为主要目的，针对乡村非遗制定财政税收政策、金融政策。例如，为企业或个体工商户给予创业补贴，为小微企业创业提供担保贷款和贴息，将乡村非遗产品纳入文化和旅游惠民消费范围，鼓励金融机构开发适合乡村非遗企业特点的金融产品和服务，加强对乡村小微企业的投融资扶持力度等。

（八）小结

非遗在设计、生产和销售中与旅游融合，是其有效的活态传承方式。在非遗旅游市场需求的引导下，非遗旅游产业体系逐渐发展，产业链链条逐渐完善，这是受多种因素、多层关系共同作用的结果。本研究从产业链增值的视角构建了非遗旅游活化水平四维指标体系，其中资源潜质和开发环节的权重相对较高，开发主体和开发环境的权重相对较低。资源潜质是非遗旅游活化的基础，在非遗旅游产业化的过程中，要注意协调好非遗资源的保护与开发利用关系，通过提高非遗保护级别、扩大非遗知名度、挖掘非遗的经济价值和社会价值等方式，推动非遗旅游的可持续发展。开发环节是活化的关键，要提高创意设计水平，以期更好地满足旅游市场的需求，拓宽非遗旅游市场发展空间，提高旅游产品和服务的质量。开发主体是非遗活化的主体，着力提升传承人这一核心主体的市场开发能力，是促进非遗进入旅游市场的内部动力。开发环境是活化的外部动力，政策法规为新时代拓展非遗与旅游深度融合发展的新路径提供坚实保障。总体而言，在非遗旅游活化影响因素中，各因素相互依存、彼此制约。最后，本研究以北京市珐琅厂为例测评并验证了指标体系与评价模型的合理性。本研究所构建的非遗旅游活化水平评价模型，一方面可用来测评非遗旅游活化的可能性和活化程度，另一方面根据评价结果可以发现影响其旅游活化的主要因素，从而采取有针对性的措施，促进非遗旅游产业的可持续发展。

二、非遗旅游活化内在机理

(一) 非遗旅游活化内外部动力

从前面研究结果看,影响非遗旅游活化的因素分为内部和外部因素,这些也是促进非遗活化发展的内外部动力来源。在非遗旅游活化过程中,实现价值增值是在一定的内外部稳定条件下,通过关键影响因素之间的相互作用,经由一定的增值机理不断演化的过程。随着非遗旅游活化中价值增值的不断演化,产业链逐渐从低级走向高级,从单一转向复杂。

在非遗旅游活化过程中,产业链上的传承人、企业、专家学者、政府、消费者等不同利益相关者在目标利益协同的前提下,汇集各种资源推动全产业链上的价值增值,成为增值原动力。从动力强化的角度来看,全产业链的增值动力主要包括内部驱动力和外部推动力两个方面,其中,创新能力和价值链增值能力属于内部驱动力,政府、市场和科技等属于外部推动力,内外部动力共同促进非遗旅游产业链模式的形成及演化。

1. 政府推动力

非遗保护、传承与发展作为政府层面所推动的一项重要文化项目,其发展过程中政府层面的经济体制、政策支持等是非遗旅游活化的重要外部推动力。

(1) 经济体制

从非遗发展历程看,非遗的发展会受到不同时代经济体制的影响。尤其是从国营老字号非遗企业的发展中可以看出,从计划经济体制到市场经济体制的转型对其产业链的影响较大,下面以北京市珐琅厂和北京皮影剧团为例具体分析。

如前所述,在北京市珐琅厂的发展中,经济体制对其影响较大。具体来看,第一阶段的市场转型时期,从造办处生产转变为作坊生产模式,产业链中各个作坊之间的关系为简单的市场交易关系,其产业链属于市场交易式产业链或自组织产业链。

在出口创汇时期,公私合营的北京市珐琅厂通过产权控制着产业链的上下游企业的生产经营活动,产业链内的市场交易转化为集团公司的内部生产,其生产经营更加稳定。这一时期工艺美术企业的产品都是外贸统购包销,企业不用考虑市场,只负责组织生产。当时出口繁荣兴盛的景象很大程度上受益于计划经济体制下的政策导向,其产业链属于纵向一体化产业链。

改革开放以后,北京市珐琅厂积极发展非遗旅游,从观光旅游市场到如今深度旅游时期,这一时期我国开始从计划经济向市场经济转变。我国外贸体制改革后,北京市珐琅厂自主经营直接面对市场,为此积极开发旅游市场。20 世纪 80 年代后期,北京市珐琅厂以中低档景泰蓝的旅游纪念品开发为主。2002 年 11 月,改制为集研发、制作、商贸、旅游为一体的北京市珐琅厂有限责任公司。随着旅游市场的不断发展，北京市珐琅厂陆续筹建了大师工作室、景泰蓝艺术陈列室、景泰蓝艺术博物馆和体验馆。这一时期，一方面，公司依然通过产权控制着产业链的上下游企业的生产经营活动，产业链内的部分市场交易依然被转化为集团公司的内部生产，产业链包含纵向一体化产业链；另一方面，公司着眼于旅游市场，逐步拓宽、延伸产业链，产业链的核心企业对节点企业进行行为限制和价格限制，节点企业间的行为既非市场交易又非产权控制，而是通过"契约"来控制产业链节点企业的行为，所以产业链中包含纵向约束式产业链。综上，目前北京市珐琅厂的产业链为纵向一体化产业链和纵向约束式产业链组合成的复合式产业链。

北京皮影剧团是"北京皮影戏"的传承与保护单位，集皮影戏演出、皮影展览、皮影讲座、培训皮影演员和皮影销售于一体。北京皮影剧团最初是私人路家德顺皮影剧社，后公私合营转变为事业单位。剧团成立后，坚持走传统与现代题材并举的道路，排练和演出了许多传统保留剧目。2020年，北京皮影剧团由事业单位转变为企业单位，更名为北京皮影集团有限责任公司。改制后，剧团从业人员的性质也由事业单位的事业编制变为企业单位的合同制。在其发展中，体制改革对其产业链各个环节的影响是必然的。具体表现为，原先的剧目将要推向市场，在研发设计环节、生产创作环节等方面需要进行产品重构，在营销环节也要根据消费者的消费特点进行调整，这种变革对传统的文化事业单位的影响较为明显。

（2）政策支持

非遗保护是各级政府的重要责任，从联合国教科文组织到各国政府都非常重视。具体来看，政府出台了一系列非遗相关的法律、对传承人和保护单位的认定、非遗产业化和文化企业的政策、对非遗知名度和品牌的认可和宣传等，都对非遗的生产性保护与发展起到了推动作用。

在政策文件方面，国务院、文化和旅游部等出台了很多关于传承人、文化保护传承活动、创新创意活动、乡村文化振兴扶贫、传统工艺振兴方面的政策文件。例如，《国务院办公厅关于加强我国非物质文化遗产保护工作的意见》（2005）、《国家级非物质文化遗产保护与管理暂行办法》（2006）、《文化部关于2007年"文化遗产日"期间组织开展非物质文化遗产系列活动的通知》（2007）、《中华人民共和国非物质文化遗产法》（2011）、《中国传统工艺振兴计划》（2017）、《文化和旅游部办公厅关于大力振兴贫困地区传统工艺助力精准扶贫的通知》（2018）以及《文化和旅游部办公厅 国务院扶贫办综合司关于推进非遗扶贫就业工坊建设的通知》（2019）、《关于进一步加强非物质文化遗产保护工作的意见》(2021)、《关于推动非物质文化遗产与旅游深度融合发展的通知》(2023)等。此外,政府会资助一些研发类和行业培训类活动,比如销售奖励或者提供研发设备、研发人员培训活动,通过文旅促进电商、会展等方式加强平台建设,这些政策文件对非遗的发展产生了重要的积极作用。

在荣誉称号方面,荣誉称号代表着非遗得到了政府部门的重视和支持。荣誉称号对非遗企业来说是一种实力的见证,既是团队的旗帜和灵魂,可以为其带来无穷的动力和精神力量,也是其产品质量保证的标志。北京市珐琅厂是国内景泰蓝行业中唯一一家中华老字号,首批国家级非遗景泰蓝制作技艺生产性保护示范基地,北京市外事接待单位,北京市科普教育基地,北京工艺美术院校实习培训基地,还是中宣部命名的文化出口重点企业。这些荣誉称号都是北京市珐琅厂重要的无形资产,有利于公司的生产经营。例如,中共中央祝贺宁夏、新疆、广西成立自治区60周年时,正是考虑到北京市珐琅厂的重要荣誉和品牌以及其在景泰蓝行业中的地位,最终选择北京市珐琅厂定做赠送给这三个自治区的中央政府礼品。

(3) 首都定位

作为我国政治与文化中心,北京是各种政治活动的举办地,是国家主权的象征城市,是国家庆典和重要外交活动的举办场所,承载着国家记忆,展现着国家形象。

非遗联结着古代文明和现代社会,只有符合现代文明标准的优秀传统文化,才有可能纳入非遗保护的范围;只有继承了古代文明遗产的社会,才有可能在创建现代文明时具有更丰厚的底蕴和更多元的选择。一个民族的历史文化是一个民族安身立命的基础。传统与现代并不必然矛盾,二者协调一致才能坚定文化自信,走有中国特色的发展道路。其中最为典型的是外交中的国礼。国礼代表着国家形象与政治语言,是一个国家或民族文化传统的集中体现,每件国礼都是一段中外交流的历史见证。以传统工艺美术品作为国礼,是中华文化对外输出的重要方式之一。同时,国礼也通过象征性的政治符号渗透人民社会生活内部,引导人民的文化修养和价值观念。例如,北京市珐琅厂定制的景泰蓝多次担当国礼角色,企业多次承担起制作国礼的重任,国礼也从侧面反映出首都具有重要的政治价值和社会价值。

当作为政治中心的首都拥有支配大量社会资源的分配权时,首都会吸引各种力量在此聚集。这种聚拢效应导致北京"城市病"突出。为此,国家疏解北京的非首都功能。随着京津冀一体化战略的实施,北京通过产业结构调整的方式进行产业外迁。例如,根据北京市环保局的相关规定,部分涉及环境污染的工序不允许在北京进行,促使非遗企业将生产环节迁移到河北等外地。目前,河北大厂有一批生产景泰蓝的工厂。

2. 市场推动力

一方面,市场变化体现为消费主体的变化,决定了产业链上游的研发设计和下游的品牌营销环节需要在创意设计、产业融合和销售渠道等方面重新定义消费者的消费需求并作出相应的改变。另一方面,市场变化会引起产品类型的变化,产品类型的变化影响了产业链中游的生产创作环节,需要在产品特性、产品的价格体系、产品规模化生产,以及可持续生产的可能性等方面作出相应调整,以满足市场的需求。具体表现为以下三个阶段:

(1) 从出口市场到国内市场的转变

改革开放后,复杂多变的市场环境与多样化的现代消费需求,推动了非遗企业从出口市场向国内市场的转变。例如,北京市珐琅厂从出口创汇的市场转变为旅游和文化并举的市场开拓。计划经济时期是景泰蓝行业的出口创汇时代,北京市珐琅厂的产品几乎全部由外贸公司统购统销到国外,企业根据订单生产,只为满足国际市场对中国传统手工艺品的需求,创新产品较少。到了20世纪80年代后期,北京景泰蓝市场逐步向国内转移并大有后来者居上之势。随着国内旅游市场的逐渐开拓,景泰蓝开始在北京著名的故宫、颐和园、北海等旅游景点销售。

(2) 从传统市场到旅游市场的开拓

从传统市场到旅游市场的开拓,可具体化为从观光旅游市场到非遗主题旅游市场的转移,从礼品市场到旅游市场的转移,从旅游商品、旅游纪念品市场向文化旅游体验市场的转移。以北京市珐琅厂为例,各个时期的市场特点具体如下:

观光旅游发展期间,北京市珐琅厂的景泰蓝产品由外贸出口转到国内市场。市场销售渠道的变化,使得企业在坚持国际和国内市场的同时,积极开发旅游市场,产品主要用于接待外国元首、政要、党和国家领导人,以及厂内外宾服务部供参观购买,企业的精品作为旅游纪念品和商品出售。20世纪90年代后,国内旅游市场迅速发展,出现了工业旅游、团队旅游,北京市珐琅厂借势开展工业旅游,接待国内外旅游团队,为此扩大厂内商品部、展厅和停车场面积,提高游客容纳量。

随着旅游深度发展,为提升企业参观旅游环境,2003年,珐琅厂创办大师工作室,提供游客和大师近距离交流的平台,在掐丝、点蓝车间开辟游客互动区域,让游客亲自参与制作。2010年5月起,北京市珐琅厂停止旅游团队接待业务,陆续按照新确定的经营方向,调整原有的销售结构,重新定位客户群,调整营销方式,提升厂区环境,接待散客旅游,积极参加各地区的展会展演活动,并建立景泰蓝艺术博物馆和体验馆,加大宣传力度。

（3）从特定市场到大众市场进入

非遗从特定市场进入大众市场，主要表现为在非遗产业化的过程中重视民众的广泛参与，在非遗传承和发展的过程中满足民众的日常需求。

一方面，民众的广泛参与是非遗产业化经营的有力保障。在以往的产业化经营中，政府、学术机构和少数企业是主要参与者，民间组织的力量没有得到应有的重视。一些地区对非遗项目的过度开发，容易使非遗产业化经营陷入僵局，引发矛盾。鉴于此，非遗产业化经营应扩大参与范围，加大宣传力度，坚持从丰富群众的文化生活着手，由浅入深、循序渐进，利用当地的非遗资源尤其是传统技艺类非遗，通过组织系列宣传展演活动，积极推动非遗进校园、进社区、进乡村，让群众近距离了解非遗，让非遗手工艺更好地融入群众生活中，从而使非遗与人民群众的关系更加密切。

另一方面，民众的日常生活需求是非遗生产性保护的基础。生产技艺类的非遗，最好的保护方式就是使它在民众生活中获得新活力（陈勤建，2012）。很多非遗如果不能满足当代民众的生活需求，就会永远停留在那个历史状态下，几十年后被遗忘，走入博物馆，进入史册。那些传承了几百年还能往前走的手工艺门类，是因为在每一个时代都会有一些手工艺人对它进行创新，跟当前时代的民众生活生产需求相结合，才能发展。正如曹氏风筝工艺在活化过程中，其传承人建立曹雪芹风筝生活馆，开发了与曹氏风筝相关的抱枕、雨伞、丝巾等生活必需品，该项非遗也因此进入民众的生活中。其传承人表示，未来开发的产品依然会兼具实用性和艺术性，以实用为主。总而言之，无论专家学者从何角度探讨生产性保护问题，有一点是不可否认的，即非遗是劳动人民在长期的生活实践中产生的，与民众生活息息相关。

3. 科技推动力

科技创新是非遗产业化经营和可持续发展的另一个重要动力。一方面，元宇宙、人工智能等新兴信息技术的发展，促进了产业链广度与深度升级。互联网平台为非遗文创产业的推广、传播提供新型载体，"互联网+"和非遗文创孵化平台深度融合，将非遗资源的视频、图片上传到抖音、微信、微博等社交平台，形成共创、共用和共享，通过线上平台对非遗项目进行创新开发、资源整合和要素汇集，将其打造成一个媒体、社交、主题型创意电商平台，同时借助平台实现非遗文创产品展示、交流及销售，加快非遗传播的广度和深度。另一方面，提升核心企业的管理与控制能力，通过各个环节之间的多方面增值配合，全产业链可以实现整体价值的可持续增值。例如，北京同仁堂集团的知嘛健康，将传统医药与现代技术结合，融入新的消费理念，实现象、食、养、医四大业务传统与创新和谐共存。它研发的知嘛健康 App，覆盖多元化购物休闲场景，区别于传统，以尖端科技和前沿思维赋能提供个性化体验。知嘛健康以公域流量（线上电商）+私域流量（微信、公众号、有赞商城等）的方式在线上全面布局。以抖音等平台塑造品牌形象，打造IP，链接明星、网红、达人等资源，丰富品牌的深度内涵，为全面增长裂变蓄势储能。通过运营提升用户忠诚度，并借助人工+自动化的方式提升运营效率，线上线下流量互导。通过短视频、直播内容，增强平台运营效果。

4. 创新驱动力

非遗的保护、传承与可持续发展是社会各界关注的焦点。非遗只有融入现代社会环境，实现创造性转化、创新性发展，才能实现可持续发展。非遗进入现代生活，其本质为传统文化对现代生活、语境的跨界进入，跨界是非遗创新性发展的重要方式。通过研究发现，非遗企业主要通过以下四个方面进行跨界创新：

（1）跨"市场"边界

资源整合与市场创新。一方面，随着现代化、全球化市场的形成与发展，封闭的地域性市场必将融入开放的全国、全球性市场，非遗的市场边界迅速被打破。另一方面，从消费者市场看，非遗将面临从传统的消费群体到现代消费群体的跨越，向年轻化、时尚化、社交化等方向发展。例如，作为中医药行业里的老字号非遗企业，北京同仁堂集团不断开拓新市场，面向大健康领域消费者不同的健康服务需求，孵化培育新零售知嘛健康品牌，为其提供一站式解决方案，创新开发产品，从而赢得消费市场的认可，服务更多人群。

（2）跨"文化"边界

文化融合与产品创新。一方面，传统文化与现代文化的纵向跨界与融入，表现为非遗融入现代生活，以富有创意、时尚、创新的产品满足当代消费者需求，形成新的文化热点与文化时尚。如北京皮影剧团将皮影戏艺术和舞台现实真人表演相结合，融合人影、皮影、纸影、景影等多种光影艺术，创作了跨界融合舞台剧——《影戏传奇》。另一方面，不同类型非遗间横向交流与融合。非遗不仅要融入现代生活，而且还会与其他类型非遗强强合作，形成集聚效应，碰撞出新的文化创新。例如，景泰蓝和花丝镶嵌都是北京燕京八绝，两项国家级非遗融合而成"海晏河清盛世国尊"就是其典型代表。

（3）跨"生产"边界

主体融合与组织创新。如今，非遗得到了社会各界的空前关注，导致在非遗开发中出现了不同学科背景的学界、业界和行政主管部门共同开发，多利益主体合作共创价值的生产组织创新。这些不同的利益主体各有不同的资源优势，如传承人的文化资源、企业的市场资源、高校的人才和学科资源、政府的行政资源，所有这些资源通过协同运作，最终形成一个非遗协同发展的共同体，共同推动行业和资源的转化与发展。

（4）跨"行业"边界

产业融合与业态创新。从非遗的产生来看，都是在特定行业、特定领域形成的，其使用价值与价值相对单一。而随着其与现代市场的融入，非遗与其他行业、领域之间的融合、整合速度越来越快，其使用价值与价值越来越多元化，非遗的文化价值、精神价值、艺术价值、娱乐价值、经济价值、社会价值等满足现代消费者的多种需求。例如，非遗与旅游的融合，创新开发了各种非遗旅游产品，如博物馆陈列、舞台演艺、非遗旅游商品、体验参与、非遗主题公园、非遗主题线路、节庆活动等。在这种行业跨界的过程中，非遗产业链不断被重组与构建，长度、丰度和宽度不断扩大。

在当代社会，非遗跨界是普遍的、活跃的，非遗通过边界的跨越、融合、整合与渗透，开拓了新市场，创新了产品、知识与组织方式，拓展了非遗产业链，打造了非遗新业态。因此，跨界的实质是非遗全方位的创新，是现代社会中非遗创新发展的有效路径。

5. 价值链增值能力

产业链的本质是价值增值链，近年来，在文旅融合的大趋势下，非遗与旅游的融合变得越来越普遍。旅游为非遗注入了活力，非遗作为一种旅游资源被广泛利用。非遗与旅游的跨界融合，能够改变非遗的传统生产与消费模式，转变价值增长机制，推动非遗和旅游产业链向附加值高的两端延伸。非遗价值增值能力包括价值增值环节和价值增值方式。

如上所述，微笑曲线用来识别增值机会。虽然非遗的类型复杂、涉及面广，但其生产链条基本上包括上游的研发设计、中游的生产创作以及下游的品牌营销等环节，每个环节上的价值增值空间具有较大的差异。目前，非遗价值增值的分布特征为，在生产环节上的经济价值增值空间相对较小，在研发设计和品牌营销等产业链的两端上具有较大的增值空间，形成了非遗的微笑曲线。当然，不同非遗的增值空间不尽相同，因此应寻找适合自身的增值潜力空间。

（二）非遗旅游产业链形成机制

在非遗旅游活化过程中创新能力、价值链增值能力、政策支持、市场、科技创新等诸多因素共同作用于产业链，促进非遗旅游产业链的形成与发展，进而演化成不同类型的产业链。非遗旅游产业链按不同动力因素作用力的大小，可分为自组织形成的产业链和他组织形成的产业链。

自组织形成的产业链指产业链的形成完全是企业自发行为，没有外界因素的作用，产业链中节点企业之间的关系为简单的市场交易关系。节点企业在产业链中的地位完全平等，没有核心企业，也没有哪个企业从产业链中赚取垄断利润。

第六章　北京非遗旅游活化影响因素与内在机理

自组织产业链的链条短、链接力不强，不能发挥产业链的功能效应，属于产业链发展的初级阶段。自组织产业链又可称为市场交易式产业链。

他组织形成的产业链可分为"自下而上"和"自上而下"两种。他组织产业链"自下而上"往往都是在具备产业链雏形后，地方政府再通过政策加以规划、引导，对产业链雏形进行培育，使之不断发展壮大。他组织产业链"自上而下"主要是在地方政府积极主动的规划、扶持下得以出现、发展和壮大的。在外界因素作用下，产业链在某空间区域内不断延伸和拓展，不断接通断环和孤环，使产业链节点企业的富集程度不断增加，节点企业之间的竞争程度也日益激烈，不断兼并重组，优胜劣汰，最后形成了纵向一体化式产业链、纵向约束式产业链两种类型。

综上所述，产业链可分为市场交易式、纵向一体化式、纵向约束式三种类型。根据实际发展情况，通常还包括复合式产业链，如图6-6所示。

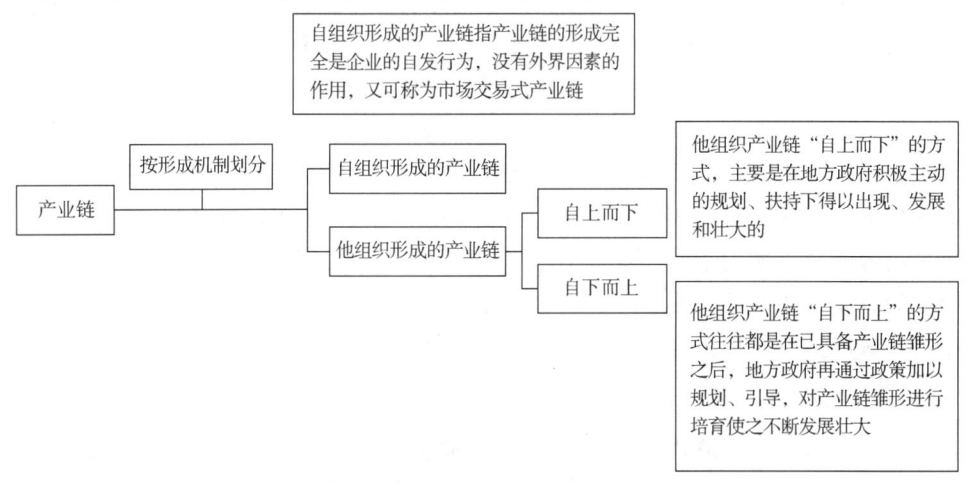

图6-6　产业链类型

1. 市场交易式产业链

市场交易式产业链指完全由企业自发形成的产业链。风筝寻梦和吉兔坊均为民营企业，它们在产业化的过程中通过不断创新来开拓市场，依据市场需求开发非遗核心产品和衍生产品，产业链中与其他企业之间的关系为市场交易关系，从而形成了市场交易式产业链。

以曹氏风筝为例，风筝寻梦在生产环节上不断创新改革。第一，原材料从宣纸到易保存且质感较好的无纺布、丝绢，产品类型上开发生产了动态风筝。第二，在生产方式上，既有工厂内部员工分工制作，也有代加工、外包三方合作，以此来扩大风筝产量和市场交易量。在营销方面，第一，除北京公司之外，在其他地区建立曹雪芹乡村风筝博物馆和生活馆，扩大曹氏风筝的知名度；第二，积极全面孵化文创产品，开发与曹氏风筝相关的抱枕、丝巾和雨伞等生活必需品，在不同节日和其他企业合作推出产品，积极迎合市场大众的需求；第三，与第三方机构合作开展研学项目，推出符合当前大众喜爱的既可学习传统文化知识又能深度体验的研学产品。

吉兔坊是北京最大的兔儿爷创作生产基地。在生产环节，更新了工艺材料，细分了制作流程，增强了产品的稳定性，提高了生产效率。在营销环节，充分抓住市场机会，注重开发兔儿爷的文化价值，将产品聚焦目前市场上少有的国风产品，并与景区等联合出品，扩大品牌在市场上的知名度。

2. 纵向一体化式产业链

纵向一体化指上游下游企业通过购买下游上游企业的产权获得被收购企业的控制权。纵向一体化式产业链中的企业同属于一个集团公司，集团公司通过产权控制着产业链的上游下游企业的生产经营活动，产业链内的市场交易转化为集团公司的内部生产，从而使生产经营更加稳定。纵向一体化产业链可以像企业一样进行生产交易活动，治理模式是等级控制，所以又称为等级式产业链。

以北京工美集团为例，北京工美集团作为母公司注册了北京工美联合企业集团。联合企业集团的宗旨是以母公司为核心，集团成员单位具有法人资格，以资本、技术、业务合作为纽带，发挥集团成员的综合优势，实现各种资源的优化配置。集团成员协同发展，开拓市场，互惠互利，形成规模效益，为国家多作贡献，为企业创造效益。北京工美联合企业集团包含国企、私企共311家，联合企业集团成员抱团取暖，更有利于各单位产业化状况。

3. 纵向约束式产业链

纵向约束式产业链指产业链的核心企业对节点企业进行行为限制和价格限制，以便赚取高额垄断利润。行为限制有独占交易、独占区域、共同代理、拒绝交易、搭售等形式，价格限制主要有场位费、抽成、转售价格等形式。纵向约束式产业链节点企业间的行为既非市场交易又非产权控制，而是通过"契约"来控制产业链节点企业的行为。所以，纵向约束式产业链又称为契约型产业链或网络型产业链。

以北京市珐琅厂为例，该企业与河北大厂有密切合作形成产业链。具体来看，北京市珐琅厂进入旅游市场后，开始销售小型精致的旅游商品。但因为人工成本较高，出于对旅游商品利润的考虑，公司将小型旅游商品外包给其他企业生产。在常规产品的生产中，掐丝、点蓝等核心环节仍在北京的珐琅厂车间完成，而焊丝、烧蓝和磨光镀金等工序放在了河北大厂。另外，在体验类产品中，掐丝体验和点蓝体验均是在北京珐琅厂内在老师的指导下完成，但已经掐好丝的盘子以及点蓝所需矿物质釉料都从河北大厂采购。

4. 复合式产业链

在现实中，很多非遗产业链属于复合式产业链，即一条产业链的一部分链节是纵向一体化式产业链，而另一部分链节却是纵向约束式产业链。以北京工美集团为例，从工美集团到工美联合集团的历史演变中可以看出，其母公司和集团成员之间向协同发展、互惠互利的纵向一体化式发展，同时又是以母公司为核心，以集团成员为纽带向纵向约束式发展，从而形成复合式产业链。

综上所述，一条产业链在不同时期的不同内外部的动力作用下，其产业链不断演化。例如，从历时性维度看，北京市珐琅厂的产业链在形成初期，是自发形成的市场交易式产业链，但由于受到国家外贸体制和从计划经济到市场经济体制的改革影响，其产业链在运行中不断调整延伸与拓展，逐步发展为纵向约束式产业链。从共时性维度看，产业链在这个区域内的链节和在另一个区域内的链节可能完全是不同类型的产业链，产业链从简单向复杂不断演变。例如，北京工美集团纵向一体化式产业链，用企业集团内部计划代替了市场交易，生产稳定，但内部管理费用却增加了。当管理成本大于市场交易成本时，产业链将由纵向一体化发展为纵向拆分，主动或被动将生产环节的某一部分剥离，退出上游或下游某个市场，以至纵向一体化式演变成纵向一体化式与纵向约束式组合成的复合式产业链。因此，纵向一体化产业链和复合式产业链同时存在于北京工美集团的产业链中。

第七章 北京非遗旅游活化创新模式与优化策略

前面章节根据实地调研，分析了基于产业链增值的北京非遗旅游活化的价值增值机会、价值增值环节和主体需求，并深入探究了基于产业链增值的非遗旅游活化内在机理。本章基于产业链价值增值理论和生命周期理论，分析非遗的生命周期、非遗旅游活化的创新模式，并对未来的发展趋势进行预测，明确北京非遗旅游产业链价值增值过程中存在的问题，提出北京市非遗旅游活化的优化策略。

一、非遗旅游活化模式总结及未来趋势预测

非遗在发展过程中始终面临保护还是开发、"变"与"不变"的两难问题。作为优秀传统文化的重要组成部分，非遗具有物质文化遗产难以企及的独特优势。然而，由于非遗逐渐失去了其生存的土壤，难以适应现代生活，面临着逐渐衰退甚至消亡的困境。非遗的独特价值和其日渐衰退之间的冲突，使非遗在未来发展中是保护还是开发存在争议。一方面，非遗的保护和传承强调非遗的本真性，但是，对非遗保守的传承无法有效解决非遗与现代社会脱轨的问题，也无法使非遗真正走出衰退的困境。另一方面，非遗的活化要求我们与时俱进，在非遗中融入现代元素。

关于非遗的发展，学界有不同的声音，并对非遗是否适合产业化也展开了积极的探讨。在当代社会，非遗原来的存在环境和生存土壤都发生了变化，从本质上来说，非遗已经不可能一成不变了。本研究认为，完全封闭的保护和盲目的开发都不是非遗传承和延续的最优解。要让非遗"活"起来，就必须让它们再次进入人们的生活中，重新用起来，做到"见人、见物、见生活"。本研究所主张的非遗产业化的终极目标是保护和传承，并不是将所有非遗完全推进市场，而是有选择地对一些非遗项目进行产业化的市场运作。在产业化过程中各利益相关者协同合作，通过市场运作的方式，将非遗再次带入大众视野，将延续数千年的文化传承下去，实现非遗的可持续发展。

第七章　北京非遗旅游活化创新模式与优化策略

通过研究分析，依据产业化的难易程度将非遗分为不适合产业化和适合产业化两种类型。根据非遗是否适合产业化，设计不同的非遗发展路径。对于不适合产业化的非遗项目，保留非遗的原真性，用传统的方式，生产核心产品。对于适合产业化的非遗而言，有两条发展路径：一方面，保留原真性的核心产品；另一方面，依托核心产品进行衍生产品的开发。这就要求我们在进行非遗产业化时要兼顾核心产品和衍生产品的生产，既达到保护和传承非遗的目的，又能在非遗中融入时代特色和现代元素，引起人们的关注，适用于当前人们的日常生产和生活。

本章基于生命周期理论和产业链增值相关理论，分析非遗的旅游活化模式是什么；在非遗的生命周期各阶段，产业链的模式和特征是什么；并基于以上内容分析预测未来非遗旅游活化的趋势。

（一）生命周期视角下的非遗演变

1. 生命周期理论与非遗

产业生命周期指从产业出现到完全退出社会经济活动所经历的时间（杜军，2015），是从时间跨度上考察产业发展情况。非遗是在社会历史的演进中形成的，因此，生命周期的相关研究成果可以为非遗的保护与产业化开发提供理论借鉴。本研究将从生命周期理论和产业链增值理论的视角，对非遗旅游产业链进行剖析，研究非遗的演变进程和路径，以实现可持续发展。

非遗与其他事物一样，在内外部因素综合作用下会经历不同的生命周期阶段。非遗的独特性使其不同于一般意义上的产业，其生命强度和周期阶段的划分是值得探讨的。一般情况下，在生命周期曲线中，横坐标代表时间，纵坐标表示生命强度。非遗是人类文明的宝贵结晶和财富，其价值具有多元化的特征，包括经济价值、文化价值、社会价值等。非遗的价值实现是其生命力的体现，因此，非遗的多元价值可以作为评判其生命力的指标，并且可以根据多元价值实现的程度来划分生命周期的阶段。非物质文化遗产生命周期的划分是一个难点，理想的生命周期曲线是一条"S"形曲线，即经历平稳发展后进入加速发展阶段，随后转入平缓发展阶段（杨建春，2012）。但是，这一划分生命周期的方式对于非遗而言难以适用。在我国，非遗保护与传承是一项政府推动的文化事业。自从政府加入联合国教科文组织的《保护非物质文化遗产公约》，并对非遗保护与传承工作给予全方位的支持以来，非遗开始得到各部门的重视，非遗的价值也逐渐被挖掘出来，我国非遗开始步入全新的发展阶段。因此，以此为分界线，可将非遗的生命周期分为"前非遗"时代和"后非遗"时代。

2. "前后非遗时代"生命周期分析

非遗是先辈通过日常生产生活留存到现代的文化财富，是代代相传的，经历了历史变迁流传至今。在漫长的发展过程中，非遗经历了两个不同的生命周期阶段。当其被称为"非遗"的时候，其实它已经经历了形成期、成长期、成熟期，并进入了衰退期，完成了非遗的第一个生命周期，即"前非遗"时代。非遗的第一个生命周期代表的是历史的、过去的，是从形成到最终成为非遗的过程，但不能涵盖非遗的全部生命过程，因为被认定为非遗之后的发展历程没有包含在内。

2001年，我国昆曲入选人类口头与非物质文化遗产代表作名录，2003年联合国教科文组织通过了《保护非物质文化遗产公约》。随着2004年中国被批准加入《保护非物质文化遗产公约》，非遗保护的号角就正式吹响，我国政府也积极制定和颁布了一系列非遗保护的政策文件。在这一时代背景下，非遗保护和抢救取得了一定成效，处于衰退阶段的非遗步入重要的转型期，我国非遗开始进入第二个生命周期，即"后非遗"时代。

目前，非遗正在进行"后非遗"时代的探索和延续，这也是本研究关注的重点。在"后非遗"生命周期中，根据非遗的活化程度，可以将其发展分为三种类型，分别是自然衰退、维持发展和活化发展，如图7-1所示。

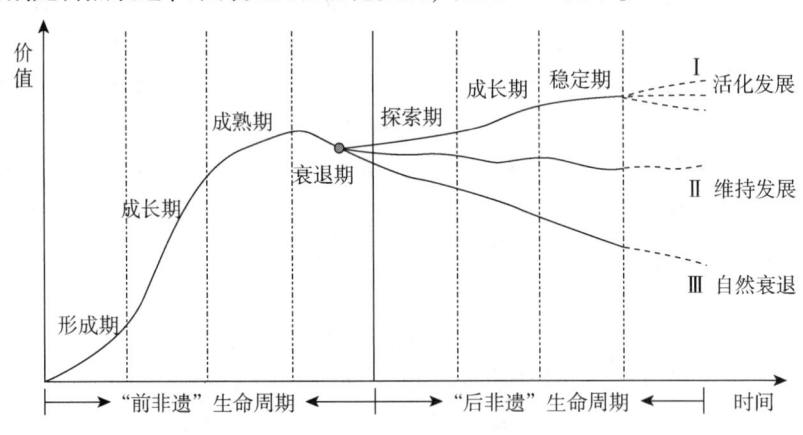

图7-1　非遗生命周期

①自然衰退：处于偏远地区没有被外界发现或者没有有效的保护措施，自身缺失发展动力的非遗项目，将随着传承人的离开，逐渐退出历史舞台。

②维持发展：保留非遗的原真性，以生产核心产品为主要方式，不一定能适应当代市场需求，但在政府政策支持下稳定发展。

③活化发展：适合产业化的非遗项目积极开拓现代市场，融入现代元素，生产出大量的衍生产品。非遗再次融入人们的日常生活，使用价值、经济价值增加，通过核心产品的生产，其文化价值也不断扩大和传播。

通过以上分析得出结论，非遗的生命历程可分为两个阶段，其中"前非遗"

第七章 北京非遗旅游活化创新模式与优化策略

生命周期是每一项非遗已经经历过的过程，随着被认定为"非遗"，其生命周期已经完成。"后非遗"生命周期是非遗在当代背景下的发展，是正在进行时，也是未来持续发展的阶段。当然，根据非遗活化程度的不同，"后非遗"时代非遗的发展和未来趋势也不尽相同。

3. "后非遗"时代生命周期不同发展阶段分析

运用产业化运作方式发展的非遗项目，其活化程度相对较高，非遗的生命力不断增强，逐渐实现活化发展。"后非遗"时代，非遗将进入新一轮的探索期、成长期和稳定期。

在探索期，非遗尝试产业化运作，探索新的非遗活化路径，非遗的经济价值开始显现。进入成长期，非遗逐渐拥有市场竞争力，适合产业化的非遗开始融入现代元素生产衍生产品，不断创造经济价值和社会价值。到了稳定期，非遗成为人们的日常消费品，消费者对非遗形成情感依赖，非遗得以大范围传播。此时，非遗的经济价值、社会价值和文化价值都处在较高水平（如表7-1所示）。

表7-1 非遗的生命周期

"前非遗"生命周期				活化程度	"后非遗"生命周期		
形成期	成长期	成熟期	衰退期		探索期	成长期	稳定期
随着生产、生活需要被创造出来	大量出现在日常生产生活中，或用来丰富精神生活	技艺和产品趋于稳定、成熟	随着时间流逝，从日常生产生活中逐渐退出	活化发展	探索非遗活化的新路径，非遗的经济价值开始显现	具有市场竞争力，融入现代元素生产衍生产品，创造经济价值和社会价值	非遗成为人们的日常消费产品，消费者对非遗形成情感依赖，非遗得以广泛传播
				维持发展	政府等出台相应的保护政策，保留原真性，生产出的核心产品不能适应时代发展，需求量不大，非遗的使用价值逐渐退化；文化价值稳定，但非遗仍是难以开发的文化资源；经济价值仍未很好地被挖掘		
				自然衰退	没被发现或没有有效保护措施，自身缺乏动力，未能有效传承		

"后非遗"时代已经历了20多年的发展历程。总的来看，探索期是对非遗持

续健康发展的探索，持续的时间较长。对于不同非遗项目而言，探索期经历的时间长短也略有差异，这与非遗本身的特点、传承人、市场主体的市场开拓能力等紧密相关。随着非遗活化探索的不断深入，非遗发展取得初步成效，一些基础较好、发展迅速的非遗项目进入正轨，步入了成长期。目前来看，进入稳定期的非遗项目较少，这既与非遗第二阶段整体发展历程较短有关，也与非遗发展的现状息息相关。

（二）基于产业链增值的非遗旅游活化模式

基于对非遗不同生命周期阶段的分析可知，在"后非遗"时代采用产业化方式发展非遗，是非遗延续生命力、持续传承发展的关键。我国拥有丰富的非遗资源，非遗不仅是中华民族传统文化的重要组成部分，又是重要的旅游资源。通过与旅游融合发展非遗，是一种活态传承，也是非遗可持续发展的重要途径。

由于非遗在产业化过程中的特殊性，要求我们对非遗旅游活化的模式进行探索，分析非遗旅游活化的路径，强化非遗旅游活化的可持续发展能力。本研究基于产业链增值理论，总结非遗旅游活化的模式。首先，在微观层面，从产品开发视角提出非遗"核心产品+衍生产品"活化模式；其次，在中观层面，从产业链视角总结非遗旅游产业链一体化模式。

1. 非遗"核心产品+衍生产品"活化模式

（1）活化模式内涵

为有效解决非遗的保护和传承问题，本研究基于案例调研和产业链价值增值理论，提出非遗"核心产品+衍生产品"活化模式。非遗核心产品顾名思义就是利用非遗的核心技艺生产创作的产品，这类产品的核心价值是文化价值，而经济价值相对较弱。对于不适合产业化的非遗项目而言，可用生产核心产品的方式实现其文化价值，达到保护和传承非遗的目的。非遗衍生产品是利用非遗的文化元素、相关技艺等衍生出的产品。非遗衍生产品使非遗从小众走向了大众消费，经济价值不断提高。非遗衍生品的开发是基于其本身凝结的文化内涵，随着市场规模的扩大，非遗的文化价值会得到广泛的认可。

通过调研发现，目前非遗旅游活化主要有两种方式：第一种是延续传统的非遗，只专注于生产核心产品；第二种是利用核心产品传承传统文化的同时，推动产品的创新发展，促进衍生产品的开发和生产，采用"核心产品+衍生产品"的模式，实现经济、文化价值的提升。对于适合产业化的非遗项目而言，可以生产衍生产品，但也绝不能只注重非遗衍生产品的开发，而舍弃非遗的核心内涵。因此，适合产业化的非遗项目可以采用"核心产品+衍生产品"的模式，利用核心产品对非遗进行保护和传承，用衍生产品满足现代需求，激发非遗的生命力，创造多元价值。

"核心产品+衍生产品"的非遗旅游活化模式，不仅为非遗增添了生命活力，而且会形成一个良性的互动循环，即衍生产品获取的经济收益可以提高传承人的收入，增加传承积极性，从而反哺于非遗的保护与传承。对处于衰退期的非遗适当地进行产业化，可以延长非遗的生命周期，使非遗获得重生。引入产业化之后，非遗又开启了新的生命周期进程。调研过程中发现，目前不少企业或者非遗工作坊已经开始了"核心产品+衍生产品"的探索，并且取得了一定的成效。

（2）价值增值机会

研究发现，非遗核心产品的价值增值机会相对较少，主要有产品增值和品牌增值，而非遗衍生产品可以在产品、服务、环节、规模、品牌等方面实现价值增值。在研发设计中融入现代元素，在生产环节对原材料、生产技术进行改进等，每一环节都具有价值增值的空间。比如，风筝寻梦以曹氏风筝技艺为核心，不断加强对研发设计的投入，生产出适合大众消费群体的抱枕、雨伞和丝巾等非遗衍生产品。北京市珐琅厂建立中国景泰蓝艺术博物馆、风筝寻梦建立曹雪芹乡村风筝博物馆和曹雪芹风筝生活馆，围绕非遗项目衍生出相关的旅游服务，实现了服务的增值。北京同仁堂集团不断扩大业务范围，通过线上线下相结合的营销方式实现了规模增值。

核心产品和衍生产品的共同点是能够实现品牌增值和产品增值。品牌增值方面，如北京同仁堂集团为更好地融入现代生活，满足人们对快节奏、复杂性与个性化保健养生的需求，依托国家级非遗同仁堂中医药文化，打造了以"象、食、养、医"为主题的"健康饮食+医馆+体检+社交文娱"的复合功能体，形成了知嘛健康品牌。在同仁堂知嘛健康中，核心产品是同仁堂中医药文化，是需要我们保护和传承的，而依托同仁堂中医药文化，融入现代元素创新出特色饮品、文创产品则为衍生产品。相对非遗核心产品而言，非遗衍生产品更注重产品的实用性和与市场需求的对接，更容易受到消费者的青睐。

非遗旅游活化过程中，产品增值的方式有非遗旅游产品开发、非遗旅游展览、非遗节庆活动、开发非遗旅游线路等。如北京市珐琅厂面向国内外旅游者生产景泰蓝旅游商品，开发了景泰蓝技艺体验产品，还建立了中国景泰蓝艺术博物馆为消费者提供旅游讲解服务，不仅是大众了解非遗的窗口，而且为参与非遗体验提供一个良好的文化空间，实现非遗价值增值。曹氏风筝在旅游纪念品中融入特色非遗元素，生产文创产品，实现非遗产品价值增值。

（3）价值增值主体

从非遗旅游产业链增值主体来看，不适合产业化的非遗项目在生产核心产品时，其价值增值主体相对而言封闭单一，主要是传承人依靠家族工作坊、工作室方式，完成核心产品的设计、生产和销售。在这个过程中，传承人既要完成产品的生产和技艺的传承，又要对接消费者，这类产品的核心价值是文化价值。对于适合产业化的非遗项目而言，价值增值主体的特点是开放共创型，一般通过不同主体间合作、组织创新，建立新型经营组织、现代企业等方式挖掘非遗的价值，价值增值的主体涵盖的范围更广（如表7-2所示）。

表7-2 "核心产品+衍生产品"活化模式

是否宜产	活化模式	增值内容	增值主体	增值机会	增值环节	规模
适宜	核心产品+衍生产品	价值放大：经济价值为主，辅助文化、社会价值	开放共创：主体间合作、组织创新，形成新型经营组织、现代企业	多元：产品、服务、环节、规模、品牌增值	复杂：全产业链非遗增值，尤其是研发设计和营销服务	大规模、大众市场
不适宜	核心产品	价值形成：文化价值为主，辅助经济、社会价值	封闭单一：传承人工作室、家族工作坊等	单一：产品、品牌增值	简单：生产环节增值、品牌增值	少量、高端市场、精品

（4）活化模式选择

不同非遗项目的特点和发展程度方面差异较大，因此处于不同发展阶段的非遗项目要选择与自身匹配的活化模式（如表7-3所示）。结合前面关于非遗生命周期的分析，从非遗的发展趋势来看，"后非遗"时代的非遗可分为三种类型，即自然衰退、维持发展和活化发展。从非遗项目的传承情况、社会认知情况以及价值增值视角，综合判定适合非遗项目的活化模式。第一类是自然衰退型，非遗项目逐渐濒临灭绝，社会总体上对此项非遗的认知度低，但其文化价值高。对于此类非遗项目，适合通过政策扶持，采用以抢救性保护为主的发展策略，其紧要任务是抢救和保护非遗，而非产品的产业化。第二类是维持发展型，非遗项目的传承状态和规模基本稳定，但社会的认知度一般。对于此类非遗项目，以利用核心技艺或者非遗生产核心产品，提高非遗项目的传承能力和市场认知度，在此基础上逐步开发衍生产品，逐渐实现非遗的经济价值和社会价值，提升非遗的综合价值，例如北京皮影戏。第三类是活化发展型，非遗传承和发展规模较大，社会和市场的认知度较高。对于此类非遗项目，绝不能为追求经济利益将非遗的核心文化抛之脑外。既要持续生产核心产品，以保持非遗的原真性，又要利用其文化内涵开发衍生产品，推动非遗多元化、产业化发展。

表7-3 不同非遗项目"核心产品+衍生产品"活化模式

非遗生命周期	类型	传承情况	社会认知度	非遗价值	活化模式	典型案例
"后非遗"时代	自然衰退	濒临灭亡	社会认知度低	文化价值为主	通过政策扶持，以抢救性保护为主	北京料器
	维持发展	基本稳定	社会认知度一般	文化价值为主，逐渐实现经济价值和社会价值等多元价值	以生产核心产品为主，提高传承能力和市场认知度，并逐步开发衍生产品，提升非遗的整体价值	皮影戏（北京皮影戏）
	活化发展	传承规模扩大	社会认知度较高	以经济价值带动文化价值、社会价值等多元价值的实现	核心产品保持非遗项目的持续传承和发展，利用非遗开发衍生产品，推动非遗多元化、产业化发展	同仁堂中医药文化、景泰蓝制作技艺、曹氏风筝工艺

2. 非遗旅游产业链一体化运作模式

产业链一体化是指产业链中多个原本相互独立的实体通过特定的方式结合成为一个单一实体的过程，包括纵向一体化和横向一体化。其中，纵向一体化是指企业或部门打破行业分工，同时介入产业链上下游的多个环节，形成稳定的供需关系。横向一体化是指为扩大生产规模、降低生产成本、巩固企业市场地位而与同行业企业进行联合的一种战略。采用横向一体化战略，企业可以有效地实现规模经济，快速获得互补性的资源或技术（师博，2016）。对于非遗旅游活化而言，纵向一体化模式会带来环节增值，通过产学研融合，不同利益相关者协同合作，提升非遗旅游产业链环节增值的空间。横向一体化的模式可以为非遗带来规模增值，推动非遗与其他产业的跨界融合，促进非遗产业链的完善。基于产业链与产业融合发展现状研究，本研究提出了非遗综合一体化的模式（韩江波，2018）。综合一体化是纵向一体化与横向一体化的渗透和融合，强调非遗研发设计与生产、销售等各产业环节之间的协作，同时，还强调不同产业间的横向合作。

（1）产学研融合一体化发展——纵向一体化

通过微笑曲线分析发现，研发设计和品牌营销是非遗产业链中增值空间较大的两个环节。因此，在现代非遗旅游活化过程中，实现非遗的价值增值应重点围绕这两个环节。但是，受传承人自身的限制，很少有传承人同时擅长技艺、研发设计和品牌营销。因此，在产业链各环节运行中，需要借助外部力量，积极引入产、学、研等不同价值增值主体积极参与到产业链条的运营和建设中，加强各利益相关者的协同合作。即将非遗产业链的研发设计、生产创作和品牌营销等环节紧密联结、协同合作，形成产业链上下游纵向一体化运作模式，从而提升产业链的运行效率，共同创造非遗产业的价值增值。

非遗进入旅游市场后，价值增值的主体发生了很大变化。具体来看，过去是以传承人或手艺人为主，相对独立开展研发设计、生产、销售等生产活动，其价值由传承人与消费者交易产生，产业链相对单一。如今，非遗得到了社会各界空前的关注，导致在非遗开发中出现了不同学科背景的学界、业界和行政主管部门共同开发、多利益主体合作共创价值的生产组织创新。这些不同的利益主体各有不同的资源优势，如传承人的文化资源、企业的市场资源、高校的人才和学科资源、政府的行政资源，所有这些资源通过协同运作，最终形成一个非遗协同发展的共同体，共同推动行业和资源的转化与发展。从非遗旅游活化利益相关者的视角来看，利益相关者之间形成不同的组合模式，共同参与到非遗旅游活化过程中，如"传承人+企业+政府+高校"参与模式。不同利益相关者协同合作，参与到非遗旅游产业链的各个环节，通过每一个环节的价值创造，延长了非遗旅游活化的产业链。

（2）产业融合一体化发展——横向一体化

随着非遗进入现代市场，加快了与其他领域的融合，推动了多种形式的非遗产业的发展。非遗产业融合是基于非遗项目，通过与其他产业的有机结合，逐渐延伸产业链，拓展产业融合发展中非遗的"增值机会"和"增值空间"。在这种融合过程中非遗的多元价值得以实现，非遗产业的价值增值环节不断增加。非遗产业的升级发展，需要我们积极推动非遗产业与其他行业的深度融合，使之形成互促共赢、丰富多元的产业链，实现由资源价值向经济价值的转换。这既可以满足大众需求，也有助于进一步拓展非遗产业的发展路径，使之与当代文化相适应、与现代社会相协调。在非遗与其他行业跨界融合的过程中，非遗产业链将不断被重组与构建，扩大产业链的长度、丰度和宽度，实现规模增值。

在非遗活化的实践探索中，应加大非遗与其他行业的融合力度，加快"非遗+旅游""非遗+教育""非遗+科技""非遗+动漫"的创新融合。其中，非遗与旅游的融合，创新开发了各种非遗旅游产品，如博物馆陈列、舞台演艺、非遗旅游商品、体验活动、非遗主题公园、非遗主题线路、节庆活动等。非遗与教育的融合，是以非遗资源为依托，开发相关课程，并逐步建立非遗教育体系。通过举办非遗进校园和进社区的活动，对学生和社会居民进行非遗教育，使其近距离接触和了解非遗，从而引领全社会对非遗的认同。非遗与教育的融合主要体现了非遗的文化价值和教育价值，有利于培养非遗保护者和传承者。非遗与科技的融合，是传统文化融入现代科技的探索，能够催生出新兴产业价值链。将非遗与现代科技有机结合，充分运用现代科技手段创新、生产、表现和传播非遗产品，通过提升非遗产品的科技含量塑造非遗的文化再生能力，增加非遗的文化价值、经济价值和社会价值，增强非遗在现代市场中的吸引力和核心竞争力（张秉福，2017）。非遗与动漫的融合是共生共赢和双向互动的过程，非遗丰富的文化元素是动漫创作的素材来源，而动漫产业以动漫市场为载体向受众传播非遗，是非遗传播和传承的有效途径。随着国潮的崛起，以非遗为主题的动漫产品也越来越受欢迎，非遗与动漫产业的创新融合是对非遗的文化价值、精神价值、教育价值、审美价值、经济价值的挖掘和再创作，是延续非遗生命力的重要方式。

（3）产业链横纵双向融合发展——综合一体化

随着"后非遗"时代非遗创新发展的不断探索，横纵双向融合发展的综合一体化模式成为重要的活化模式。综合一体化模式以非遗项目为核心，以非遗与其他产业的融合为依托，以产业链各环节协作为契机，不断推动非遗产业链条向前后、左右延伸拓展，从而增加非遗产业化的增值环节，提高非遗的综合竞争力，实现非遗的多元附加价值，最终形成非遗产业链上下游各环节有机协作、价值增值主体即利益相关者积极参与产业运行的综合一体化模式（如图7-2所示）。

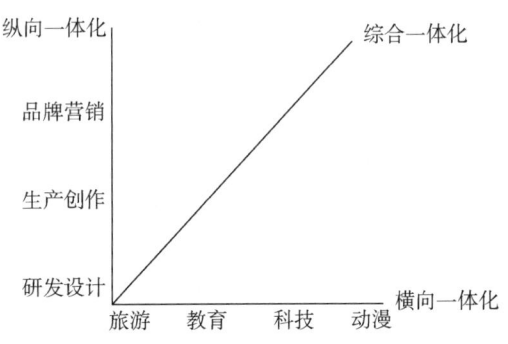

图7-2 非遗旅游产业链综合一体化

（三）非遗旅游产业链演化路径和趋势预测

1. 非遗旅游产业链演化路径

我国在探索非遗的保护和活化过程中，逐渐将产业化的概念引入适合产业化的非遗项目中，试图通过产业化的手段寻求非遗在新的环境下传承与传播的市场空间。在非遗旅游活化过程中形成的产业链，随着时代发展与环境变化不断演化，在演化过程中其链条结构从松散型向紧密型不断强化，产业链运行从无序走向有序，其增值机会也在不断增加。

从"前非遗"时代和"后非遗"时代的比较中可以看出，"前非遗"时代是非遗形成的重要时期，传承人或手艺人主要采取家庭作坊等形式，其市场相对单一。进入"后非遗"时代之后，非遗的活化发展成为主旋律，非遗生产运营的模式越来越多，产业链条及模式更加复杂。在"后非遗"时代的生命周期中，活化发展型非遗项目的产业链在演化过程中表现出不同的特征（如图7-3所示），因此，更具有研究意义。

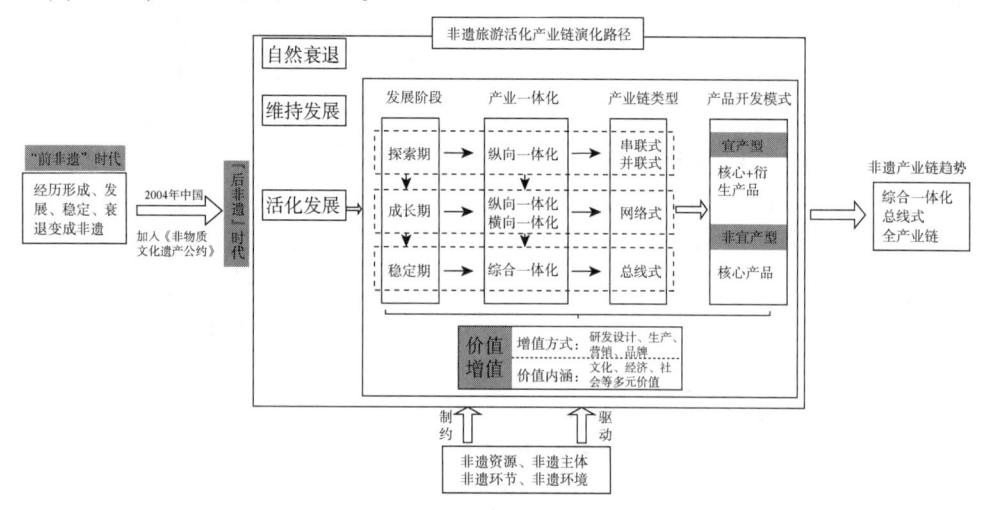

图7-3 非遗旅游产业链演化路径

（1）探索期特点

探索期非遗产业链呈现纵向一体化的模式，即通过在研发设计、生产创作和品牌营销等环节的紧密联结、协同合作，实现了价值增值。这一阶段非遗的文化价值占据主导地位，而经济价值在活化探索过程中逐渐显现出来。此时，非遗产业链以简单的串联式为主，即产业中各企业将原材料—生产加工—消费者串联组成纵向链条，但企业间的联系单一，产业链条短小、简单，如果其中一个环节出现问题，就会对整个产业产生影响。随着产业化程度的不断深化，并联式产业链逐渐出现，产业链变得复杂，上下游可选择合作的空间更大，组成了多条从原材料—生产加工—消费者的并联纵向连线，产业链丰度增加，安全性和稳定性也增强。

（2）成长期特点

在成长期阶段，为了追求非遗的健康发展，实现价值增值，非遗产业链逐渐从纵向一体化向横向一体化模式演化，通过非遗与其他产业的融合，为非遗产业链带来新的价值增长点，实现文化价值、经济价值、社会价值等多元价值增值。

处于横向一体化模式的非遗产业链以网络式为主要特点，具有最大丰度，企业间的关系更加复杂，但企业间存在机会主义等不利因素，会对非遗的价值增值产生影响。

（3）稳定期特点

非遗产业链经历了纵向一体化、横向一体化的发展模式，到了稳定期，逐渐走向综合一体化，不仅涉及非遗产业链的研发设计、生产创作和品牌营销环节等相应的上中下游价值增值环节，同时与旅游、教育、科技、动漫等行业跨界联动。综合一体化是未来较长一段时间内非遗产业链演进的方向，随着政策、经济环境的不断改变，产业链将持续创新和演化。随着社会经济技术的发展与成熟，政府、企业、传承人等对非物质文化遗产产业化的专业化水平将会提升，非遗产业化的机制也愈加成熟，非遗产业链将超越网络式产业链，形成由价值、产品、知识三条总线组成的总线式产业链（盖文启，2009）。总线式产业链是未来我国非遗旅游产业链的发展趋势。在总线式的产业链中，每个企业只需要将自己的资金、知识技术和产品加入价值总线、知识总线和产品总线中，就可以获得价值增值。总线式的非遗产业链相对稳定，每一条总线上都有极大的丰度，单个企业产生的负面影响极小。

从非遗产品开发的模式来看，"核心产品+衍生产品"贯穿在非遗旅游活化过程中。对于不适合产业化的非遗项目，生产"核心产品"是主要的产品开发模式，而对于适合产业化的非遗项目而言，产品开发的模式从单一的"核心产品"逐渐变成"核心产品+衍生产品"的模式。

2. 非遗旅游产业链趋势预测

（1）综合一体化趋势

随着非遗旅游产业化程度的深化，非遗旅游活化模式呈现出产业链条不断延伸、产业链越来越复杂、跨界融合发展的纵横双向融合的综合一体化趋势。一方面，围绕非遗旅游产品的创意、设计、制作、生产、营销，以及消费、体验等产业链环节不断增加。非遗相关企业依托非遗通过设计、生产等环节销售非遗产品，形成品牌影响力，同时还提供展览和体验等旅游服务，在各个环节实现价值增值，不断增加非遗价值增值的环节和空间，如北京市珐琅厂、同仁堂知嘛健康等。另一方面，非遗与旅游、文创、餐饮、动漫、教育、科技等产业的跨界融合已经成为新常态，非遗的多元价值增值机会增加。以曹氏风筝制作技艺为例，风筝寻梦依托曹氏风筝工艺，加强与多领域的跨界融合，开发了风筝主题的文创产品、风筝生活馆、风筝主题研学产品等。

（2）总线式发展趋势

非遗旅游产业化的不断深入，促使非遗产业链从最初的串联式逐渐向网络式和总线式发展,实现从低级到高级不断演化发展。目前影响非遗旅游产业链的因素较多,其产业链还不够成熟。但从非遗的特殊属性来看,非遗的知识、技术创新等为产业链的演化创造了有利的条件。从长期发展来看,总线式产业链模式是未来非遗产业链发展的方向。不同的利益主体应基于自己的定位,考虑在产业链各环节中如何将自身拥有的技艺、资金、知识或产品加入价值总线、知识总线和产品总线中,从而共同推动非遗旅游产业链的发展。

(3) 全产业链价值增值趋势

"产学研售"多方协同合作,参与产业链各环节中,实现价值增值,为非遗产业链赋能,是推动非遗旅游持续发展的有效路径。"产学研售"从两个层面揭示了非遗旅游产业链的发展趋势。首先,"产学研"是指生产、教育、科研等主体,"售"不仅包括生产企业的销售,还包含做非遗品牌营销的社会团体。

其次,"产学研售"又可指产业链的生产、研发、销售等各环节,不同的利益主体介入不同环节,逐渐打通全产业链条。在"产"方面,生产组织方式不断升级,从传统的家庭小作坊或者前店后坊的模式转化为"驻场生产""生产+展览+体验"等一体化模式。例如,北京市珐琅厂既有生产车间,又有博物馆参观讲解服务,同时还能够为游客提供景泰蓝制作体验。又如,北京同仁堂集团从单一的零售店转变为健康+社交多元化购物休闲场景。在"学"方面,主要体现在传承人或者企业与相关院校合作。既包括非遗进校园活动和研学项目,如北京曹氏风筝进校园,先后走进一千多所大中小学,开设公益讲座和技艺课程;又包括非遗与高校学者合作,共同研究如何促进非遗的传承与发展。在"研"方面,非遗相关企业设立自己的研发部门,通过创意设计研发新产品。例如,同仁堂知嘛健康品牌研发出健康饮品和护肤品等。"售"主要是指在线上线下完成的产品销售、品牌传播等,其中线上渠道主要指通过淘宝、京东等购物平台以及短视频平台销售产品,以及通过短视频、直播等方式传播非遗品牌,线下渠道主要是通过门店、展览场馆等方式销售产品、传播非遗。

"产学研售"聚合了多方力量,从非遗产品生产到线上线下销售,实现了非遗全链条的覆盖。多方合力为非遗产业化运作和市场化推广助力,是探索促进非遗产业化发展的积极尝试。

二、北京非遗旅游活化优化策略

(一) 充分发挥北京非遗特色优势,深挖非遗多元价值

北京市非遗项目极具北京地方特色,是宫廷艺术和民间智慧的结晶,对凸显首都历史文化价值具有重要意义。因此,应深刻认识非遗的多元价值内涵,充分发挥北京历史和区位优势,讲好北京非遗的文化故事,挖掘非遗的文化价值、社

第七章　北京非遗旅游活化创新模式与优化策略

会价值和经济价值等。

从非遗产品开发的模式来看，在核心产品和衍生产品中，非遗多元价值不断凸显，但是文化价值始终是非遗最根本的价值。对于非宜产型非遗，要以非遗保护和传承为核心，维持非规模化、非批量化、长周期生产的特点，重点生产非遗核心产品，让传承人专注于核心技艺产品的生产和传承。对于宜产型非遗，应该以创新利用非遗的文化元素为导向，积极生产非遗衍生产品，实现非遗资源的经济价值，使其成为不断增值的文化资本。从产业链各环节来看，要针对现代消费者的需求，通过创新研发设计和现代营销等方式，提升非遗的文化价值以及经济价值、社会价值等附加价值。从不同利益相关者来看，在产业链运行中，要引导非遗利益相关者广泛参与，协调各利益相关者的诉求，通过利益相关者之间的协同共创，推动非遗多元价值的创造和增值。

（二）"设计+营销"赋能，助力全产业链增值

从微笑曲线上看，价值在产业链的各环节流动，但其分布并不均衡。实现全产业链增值，要抓住产业链中技术含量高、增值潜力大的环节，合理配置资源，进行专业化分工，促使产业链各环节的协同合作。分解产业链各环节并不是从形式上将产业链各环节分解为独立的部分，而是更加细化各环节的工作任务，明确每个环节在整个产业链条中发挥的作用，优化产业链各环节间的关系。一般情况下，微笑曲线的两端即研发设计和品牌营销两个环节，价值增值的机会和空间更大，非遗旅游活化也基本符合这一规律。其中研发设计对应价值的形成，品牌营销对应价值的实现，但这两个环节并不是独立分开的，二者有密切的联系。产品在研发设计时确定了后续树立品牌的基调，相应地做好品牌营销，才能让产品在研发设计环节的价值最终实现。

北京地区的非遗在旅游活化过程中，非遗企业除了依靠传承人和研发设计部门，还可以充分利用首都高校资源优势，与清华大学、中央美院，以及高校艺术、文化、营销等相关专业建立长效的产学研合作机制，在研发设计和品牌营销等环节充分发挥师生的力量。除此之外，还可利用 Facebook、YouTube、哔哩哔哩、抖音、微博和快手等多种网络平台，吸引社会各界参与到非遗旅游产品的设计和营销中。例如，故宫博物院推出《上新了·故宫》综艺节目，以青年设计力量为突破，集结全国设计类高校学子、优秀青年设计师竞争上岗，共同为故宫文创上新助力，每期节目都会在众多投稿中选出优秀的文化创意衍生品。这种利用青年设计师和高校设计专业学生设计产品的模式，值得在非遗旅游活化过程中推广。

在品牌营销环节实现非遗旅游产业链价值增值，其关键在于品牌形象塑造、流量引入和销售渠道搭建等方面。一方面，针对北京地区非遗数量繁多、分布广

泛的特点，利用北京市打造的"北京礼物"品牌，整合优质的非遗资源，扶持非遗工作坊和企业，研发具有北京地域特色的非遗旅游商品。另一方面，发展基础较好的非遗项目或者非遗企业，可以强化自身品牌形象的塑造，以及销售渠道的搭建。例如同仁堂知嘛健康，推进以健康为主题的产品创意研发，对品牌形象进行了良好塑造，同时通过线下体验打卡、线上社群裂变、内容生产来吸引流量，实行线上线下结合的营销方式，拓宽了销售渠道。

同时，要深入研究和挖掘非遗旅游市场需求。消费者反馈的产品信息能够引领产品发展的方向，推进产业技术进步和整体提升，促进上游环节的创新和改善，因此在品牌营销要对消费者保持敏感。在网络和大数据技术快速发展的时代，可以通过动态监测非遗产品的评价、网友评论等多种方式获取有效的反馈信息，进而优化非遗旅游产品。

（三）多主体广泛参与，共创非遗价值增值

随着非遗进入新的市场环境，价值创造的主体和增值活动也发生了根本性的变化，即从传承人单一主体的价值提供到多主体价值共创、价值增值链从封闭到开放的转变。具体来看，传统的非遗主要是以传承人或手艺人为主，相对独立开展研发设计、生产创作、品牌营销等活动，其价值由传承人与消费者交易产生，产业链相对单一。如今，随着社会各界对非遗空前的关注，政府、企业、专家学者、消费者等不同利益主体积极加入非遗旅游活化中，作为利益共同体共同创造价值。这些利益主体拥有不同的资源和竞争优势，追求不同的非遗价值，通过协同和整合组织资源，创新了非遗活化模式，如：以传承人为主，与企业、政府、非政府组织合作，消费者、学校、社区等参与模式；以企业为主，与传承人、高校、政府等合作模式；以政府为主导，传承人、企业、学校、社区等广泛参与模式。

非遗种类众多，分布广泛，不能拘泥于某一种价值增值模式，而要针对非遗的具体特点和所处条件，采取适宜的活化路径和策略，分层次、分重点构建富有个性特色和发展活力的价值增值链。在这一过程中，传承人和企业是非遗旅游活化和价值增值的主体，既要注重对传统文化的传承，又要对其进行积极的创新，将非遗转化为既能体现非遗特色，又能满足旅游者需求的文化产品。政府具有超越经济利益的调控能力，能够为非遗的保护性开发提供重要的法律、政策等制度环境，在非遗保护与开发中起着决策、组织和统筹作用。社区是非遗得以传承和存续的"传承母体"，专家学者、媒体、民间社团等普遍具有较强的社会责任感，可以成为社会监督的中坚力量。各利益主体为非遗旅游活化提供了价值，同时也有自己的利益诉求。在非遗旅游活化过程中，要通过整合各利益主体的价值提供与利益诉求实现价值增值。

（四）非遗与旅游双向奔赴，推动产业链纵横向优化延伸

研究发现，北京地区相当一部分非遗旅游活化的产业链以串联式和并联式为主，产业链短小，还存在发育不完全的问题。构建完整、成熟的产业链有利于在非遗旅游活化过程中创造价值，提升核心竞争力。因此，推动产业链的纵横向深度优化延伸，对非遗旅游活化具有重要意义。

在横向上，进一步加强非遗与旅游、教育等行业的合作，拓展合作领域，创新合作方式，依托移动互联网与数字传播技术，形成非遗旅游产业发展新格局，促进非遗旅游产业的可持续发展，提升非遗旅游产业的品牌价值，推进非遗产业化进程，以此推动非遗产业链价值增值。推动非遗保护和旅游发展双向赋能，鼓励各区依托首都文化、北京非遗项目和北京旅游资源，组织旅游企业、旅游院校创新开发非遗主题系列旅游线路。可推出"京城非遗旅游图鉴"App，以漫画或手绘形式，重点展示京城地标建筑、街区、代表性非遗项目，游客可以通过线上线下的形式深入感受北京非遗的魅力。在纵向上，不同主体应在产业链上的各个环节上充分发挥自己的资源优势，积极主动，完善利润分成模式，实现共赢，使非遗旅游产业链高效运转，从而使整个产业真正进入良性循环。

参考文献

[1] 安妮,张瑞萍.基于服装产业链的西南地区纺织类非遗传承[J].丝绸,2016,53(2):79-85.

[2] 巴桑吉巴,胡海燕,孟祥娜.拉萨市国家级非物质文化遗产旅游开发适宜性评价[J].西藏研究,2014(6):43-48.

[3] 蔡炯,田翠香,冯文红.利益相关者理论在我国应用研究综述[J].财会通讯,2009(12):51-54.

[4] 蔡磊.非物质文化遗产价值特征与保护原则[J].理论与改革,2014(5):125-127.

[5] 常洁琨.甘肃少数民族非物质文化遗产的分类保护研究[D].兰州:兰州大学,2017.

[6] 蔡媛青,和宇航,王文娟,等.基于价值链分析的公立医院运营管理指标体系研究[J].中国医院,2022,26(11):2-5.

[7] 常卫锋.文化旅游产业链构建研究[J].科技与企业,2015(11):4-5.

[8] 车雯,张瑞林,王先亮.文化承继与产业逻辑耦合:体育特色小镇生命力培育的路径研究[J].体育科学,2020,40(1):51-58.

[9] 陈波,延书宁.场景理论下非遗旅游地文化价值提升研究:基于浙江省27个非遗旅游小镇数据分析[J].同济大学学报(社会科学版),2022,33(1):20-32.

[10] 陈飞,席辉,吕韶钧.生产性保护视角下传统武术发展路径探索[J].体育文化导刊,2021(12):66-71.

[11] 陈虹利,何伟俊,陈潇俐,等.传统书画装裱修复技艺多元价值及其体系构建探究:基于"苏裱"传承人访谈的思考[J].东南文化,2021(5):6-12,190-191.

[12] 陈勤建.当代民众日常生活需求的回归和营造:非物质文化遗产保护方式暨生产性方式保护探讨[J].徐州工程学院学报(社会科学版),2012,27

（2）：49-54.

[13] 陈炜. 广西少数民族特色村寨非物质文化遗产传承影响因素：基于利益相关者理论［J］. 社会科学家，2017（1）：96-102.

[14] 陈兴贵. 少数民族非物质文化遗产产业化探讨［J］. 黑龙江民族丛刊，2016（1）：149-155.

[15] 陈长英. 非遗在乡村振兴中的重要作用和价值［J］. 核农学报，2021，35（6）：1485.

[16] 程李梅，庄晋财，李楚，等. 产业链空间演化与西部承接产业转移的"陷阱"突破［J］. 中国工业经济，2013（8）：135-147.

[17] 崔家宝，周爱光，陈小蓉. 我国体育非物质文化遗产活态传承影响因素及路径选择［J］. 体育科学，2019，39（4）：12-22.

[18] 达妮莎，李建阁. 线下引发线上：非遗微博传播效果的影响因素及实证分析［J］. 湖南大学学报（社会科学版），2018，32（4）：155-160.

[19] 邓思胜，王菊. 深入挖掘文化内涵，发展火把节文化产业：凉山彝族火把节发展浅论［J］. 贵州民族研究，2014，35（1）：115-119.

[20] 丁冬. 吉林省稻米全产业链增值机理与路径优化研究［D］. 长春：吉林大学，2020.

[21] 董宝玲，白凯，杜涛，等. 非遗商品的旅游化开发利用指标体系建构与测量［J］. 陕西师范大学学报（自然科学版），2021，49（6）：75-85.

[22] 杜军，王许兵. 基于产业生命周期理论的海洋产业集群式创新发展研究［J］. 科技进步与对策，2015，32（24）：56-61.

[23] 杜勇，陈建英. 中国亏损上市公司的财务价值：概念、特征与度量［J］. 宏观经济研究，2013（5）：97-105.

[24] 方兴林. 徽州非遗旅游产业化商业资本博弈分析［J］. 安顺学院学报，2020，22（2）：120-124.

[25] 付俊文，赵红. 利益相关者理论综述［J］. 首都经济贸易大学学报，2006（2）：16-21.

[26] 盖文启，蒋振威. 基于不同模式产业链的价值增值理论探析［J］. 经济管理，2009，31（12）：39-47.

[27] 高彩霞，刘家明，高岩，等. 京津冀非物质文化遗产资源的空间格局及旅游开发研究［J］. 地理与地理信息科学，2021，37（3）：103-108.

[28] 高凌，张梦霞. 消费者非遗产品购买意愿影响因素及作用机制［J］. 经济与管理研究，2018，39（1）：126-135.

[29] 龚娜，戎阳. 非遗研学旅行的小剧场空间与角色互动模式研究：以贵州民

族村寨为例［J］. 贵州民族研究，2022，43（1）：98-103.

［30］顾函珏，范文捷，王鑫. 基于 SICAS 模型的佤族织锦技艺活化路径探究［J］. 包装工程，2023，44（S1）：103-111.

［31］顾金孚，王显成. 非物质文化遗产旅游资源价值评价体系初探［J］. 资源开发与市场，2008（9）：793-795.

［32］郭鸿雁. 创意产业链与创意产业集群［J］. 当代经济管理，2008（7）：38-40.

［33］郭新茹，陈天宇，唐月民. 场景视域下大运河非遗生活性保护的策略研究［J］. 南京社会科学，2021（5）：161-168.

［34］韩江波. "环-链-层"：农业产业链运作模式及其价值集成治理创新：基于农业产业融合的视角［J］. 经济学家，2018（10）：97-104.

［35］韩顺平. 顾客让渡价值解析［J］. 经济问题，2001（9）：48-49.

［36］郝秦玉. 北京市级非物质文化遗产项目代表性传承人现状与问题研究［D］. 北京：中国艺术研究院，2014.

［37］郝志刚，李娟. 海洋强国建设背景下海洋非物质文化遗产价值体系构建［J］. 齐鲁学刊，2020（3）：91-98.

［38］何丹丹，王云松，刘巧云. 面向文化创意产业的闽南民间故事活态传承路径研究［J］. 戏剧之家，2016（23）：247-248.

［39］何莽，黄凯伦，李靖雯. 四川兴文苗族旅游扶贫情景下的非物质文化遗产保护与开发［J］. 广西民族大学学报（哲学社会科学版），2018，40（6）：8-14.

［40］贺小荣，谭志云. 非物质文化遗产旅游吸引力的评价与启示［J］. 南京社会科学，2013（11）：139-144.

［41］贺轩，员智凯. 高新技术产业价值链及其评价指标［J］. 西安邮电学院学报，2006（2）：83-86.

［42］贺正楚，张蜜，吴艳. 非物质文化遗产的产业化模式：以"二人转"为案例［J］. 广义虚拟经济研究，2012，3（4）：50-56.

［43］赫希曼. 经济发展战略［M］. 北京：经济科学出版社，1991.

［44］侯守明，葛倩，刘彦彦. 基于 MAR 的非物质文化遗产数字化保护系统研究［J］. 系统仿真学报，2021，33（6）：1334-1341.

［45］侯玉霞，赵映雪. 文化自觉视角下非物质文化遗产产业化与乡村振兴研究：以勾蓝瑶寨"洗泥宴"为例［J］. 广西民族研究，2018（6）：140-147.

［46］胡冰，蒋国琪. 管理会计研究方法概述：实验研究、调查研究和案例研究的比较［J］. 商，2014（3）：105.

[47] 胡丽艳. 传统医药类非物质文化遗产濒危影响因素及活化保护研究 [D]. 福州：福建师范大学, 2015.

[48] 黄常锋, 孙慧, 何伦志. 中国旅游产业链的识别研究 [J]. 旅游学刊, 2011, 26（1）：18-24.

[49] 黄江明, 李亮, 王伟. 案例研究：从好的故事到好的理论：中国企业管理案例与理论构建研究论坛（2010）综述 [J]. 管理世界, 2011（2）：118-126.

[50] 黄学, 刘洋, 彭雪蓉. 基于产业链视角的文化创意产业创新平台研究：以杭州市动漫产业为例 [J]. 科学学与科学技术管理, 2013, 34（4）：52-59.

[51] 黄益, 侯建明. 基于价值链分析法的中小企业技术创新审计框架浅探 [J]. 科技管理研究, 2015, 35（6）：206-210.

[52] 黄益军, 吕庆华. 非物质文化遗产与新型文化业态的融合 [J]. 重庆社会科学, 2015（12）：67-75.

[53] 黄永林. 非物质文化遗产产业利用意义和发展模式研究 [J]. 中国文艺评论, 2022（8）：13-26.

[54] 黄永林, 余召臣. 技术视角下非物质文化遗产的发展向度与创新表达 [J]. 宁夏社会科学, 2022（3）：198-206.

[55] 简兆权, 令狐克睿, 李雷. 价值共创研究的演进与展望：从"顾客体验"到"服务生态系统"视角 [J]. 外国经济与管理, 2016, 38（9）：3-20.

[56] 江建华, 黄西勤, 曹彦军. 重视价值链的增值环节, 实现评估机构的发展转型：中国房地产估价师与房地产经纪人学会 2011 年年会 [C]. 中国北京, 2011.

[57] 江娟丽, 江茂森. 非物质文化遗产传承与旅游开发的耦合逻辑：以重庆市渝东南民族地区为例 [J]. 云南民族大学学报（哲学社会科学版）, 2021, 38（1）：48-56.

[58] 江娟丽, 杨庆媛, 张忠训, 等. 重庆市非物质文化遗产的空间格局及旅游开发模式 [J]. 经济地理, 2019, 39（6）：205-213.

[59] 蒋多, 杨裔. 生产性保护背景下非物质文化遗产国际化的路径与对策 [J]. 中国海洋大学学报（社会科学版）, 2015（1）：103-107.

[60] 蒋明新, 蒋国俊. 四川省电力发展与改革的关系 [J]. 财经科学, 2003（2）：93-96.

[61] 解伟洋. 由传统工艺到文化产业：以哈密维吾尔族刺绣产业化模式构建为例 [J]. 艺术教育, 2019（4）：268-269.

[62] 吉迎东, 赵铭, 赵文. 基于扎根理论的产业链链主企业生态主导力评价：

一个量表开发［J］. 科技进步与对策, 2024, 41（6）: 86-96.

［63］寇光涛, 卢凤君, 刘晴, 等. 东北稻米产业链收益分配研究: 以黑龙江省为例［J］. 中国农业大学学报, 2017, 22（4）: 143-152.

［64］李江敏, 王青, 魏雨楠. 乡村非遗旅游活态传承的价值共创机制研究［J］. 四川师范大学学报（社会科学版）, 2023, 50（1）: 82-90.

［65］李建军. 基于农业产业链的农产品品牌建设模式研究［J］. 上海对外经贸大学学报, 2015, 22（5）: 14-23.

［66］李江敏, 李薇. 非物质文化遗产的旅游活化之道［J］. 旅游学刊, 2018, 33（9）: 11-12.

［67］李平, 狄辉. 产业价值链模块化重构的价值决定研究［J］. 中国工业经济, 2006（9）: 71-77.

［68］李荣启. 非物质文化遗产"生产性保护"的重要性与可行性［J］. 美与时代（上旬）, 2014（9）: 21-25.

［69］李荣启. 非物质文化遗产生活性保护的理念与方法［J］. 艺术百家, 2016, 32（5）: 38-43.

［70］李向强, 刘海朦, 杨梦琪, 等. 三峡库区非物质文化遗产的旅游活化研究［J］. 资源开发与市场, 2023, 39（8）: 1057-1064.

［71］李向振. 作为文化事件的非物质文化遗产保护的内外价值实现［J］. 云南师范大学学报（哲学社会科学版）, 2021, 53（5）: 57-64.

［72］李昕. 可经营性非物质文化遗产保护产业化运作合理性探讨［J］. 广西民族研究, 2009（1）: 165-171.

［73］李宇, 杨敬. 创新型农业产业价值链整合模式研究: 产业融合视角的案例分析［J］. 中国软科学, 2017（3）: 27-36.

［74］李雨蒙. 非物质文化遗产信息资源分类: 以传统体育、游艺与杂技类为例［J］. 图书馆论坛, 2020, 40（2）: 56-63.

［75］梁圣蓉, 阚耀平. 非物质文化遗产的旅游价值评估模型［J］. 南通大学学报（社会科学版）, 2011, 27（6）: 96-102.

［76］刘广宇, 王成莉. 短视频语境下非遗影像化创作与传播研究: 以抖音、快手为例［J］. 当代电视, 2021（2）: 95-98.

［77］刘贵富, 赵英才. 产业链: 内涵、特性及其表现形式［J］. 财经理论与实践, 2006（3）: 114-117.

［78］刘贵富. 产业链的基本内涵研究［J］. 工业技术经济, 2007（8）: 92-96.

［79］刘贵富. 产业链基本理论研究［D］. 长春: 吉林大学, 2006.

［80］刘海英, 张传统, 孙晓, 等. 基于结构方程模型的非遗旅游纪念品购买意

愿影响机制研究［J］.西北师范大学学报（自然科学版），2021，57（1）：126-134.

［81］刘佳，安珂珂，赵青华，等.中国旅游产业链发展格局演变及空间效应研究［J］.地理与地理信息科学，2024，40（3）：122-134.

［82］刘烈宏，陈治亚.电子信息产业链竞争力评价模型构建及分析：基于 SEM 和 FAHP 方法［J］.世界经济与政治论坛，2017（1）：153-169.

［83］刘梦梅.基于非物质文化遗产视角的河南省创意产业开发研究［J］.郑州轻工业学院学报（社会科学版），2014，15（5）：89-92.

［84］刘锡诚."非遗"产业化：一个备受争议的问题［J］.河南教育学院学报（哲学社会科学版），2010，29（4）：1-7.

［85］刘鑫.非物质文化遗产的经济价值及其合理利用模式［J］.学习与实践，2017（1）：118-125.

［86］刘逸.旅游价值链研究进展评述［J］.旅游论坛，2015，8（4）：9-18.

［87］刘志迎，杨重，张孟夏，徐毅.案例研究方法比较：以 Eisenhardt 和 Pan 的论文为例［J］.管理案例研究与评论，2022，15（6）：685-697.

［88］刘中华，焦基鹏.场景理论下上海文化记忆机构"非遗+旅游"融合发展新路径［J］.文化遗产，2021（2）：126-134.

［89］娄策群，杨小溪，曾丽.网络信息生态链运行机制研究：价值增值机制［J］.情报科学，2013，31（9）：3-9.

［90］鲁春晓.东阿阿胶制作技艺产业化研究［D］.济南：山东大学，2011.

［91］罗舒文，贾璟.交互式创新融合与发展：非遗传承教育模式与产业化模式的比较与启示［J］.中国职业技术教育，2024（2）：66-76.

［92］罗向兼，梁天铭.六柱制与脸谱：粤剧非遗文创产品的类型化设计［J］.印染，2022，48（1）：99.

［93］明庆忠，史鹏飞，韩剑磊.旅游全产业链：内涵、逻辑与构建［J］.学术探索，2023（1）：83-93.

［94］马成俊，鄂崇荣，毕艳君.守望远逝的精神家园：对黄河上游小民族非物质文化遗产的调研报告［J］.西北民族研究，2007（3）：18-30.

［95］马汉武，孙计奎.基于系统动力学的动漫产业链增值效应研究［J］.科技与管理，2011，13（4）：16-21.

［96］马丽.天津市科技服务业创新机制及发展模式研究［D］.天津：天津科技大学，2019.

［97］马香品，杨秀花.数字经济驱动农业产业链建设的动力机制与路径选择［J］.农业经济，2024（7）：11-13.

[98] 毛基业, 陈诚. 案例研究的理论构建: 艾森哈特的新洞见: 第十届"中国企业管理案例与质性研究论坛（2016）"会议综述 [J]. 管理世界, 2017 (2): 135-141.

[99] 毛颖辉, 吴琳. 新媒介技术环境下非物质文化遗产的传播与传承研究 [J]. 中国出版, 2021 (9): 68-71.

[100] 毛媛媛. 利益主体视角下濒危畲族服饰"非遗"保护性旅游利用研究 [D]. 福州: 福建师范大学, 2015.

[101] 毛蕴诗, Korabayev Rustem, 韦振锋. 绿色全产业链评价指标体系构建与经验证据 [J]. 中山大学学报（社会科学版）, 2020, 60 (2): 185-195.

[102] 牟宇鹏, 郭旻瑞, 司小雨, 等. 基于中国非遗品牌可持续性成长路径的案例研究 [J]. 管理学报, 2020, 17 (1): 20-32.

[103] 欧彩霞. 乡村振兴背景下非遗文创产品设计创新研究 [J]. 中国果树, 2022 (5): 112-113.

[104] 欧阳桃花. 试论工商管理学科的案例研究方法 [J]. 南开管理评论, 2004, 7 (2): 100-105.

[105] 欧阳正宇. 非物质文化遗产旅游开发研究 [D]. 兰州: 兰州大学, 2012.

[106] 庞雅莉. 电子商务情景下服装品牌竞争力的影响因素研究: 基于顾客价值的视角 [D]. 重庆: 西南大学企业管理, 2014.

[107] 庞玉超. "互联网+"农业产业链模式创新、实践堵点及消解策略 [J]. 农业经济, 2024 (7): 7-10.

[108] 彭慧, 秦枫. 互动仪式链视角下非遗短视频用户互动研究: 以抖音"非遗合伙人"为例 [J]. 未来传播, 2021, 28 (3): 84-90.

[109] 彭小舟, 尹华光. 非物质文化遗产旅游开发潜力评估体系的构建方法探析 [J]. 中国商贸, 2011 (3): 174-175.

[110] 彭兆荣, Nelson Graburn, 李春霞. 艺术、手工艺和非物质文化遗产: 动态中操行的体系 [J]. 贵州社会科学, 2012 (9): 5-13.

[111] 秦杉. 非遗类电视综艺节目发展的新探索: 从《2019非遗公开课》说起 [J]. 当代电视, 2020 (1): 23-26.

[112] 秦叶. 非物质文化遗产的产业化问题研究 [D]. 济南: 山东师范大学, 2016.

[113] 任保平, 洪银兴. 新型工业化中经济效益提高的途径: 一种产业链视角的分析 [J]. 西北大学学报（哲学社会科学版）, 2005 (1): 47-54.

[114] 任云飞, 顾新俊, 徐娜. 饲料企业管理中价值链分析法的应用研究 [J]. 中国饲料, 2020 (10): 98-101.

[115] 芮明杰, 刘明宇. 产业链整合理论述评 [J]. 产业经济研究, 2006 (3): 60-66.

[116] 邵忍丽. 基于循环经济微观运行机制的思考: 以陕北生态工业园建设为例 [J]. 现代产业经济, 2013 (11): 59-65.

[117] 师博, 王勤. 丝绸之路经济带能源产业链一体化合作研究 [J]. 经济问题, 2016 (1): 20-25.

[118] 施振荣. 再造宏棋 [M]. 上海: 上海远东出版社, 1996.

[119] 苏卉. 非物质文化遗产旅游价值的多层次灰色评价 [J]. 北京第二外国语学院学报, 2010, 32 (9): 72-77.

[120] 孙传明, 程强, 谈国新. 广西少数民族非物质文化遗产数字化保护现状及对策分析 [J]. 广西民族研究, 2017 (3): 124-132.

[121] 孙传明, 李浩. 影响非物质文化遗产新媒体传播力的因素与提升策略: 基于微信公众号的模糊集定性比较分析 [J]. 湖北民族大学学报 (哲学社会科学版), 2020, 38 (4): 121-127.

[122] 孙传明, 刘梦杰. 生态位理论视角下非物质文化遗产可持续发展研究 [J]. 文化遗产, 2018 (4): 31-37.

[123] 孙坚强, 崔小梅, 蔡玉梅. PPI 和 CPI 的非线性传导: 产业链与价格预期机制 [J]. 经济研究, 2016, 51 (10): 54-68.

[124] 孙九霞. 旅游作为文化遗产保护的一种选择 [J]. 旅游学刊, 2010, 25 (5): 10-11.

[125] 孙天. 非物质文化遗产的产业化发展路径研究: 以山东省非物质文化遗产保护传承实践为例 [J]. 艺术百家, 2018, 34 (1): 227-232.

[126] 孙晓, 张颖熙. 数实融合背景下平台经济优化乡村产业链的机制 [J]. 中国流通经济, 2024, 38 (2): 13-23.

[127] 陶丽萍, 李技文, 俞钰凡. 非遗产业化系统的要素及其模型构建 [J]. 系统科学学报, 2022 (2): 116-120.

[128] 佟玉权, 赵玲. 非物质文化遗产保护利用的产业化途径及评价体系 [J]. 学术交流, 2011 (11): 187-191.

[129] 王蔷馨, 李静. 非遗旅游的虚拟性体验模式与数字化保护路径 [J]. 社会科学家, 2023 (12): 35-40.

[130] 王丹, 张瑜. 年龄结构下非物质文化遗产传承人保护研究: 基于定量分析的视角 [J]. 青海民族大学学报 (社会科学版), 2022, 48 (1): 140-153.

[131] 王家飞. 基于跨界打造非遗文化创意产品的设计研究 [J]. 包装工程, 2019, 40 (22): 253-259.

[132] 王立明, 陆亦农, 李啸虎, 等. 新疆非物质文化遗产分布特征及旅游活化机制研究 [J]. 干旱区地理, 2022, 45 (6): 1968-1977.

[133] 王瑞光. 乡村文化振兴与非物质文化遗产的价值呈现 [J]. 济南大学学报 (社会科学版), 2021, 31 (2): 37-43, 158.

[134] 王笙渐, 赵月欣. 非遗活态化语境中移植手工艺的重构: 以宝应乱针绣为例 [J]. 艺术百家, 2020, 36 (5): 187-193.

[135] 王伟安. 转让定价中的价值链分析及其应用研究: 以某高端制造跨国企业为例 [J]. 税务研究, 2024 (1): 96-101.

[136] 王艳辉. 移动商务环境下旅游产业链中企业价值增值研究 [D]. 唐山: 华北理工大学, 2017.

[137] 王瑜, 吴殿廷. 基于旅游产业链视角的传统手工艺开发对策 [J]. 经济问题探索, 2011 (4): 168-172.

[138] 王缘, 严舒. "苏州故事"的影像书写: 苏州题材影视剧的"类型化"创作路径与保障 [J]. 传媒, 2022 (9): 46-48.

[139] 韦俊峰, 明庆忠. 侗族百家宴非遗文化旅游空间生产中的角色实践: 基于"角色—空间"理论分析框架 [J]. 人文地理, 2020, 35 (2): 48-54.

[140] 魏鹏鹏. 以顾客价值为导向的战略成本管理应用研究: 以海尔集团为例 [D]. 昆明: 云南财经大学, 2016.

[141] 文化部关于加强非物质文化遗产生产性保护的指导意见 [N]. 中国文化报, 2012-02-27.

[142] 吴必虎, 徐小波. 传统村落与旅游活化: 学理与法理分析 [J]. 扬州大学学报 (人文社会科学版), 2017, 21 (1): 5-21.

[143] 吴飞美. 基于利益相关者理论的省域循环经济效率评价与创新研究 [J]. 同济大学学报 (社会科学版), 2022, 33 (5): 115-124.

[144] 吴金明, 邵昶. 产业链形成机制研究: "4+4+4"模型 [J]. 中国工业经济, 2006 (4): 36-43.

[145] 吴彦艳. 产业链的构建整合及升级研究 [D]. 天津: 天津大学, 2009.

[146] 吴祐昕, 吴波, 麻蕾. 互联网大数据挖掘与非遗活化研究 [J]. 新闻大学, 2013 (3): 66-71.

[147] 萧放, 席辉. 非物质文化遗产文化空间的基本特征与保护原则 [J]. 文化遗产, 2022 (1): 9-16.

[148] 谢海芳, 杨恒. 我国小银行的价值链增值策略分析 [J]. 商业时代, 2006 (6): 65-66.

[149] 谢家智, 何雯妤. 现代产业链韧性评价及提升路径 [J]. 统计与信息论

坛，2024，39（2）：15-28.

[150] 熊郁枝，李明爱.乡村传统技艺类非物质文化遗产旅游活化的共生系统进化研究：以水沟头寨傈僳麻纺织技艺为例［J］.亚洲研究.2020，23（4）：323-334.

[151] 徐丽芳.出版产业链价值分析［J］.出版科学，2008（4）：17-19.

[152] 徐艺乙.非遗保护：重新发现"手"的价值［N］.东方早报，2009-02-16.

[153] 薛可，鲁晓天.传统戏剧类非遗短视频青少年观看意愿的影响因素：以皮影短视频为例［J］.中南民族大学学报（人文社会科学版），2020，40（6）：67-73.

[154] 严伟.产业链协同视角下旅游产业融合模式及机理分析［J］.商业经济研究，2016（10）：194-197.

[155] 杨海平，张冰越，吴瑞琳，等.科技期刊产业链价值流动机制和优化策略研究［J］.中国科技期刊研究，2024，35（5）：577-585.

[156] 杨建春，吴建国.民族旅游村寨系统非线性动态演化研究［J］.生态经济，2012（8）：85-89.

[157] 杨军昌，颜全己.非遗茶文化特征与茶文化产业研究［J］.贵州民族研究，2020，41（12）：131-138.

[158] 杨文光，苗莉，李丽媛，等.基于"微笑曲线"的新疆葡萄酒产业链增值路径［J］.中国酿造，2023，42（2）：258-262.

[159] 杨秀明.中国非物质文化遗产传统舞蹈性别研究综述［J］.南京艺术学院学报（音乐与表演），2020（3）：164-169.

[160] 杨亚庚，陈亮，陈文俊，等.论宜产型非物质文化遗产的产业化［J］.河南社会科学，2014，22（1）：118-122.

[161] 杨亚庚，陈亮，贺正楚，等.非物质文化遗产生产性保护探索［J］.东南学术，2014（1）：210-217.

[162] 姚莉."申遗"视域下非物质文化遗产资源价值评估指标体系的构建：以贵州省从江县侗族非遗资源评估为例［J］.贵州师范大学学报（社会科学版），2022（1）：99-110.

[163] 姚齐源，宋伍生.有计划商品经济的实现模式：区域市场［J］.天府新论，1985（3）：1-4.

[164] 姚占雷，盛嘉祺，许鑫.非遗民俗生活性保护的媒体传播及其策略：以二十四节气为例［J］.图书馆论坛，2019，39（1）：24-32.

[165] 于春生.论数字期刊产业链价值创造与收益分配［J］.中国出版，2012

(17)：33-37.

[166] 于涓. "脱域"的"再嵌入"：短视频平台赋权非遗传播：以抖音为例 [J]. 电视研究, 2022（5）：74-76.

[167] 余勇, 田金霞. 基于 AHP 分析的张家界非物质文化遗产资源潜力评价研究 [J]. 资源开发与市场, 2012, 28（9）：782-785.

[168] 郁义鸿. 产业链类型与产业链效率基准 [J]. 中国工业经济, 2005（11）：35-42.

[169] 喻学才. 遗产活化论 [J]. 旅游学刊, 2010, 25（4）：6-7.

[170] 岳永逸. 裂变中的口头传统：北京民间文学的传承现状研究 [J]. 民族艺术, 2010（1）：6-12.

[171] 张秉福. 我国非物质文化遗产产业化的科学发展 [J]. 甘肃社会科学, 2017（6）：244-248.

[172] 张秉福. 我国非物质文化遗产与文化产业互动关系的现状与问题探析 [J]. 出版发行研究, 2017（6）：27-30.

[173] 张朝枝, 保继刚. 国外遗产旅游与遗产管理研究：综述与启示 [J]. 旅游科学, 2004（4）：7-16.

[174] 张迪. 服饰类非遗的生产性保护：以上海民族品牌服饰为例 [J]. 南京艺术学院学报（美术与设计）, 2020（4）：163-168.

[175] 张功让, 王伟伟. 论旅游产业链的构建与整合 [J]. 商业时代, 2010（20）：115-116.

[176] 张莞. 羌族地区旅游产业融合发展研究 [D]. 成都：西南民族大学, 2019.

[177] 张洁. 流动的博物馆：旅游民俗表演与文化景观的再生产：以贵州丹寨万达小镇"非遗"展演活动为例 [J]. 北方民族大学学报, 2022（2）：81-87.

[178] 张敏. 基于顾客价值的宇萌幼儿英语培训机构营销策略研究 [D]. 石河子：石河子大学, 2020.

[179] 周润健. 冯骥才：非物质文化遗产正遭受第二轮破坏 [N]. 新华每日电讯, 2013-06-21.

[180] 张莎, 赵红. 分层回归与经典回归模型比较研究：以顾客资产驱动因素与忠诚意向的关系为例 [J]. 数学的实践与认识, 2010, 40（8）：15-24.

[181] 张书凝, 石美玉, 杨旭, 等. 基于动态三维微笑曲线的非遗产业链价值增值研究：以北京市珐琅厂为例 [J]. 资源开发与市场, 2023（5）：527-537.

[182] 张铁男, 罗晓梅. 产业链分析及其战略环节的确定研究 [J]. 工业技术经

济，2005（6）：77-78.

［183］张文合. 青海省工业战略性优势产业群抉择［J］. 北京师范学院学报（自然科学版），1988（3）：55-61.

［184］张希月，虞虎，陈田，等. 非物质文化遗产资源旅游开发价值评价体系与应用：以苏州市为例［J］. 地理科学进展，2016，35（8）：997-1007.

［185］张妍，罗京艳. 天津非物质文化遗产活态传承与产业化发展模式研究［J］. 包装工程，2018，39（18）：73-77.

［186］张耀中. 产业价值链中的价值创造研究［D］. 南昌：江西财经大学，2010.

［187］赵红岩. 产业链整合的演进与中国企业的发展［J］. 当代财经，2008（9）：78-83.

［188］赵磊，夏鑫，全华. 基于旅游产业链延伸视角的县域旅游地演化研究［J］. 经济地理，2011，31（5）：874-880.

［189］赵霖，冯向阳. 以非遗产业化为载体的山西乡村振兴模式研究［J］. 经济问题，2024（2）：84-90.

［190］赵小芸. 旅游产业的特殊性与旅游产业链的基本形态研究［J］. 上海经济研究，2010（6）：42-47.

［191］赵悦，石美玉. 非物质文化遗产旅游开发中的三大矛盾探析［J］. 旅游学刊，2013，28（9）：84-93.

［192］赵忠仲. 黄山市徽文化旅游与非遗融合发展道路研究［J］. 重庆与世界（学术版），2015，32（10）：13-18.

［193］钟晓芳，刘思峰. 基于灰色关联度的动态稳健性设计［J］. 系统工程理论与实践，2009，29（9）：147-152.

［194］周波. 从"身份认同"到"文化认同"：论"非遗"代表性传承人制度设计的新面向［J］. 文化遗产，2022（2）：19-26.

［195］周高亮，吕军. 吉林省非物质文化遗产保护产业化战略思考［J］. 东北史地，2012（4）：87-90.

［196］周静. 全球产业链演进新模式研究［J］. 上海行政学院学报，2016，17（3）：79-87.

［197］周立，李彦岩，罗建章. 合纵连横：乡村产业振兴的价值增值路径：基于一二三产业融合的多案例分析［J］. 新疆师范大学学报（哲学社会科学版），2020，41（1）：63-72.

［198］周泽聿，王昊，张小琴，等. 基于Xception-TD的中华传统刺绣分类模型构建［J］. 数据分析与知识发现，2022，6（Z1）：338-347.

［199］朱俊. 遂宁市生猪产业价值链价值增值研究［D］. 成都：四川农业大

学, 2015.

[200] 朱淑珍, 李睿. 以非物质文化遗产为核心的文化产业链模式研究：以旅游商品为例 [J]. 科技进步与对策, 2014, 31 (11)：57-61.

[201] 邹光勇, 刘明宇, 何建民, 等. 公共景区与在线旅行平台垄断及其价格协调与政策规制 [J]. 旅游学刊, 2019, 34 (3)：12-27.

[202] 邹文兵. 新时代非遗苗绣的"活化"：特质、现状与路径 [J]. 艺术百家, 2019, 35 (1)：178-183.

[203] 邹艳. 产业链中核心企业价值增值的评价方法 [J]. 现代商业, 2009 (3)：188.

[204] ATECA-AMESTOY V, GOROSTIAGA A, ROSSI M. Motivations and barriers to heritage engagement in Latin America: Tangible and intangible dimensions [J]. Journal of Cultural Economics, 2020, 44 (3)：397-423.

[205] BAI X, WU J, LIU Y, et al. Exploring the characteristics of 3D printing global industry chain and value chain innovation network [J]. Information Development, 2019 (4)：559-575.

[206] BAK, MIN, ROH. Impacts of Unesco-listed tangible and intangible heritages on tourism [J]. Journal of Travel & Tourism Marketing, 2019, 36 (8)：917-927.

[207] BARRIO M J D, DEVESA M, HERRERO, L C. Evaluating intangible cultural heritage: The case of cultural festivals [J]. City, Culture and Society, 2012, 3 (4)：235-244.

[208] ZHAO Y C, WANTANEE S, BRAIN K. Constructing an intangible cultural heritage experience scape: The case of the Feast of the Drunken Dragon (Macau) [J]. Tourism Management Perspectives, 2020, 34：100659.

[209] CHEN Y, WU S. Social networking practices of viennese coffeehouse culture and intangible heritage tourism [J]. Journal of Tourism and Cultural Change, 2019, 17 (2)：186-207.

[210] ANDY S C, BRENT W R, FRANCO P, et al. Economic valuation of cultural heritage sites: A choice modeling approach [J]. Tourism Management, 2010, 31 (2)：213-220.

[211] ESFEHANI M H, ALBRECHT J N. Planning for intangible cultural heritage in tourism: Challenges and implications [J]. Journal of Hospitality & Tourism Research, 2019, 43 (7)：980-1001.

[212] FERRETTI V, COMINO E. An integrated framework to assess complex cultural

and natural heritage systems with multi-attribute value theory [J]. Journal of Cultural Heritage, 2015, 16 (5): 688-697.

[213] HYEOKHUI K. Villagers' agency in the intangible cultural heritage designation of a Korean village ritual [J]. International Journal of Heritage Studies, 2017, 23 (3): 200-214.

[214] HALDER S S R. Promoting intangible cultural heritage (ICH) tourism: Strategy for socioeconomic development of snake charmers (India) through geoeducation, geotourism and geoconservation [J]. International Journal of Geoheritage and Parks, 2021 (2): 212-232.

[215] JEANKE W. VAN DER H, RON G M K, et al. Creating value that cannot be copied [J]. Industrial Marketing Management, 2001, 8 (30): 627-636.

[216] JUN I W, ROWLEY C. Competitive advantage and the transformation of value chains over time [J]. Business History, 2018 (2): 343-370.

[217] L. G. Demonic or Cultural Treasure? Local perspectives onvimbuza, intangible cultural heritage, and UNESCO in Malawi [J]. Journal of Folklore Research, 2015 (2/3): 199-216.

[218] LI Y, DUAN P. Research on the innovation of protecting intangible cultural heritage in the internet plus era [J]. Procedia Computer Science, 2019 (154): 20-25.

[219] L. A. Intangible cultural heritage, diversity and coherence [J]. Museum International, 2004 (1/2): 130-136.

[220] MAZLINA. P K. Documentation of intangible cultural heritage (ICH) Mak Yong performing art collection [J]. Journal of Information and Knowledge Management, 2018 (1): 85-102.

[221] NAGPAL S, SINHA A. The Gomti riverfront in Lucknow, India: Revitalization of a cultural heritage landscape [J]. Journal of Urban Design, 2009, 14 (4): 489-506.

[222] PARK H. Shared national memory as intangible heritage Re-imagining two Koreas as One Nation [J]. Annals of Tourism Research, 2011 (2): 520-539.

[223] RANWA R. Impact of tourism on intangible cultural heritage: Case of Kalbeliyas from Rajasthan, India [J]. Journal of Tourism and Cultural Change, 2022, 20 (1/2): 20-36.

[224] MD SAIFUDDIN K, MD SAIFVL A C. Representation of intangible cultural heritage of Bangladesh through social media [J]. An International Journal of

Tourism and Hospitality Research, 2018 (2): 36-45.

[225] SHEN J H, DENG K, TANG S. Re-evaluating the 'Smile Curve' in relation to outsourcing industrialization [J]. Emerging Markets Finance and Trade, 2019 (5): 1247-1270.

[226] JIN X, MENG C, WANG Q, et al. A study of the green retrofit industry chain [Z]. Sustainable Cities and Society, 2014: 143-147.

[227] XUE K, LI Y F, MENG X X. An evaluation model to assess the communication effects of intangible cultural heritage [J]. Journal of Cultural Heritage, 2019 (40): 124-132.